就业指导与创业教育

主编　许富繁　王自然　谢显琦

中国原子能出版社

图书在版编目（CIP）数据

就业指导与创业教育 / 许富繁，王自然，谢显琦主编.
— 北京：中国原子能出版社，2020.7（2023.1重印）

ISBN 978-7-5221-0642-7

Ⅰ.①就… Ⅱ.①许… ②王… ③谢… Ⅲ.①职业选择—职业教育—教材 Ⅳ.① G647.38

中国版本图书馆 CIP 数据核字（2020）第 106657 号

就业指导与创业教育

出　　版	中国原子能出版社（北京海淀区阜成路 43 号 100048）
责任编辑	王青　刘佳
责任印制	赵明
印　　刷	河北宝昌佳彩印刷有限公司
经　　销	全国各地新华书店
开　　本	787 mm × 1092 mm　1/16
字　　数	296 千字
印　　张	12
版　　次	2020 年 7 月第 1 版　　2023 年 1 月第 2 次印刷
书　　号	978-7-5221-0642-7
定　　价	65.00 元

前 言

随着经济全球化的进程和世界主要经济体经济增长速度的减缓，青年面临的就业形势越来越严峻。主要表现在：劳动力供求总量矛盾和就业结构性矛盾同时并存，城镇就业压力加大和农村富余劳动力向非农领域转移速度加快，新成长劳动力就业和失业人员再就业问题交织。

中职学校学生越来越多，毕业生就业难已成为社会关注的焦点之一。面对如此严峻的就业形势，中专生一方面要刻苦学习，掌握从业的专门知识和技能，不断提高综合素质，提高职业竞争能力；另一方面，要积极转变就业观念，树立自主创业意识，学习掌握创业的基本知识和技能，为今后创业做好准备。

为了提升学生的就业和创业能力，我们特别编写了这本《就业指导与创业教育》。本书内容实用、案例众多，讲解通俗易懂，希望能对学生就业和创业有所帮助。虽然我们在编写本书时已竭尽全力，但由于作者水平有限，错漏之处仍会在所难免，希望广大读者批评指正。

编者

目录

第一章　就业指导概述

随着我国职业教育的快速发展，办学规模不断扩大，毕业生面临着非常严峻的就业形势。用人单位需要的人员数量持续减少，优质岗位供给持续减少，劳动力市场继续呈现供给大于需求的趋势，导致毕业生的就业压力越来越大。目前的就业形势要求中职学校毕业生明确和熟悉国家的就业政策和原则，了解社会需求信息，调整就业观和就业欲望值，树立就业竞争观念，增强择业、创业意识，掌握求职技巧，不断提高主动适应社会需要的能力。

第一节　职业概述

【案例分享】

招工难与就业难

央视《朝闻天下》栏目曾播出这样一档新闻节目，节目内容讲述的是江苏 ×× 集团人力资源部计划招聘员工 700 名，其中绝大部分是生产一线的普通工人。工作团队分成几个小组，分别在火车站、长途汽车站、市内大型用工招聘会现场及职业技术学校设点，发传单、发名片甚至直接拦截刚从火车、汽车上下来的看起来像是出门打工的人，马不停蹄地一圈转下来，各路人马汇总结果，一天才招到 30 人左右，远远未达到集团给人力资源部下达的招聘任务指标。

另一个内容讲述的是一个从农村带着老婆一起出来找工作的小伙了，本来是在广东打工，听说江苏待遇好一些并且离家较近，过完春节便带着老婆直奔江苏。可是一连跑了 10 家用工企业，由于工资待遇、养老金、食宿等细节问题，最关键的还是因为很多工作无法胜任，没有达成一个意向。晚上回到出租屋，小伙子喝上了闷酒，并感叹找工作为什么这样难?

其实在中职学校内也存在这样的问题，根据近年来某些中职学校的就业招聘情况可以看出来，每年进校招聘的总计划数均是最终达成就业意向数的 7 ~ 8 倍，而实际走到工作岗位的人数可能还不到达成意向数的一半。这些势必造成大部分企业来校招聘很难招到人，更难说是找到“合适”的人才了。在对没达成意向的学生进行调查时，80% 的学生对来校招聘的单位不感兴趣，觉得不是理想的企业，认为工作条件差或对地理位置不满意，还有小部分同学感觉很迷茫，害怕找工作，也不愿意找工作，依赖家里帮忙找工作，等等。

从近年就业情况分析可以发现：一方面是“就业难”，就业形势严峻，中职生觉得自己满腹经纶，却找不到用武之地；另一方面是“招聘难”，用人单位很难找到合适的人才，认为中职生的素质、能力普遍不高，专业理论不扎实，缺乏实干精神及动手能力；专业水平、人际沟通能力也很差；缺乏吃苦耐劳精神、做事急功近利、浮躁、不踏实，技能没多少就等着被提拔，等等。这究竟是为什么呢？是产业结构不合理？还是人们的期望太高？还是社会培养出来的人才不符合企业的要求？还是广大求职者对就业形势和就业趋势不了解？

一、什么是职业

1. 职业的含义

职业是参与社会分工，利用专门的知识和技能，为社会创造物质财富和精神财富，获取合理报酬，作为物质生活来源，并满足精神需求的工作。它是人类社会发展到一定阶段的产物。

从不同的角度出发，人们对职业的概念有不同的论述。

中国自古就有“职业”一词，从词义的角度解释，“职”有“社会责任”、“权利与义务”的含义，而“业”是以某种特殊的技能“从事某种业务”、“完成某种事业”。

美国社会学家塞尔兹认为，职业是一个人为了不断地取得收入而连续从事的具有市场价值的特殊活动。这种活动决定着从事它的那个人的社会地位。杜威从实用主义哲学观点出发，认为职业是人们可以从中得到利益的一种生存活动。职业专家保谷六郎认为，职业是有劳动能力的人，为了生活所得而发挥个人能力，向社会贡献而连续从事的活动。我国学者姚裕群认为，职业是一个中性的概念。从社会的角度而言，职业是指人们为了谋生和发展而从事的相对稳定的、有收入的、专门类型的社会劳动。就个人的角度而言，职业则是指个人扮演的一系列工作角色。

在现实生活中，人们无不与职业活动发生着紧密的联系，职业活动几乎贯穿于每个人的一生。人们在生命的早期阶段接受教育与培训，是为了将来的职业活动做准备。从青年时期走入职业生涯，到老年最终离开职业岗位，长达几十年，即使退休以后，还仍然参与职业活动，因此，职业活动是每个人社会生活中的重要组成部分。

在社会生活中，每一个有劳动能力的人都要从事一定的生产劳动或工作，用以维持生活，承担社会义务，促进社会发展。人的社会生活和工作领域是非常广阔的，职业门类极其繁多，但每个社会成员却只能在某个领域做某种具体工作，以其有限的生命在有限的空间内占有一席位置，这就是他的职业。从社会生产的角度来看，职业是社会分工的结果，一定的社会分工或社会角色的持续实现，就形成了职业。

综上所述，职业具有经济性，即从中取得收入；职业具有技术性，即可发挥才能和专长；职业具有社会性，即承生产任务，履行公民义务；职业具有促进性，即符合社会需要，为社会提供有用的服务；职业具有连续性，即所从事的劳动相对稳定，是非中断性的。

2. 职业的内涵与外延

（1）职业的内涵主要包括以下四点。

①与人类的需求和职业结构相关，强调社会分工。

②与职业的内在属性相关，强调利用专门的知识和技能。

③与社会伦理相关，强调创造物质财富和精神财富，获得合理报酬。

④与个人生活相关，强调物质生活来源，并设计满足精神生活。

（2）职业的外延主要包括以下三点：

①有工作，即有事可做，有事可为。

②有收入，即获得工资或其他形式的经济报酬。

③有时间限度，即从事的劳动具有一定的连续性。

对中职生来说，深刻理解职业的内涵与外延，结合自己的特点选择职业非常重要。

二、职业的分类

职业分类，是指按一定的规则、标准及方法，按照职业的性质和特点，把一般特征和本质特征相同或相似的社会职业，分层并统一归纳到一定类别系统中去的过程。世界各国国情不同，其划分职业的标准有所区别。

1. 我国的职业分类方法

（1）我国的职业分类。1999 年，我国劳动和社会保障部、国家质量技术监督局、国家统计局联合颁布了《中华人民共和国职业分类大典》，根据在业人口所从事的工作性质的统一性进行分类，将我国职业归为 8 个大类，66 个中类，413 个小类，1838 个细类（职业）。

2015 年 7 月 29 日，国家职业分类大典修订工作委员会召开全体会议审议、表决通过并颁布了新修订的 2015 版《中华人民共和国职业分类大典》。2015 版《中华人民共和国职业分类大典》延续职业分类的大类、中类、小类和细类结构。细类是最基本的类别，即职业。调整后的职业分类结构为 8 个大类、75 个中类、434 个小类、1481 个职业。与 1999 年版相比，维持 8 个大类不变，增加 9 个中类、21 个小类，减少 547 个职业（新增 347 个职业，取消 894 个职业）。新增职业包括“网络与信息安全管理员”、“快递员”、“文化经纪人”、“动车组制修师”、“风电机组制造工”等。取消职业包括“收购员”、“平炉炼钢工”、“凸版和凹版制版工”等。

（2）我国的产业结构。根据行业性质，2011 年新修订了《国民经济行业分类》，将所有行业分为三大产业，具体如下：

第一产业是指农、林、牧、渔业（不含农、林、牧、渔服务业）。

第二产业是指采矿业（不含开采辅助活动）、制造业（不含金属制品、机械和设备修理业）、电力、热力、燃气及水生产和供应业、建筑业。

第三产业即服务业，是指除第一产业、第二产业以外的其他行业。第三产业包括：批发和零售业，交通运输、仓储和邮政业，住宿和餐饮业，信息传输、软件和信息技术服务业，金融业，房地产业，租赁和商务服务业，科学研究和技术服务业，水利、环境和公共设施管理业，居民服务、修理和其他服务业，教育、卫生和社会工作，文化、体育和娱乐业，公共管理、社会保障和社会组织，国际组织，以及农、林、牧、渔业中的农、林、牧、渔服务业，采矿业中的开采辅功活动，制造业中的金属制品、机械和设备修理业。

2. 国外的职业分类方法

根据西方国家的一些学者提出的理论，在国外一般将职业分为三种类型。

（1）按脑力劳动和体力劳动的性质、层次进行分类。这种分类方法把工作人员划分为白领工作人员和蓝领工作人员两大类。白领工作人员包括：专业性和技术性的工作，农场

以外的经理和行政管理人员、销售人员、办公室人员。蓝领工作人员包括：手工艺及类似的工人、非运输性的技工、运输装置机工人、农场以外的工人、服务性行业工人。这种分类方法明显地表现出职业的等级性。

（2）按心理的个体差异进行分类。这种分类方法是根据美国著名的职业指导专家霍兰创立的"人格—职业"类型匹配理论，把人格类型划分为六种，即现实型、研究型、艺术型、社会型、企业型和常规型，与其相对应的是六种职业类型。

（3）依据各个职业的主要职责或从事的工作进行分类。这种分类方法较为普遍，以两种代表示例。其一是国际标准职业分类。国际标准职业分类把职业由粗至细分为四个层次，即8个大类、83个小类、284个细类、1506个职业项目，总共列出职业1881个。其中，8个大类是：①专家、技术人员及有关工作者；②政府官员和企业经理；③事务工作者和有关工作者；④销售工作者；⑤服务工作者；⑥农业、牧业、林业工作者及渔民、猎人；⑦生产和有关工作者、运输设备操作者和劳动者；⑧不能按职业分类的劳动者。这种分类方法便于提高国际职业统计资料的可比性和国际交流。其二是加拿大《职业岗位分类词典》的分类。它把分属于国民经济中主要行业的职业划分为23个主类，主类下分81个子类，489个细类，7200多个职业。此种分类对每种职业都有定义，逐一说明了各种职业的内容及从业人员在普通教育程度、职业培训、能力倾向、兴趣、性格以及体质等方面的要求。

三、职业的功能

1. 个人功能

职业生活在人们生活中是居首要地位的活动，解决好职业问题对人的一生发展具有重大的意义。人们除了必须从事某种职业得以维持生计外，还可以通过职业活动参与社会实战，获得应有的社会地位，实现自己的人生理想。具体来说，职业的个人功能主要表现在以下几个方面：

（1）职业是个人获得经济收入的来源，是个人维持家庭生活的手段。人们通过职业为社会奉献劳动，社会按照一定的标准付给劳动者一定的报酬，这些报酬成为劳动者及其家庭成员生活和发展的主要经济来源。不同的职业给人们带来的经济收益存在一定的差别，这也直接影响人们的物质生活水平的高低。

（2）职业是促进个性发展的手段。职业活动是按照一定的社会规范和内在规律运行，每种职业都有其独特的活动结构，对从业者有着特定的要求。个体从事一定的职业会促进个体在相关方面兴趣的培养和个性的发展，促使个体不断完善自身，从而促进个性的发展。当个人从事的职业能使个人的特长、兴趣得到充分发挥时。也就促进了个性的充分发展。择业的成功和职业上的成就，能够满足人们实现社会价值的需要，提供成就感，满足受到社会尊重的愿望，也满足了自我实现的需要。

（3）职业对个体的生活方式有直接的影响。生活方式有广义和狭义之分。狭义的生活方式主要指的是人们的消费方式、言谈举止方式和其他日常生活方式；广义的生活方式，除包括狭义生活方式的内容外，还应包括人们的劳动方式或工作方式。由于不同的职业要求其就业者必须掌握不同的知识和技术，遵守不同的职业规范，这就决定了不同职业有着不同的劳动方式或工作方式。

在现实生活中，人们经常可见职业对人们的消费方式、言谈举止方式和其他日常生活方式的影响。一般情况下，人们可以从对方的言谈话语、行为举止，判断出对方属于哪一个具体的职业。一个人长期从事某种职业，就形成一种特殊的职业标准类型。这种职业生涯类型将会长期影响其以后的生活方式，甚至可能影响其终身。

（4）职业是个人贡献社会的途径，是劳动者创造人生价值的舞台。由于职业分工不同从事不同职业的人们对社会所承担的责任大小也就不同，这对于一个人的人生道路的选择以及生活目标的确立有着直接的影响。人们往往从自己长期从事的某一特定职业的实践中，通过职业实践，付出艰辛劳动，为社会贡献自己的力量，实现自己的人生价值、社会功能。

2. 社会功能

职业的社会功能主要表现在以下几个方面：

①职业的存在和职业活动构成了人类社会的存在和社会活动，是社会财富的生产和创造过程。任何人生活在世界上都要从事一定类别的职业活动，没有脱离一定职业活动的人类活动。职业劳动创造出社会财富，从而为社会的存在和发展奠定物质基础，在创造物质财富的基础上，也同时生产着精神财富，构成人类的一切社会活动。一个社会如果没有专职的科技工作者，就不会有科学技术的日益发展；没有专职的医务工作者，就不会有医疗技术的进步。

②职业也是维持社会稳定，实现社会发展的手段。职业的发展，是推动社会进步的动力。人类社会是由政治、经济、文化、教育、科学技术、军事等诸方面构成的，人类社会的发展是以上诸因素共同发展的结果，这些因素的发展又是同与之相适应的职业是分不开的。职业活动、各行各业间的相互关系与合作形式反映了社会的运作方式。职业的载体是人，没有职业活动，现代社会就不能维持和运转，更谈不上发展。所以，职业活动是保障社会生存、保持现代文明的复杂结构及经济和社会发展的先决条件。

四、职业评价与职业声望

1. 职业评价

职业评价反映人们对职业的主观认识态度。通常以公众尺度和自评尺度两种方式体现。公众尺度所反应的是由不同背景的公众对职业等级的排列次序；自评尺度所反应的是个体对职业等级的排列次序。两者之间相互联系，相互影响。因为专业与职业是相互联系的，所以中职生对专业评价和对职业的评价也是相互联系而发生的，对职业的评价直接影响到职业的选择和就业后的职业流动。

在人们的观念中，众多的职业可以按照“好”、“坏”标准顺序排列，但是好坏的标准并不是一成不变的，它常常由时代、制度、政策，甚至民族和区域的不同而评价有所不同。人们知道元代，有“一官、二吏、三僧、四道、五医、六工、七猎、八民、九儒、十丐”之说。

在我国新中国成立前后，对演艺职业有天壤之别评价。还有我国经济体制改革前后，对从事个体职业的人评价也有很大不同。再有我国壮族重农轻商，而藏族则非常看重出家做僧侣。

当然，一般来说，评价职业地位“好”与“坏”的因素主要有四项：职业的社会功能、职业的社会报酬、职业自然条件和职业要求。

（1）职业的社会功能。职业的社会功能是指一定的职业对社会的作用，它由责任、权利、义务体现出来。社会功能大的职业，任职条件高，职业层次也高。

（2）职业社会报酬。职业社会报酬是指任职者的工资收入、福利待遇、晋升机会发展前景等。这是一个比较综合的指标。如工资收入高，并不一定福利待遇高，也不一定晋升机会多，发展前景就好。因此，不同的人以不同的认识来评判。

（3）职业自然条件。职业自然条件是指与职业活动相关的自然工作环境，如技术装备、劳动强度、安全系数、生活条件等。职业自然条件好，职业社会层级也高。

（4）职业要求。职业要求是指一定职业对职业者各项素质的要求。对人要求越高，被人替代的可能性就越小，职业社会层级也越高。

2. 职业声望

职业声望是职业地位在人们头脑中的主观反映，反映了一定时期人们对职业的态度研究者一般是采取选择具有代表性的公众和代表性的职业，通过调查数据来排列职业声望，反映职业地位。

职业声望是职业社会功能、职业社会报酬、职业自然条件和职业要求四项因素的综合反映和综合作用的结果，任何单项因素都不能全面反映职业声望的状况。有的职业从业者经济收入高，但社会地位并不高，如个体工商业者。

由于职业声望是人们对职业社会地位的主观反映，因此，不可避免地带有个人的偏见以及受社会环境、舆论氛围等其他因素的影响，使职业声望和社会地位出现了一定的差异性，主要表现在以下六个方面：

（1）个人偏好。有人形成了对某一种或某一类职业的好与恶的心理定势，缺乏客观性和全面性，只以职业声望的个别因素为评价依据对职业进行评价，必定得出片面的结论。

（2）社会环境。人是一定的社会环境的人，人们对职业的评价往往被社会上出现的某类个别现象所引导，如时尚性、趋利性等。尤其是一定社会的政治和文化背景，直接左右着人们对职业的评价。

（3）舆论氛闱。一定时期内大众舆论所造成的具有倾向性认同的职业，虽然职业地位不高，但因其收入等其他因素，使评价者对某一种或一类职业出现了心理倾向性。

（4）性别差异。职业社会调查结果显示，男女对职业声望的总体评价大致相同，但在绝对分值中，则显示了性别的差异性。

（5）教育程度。受教育程度的不同，使人们对职业声望的评价也不尽相同。

（6）国别和地区。不同国别和不同地区的人们，在职业声望比较中，也显示出了差异性。职业地位是现实的，也是历史的，发展的。在农业社会，对农民的评价高于商人；工业社会崇尚科学家与企业家，对商人的评价高于农民。从就业上来说，人们一般都愿意选择声望高的职业，或者是从职业声望较低的职业流向职业声望较高的职业。但是，有时也会出现一些非常规现象，如把收入高或工作地区作为择业的单一指向，而不顾及职业的社会功能和个人的能力特长。事实上，职业虽然有地位上的差别，但对社会贡献只是分工不同而已，清洁工一样能做出受到人们崇敬的业绩。

五、职业的产生与发展趋势

1. 职业的产生

职业是人类社会发展到一定阶段的产物，是随着社会分工的产生而出现的。原始社会是人类历史上最初的社会形态，氏族是社会的基本生产单位和组织。氏族成员中存在着自然劳动分工，如男子狩猎、捕鱼，女子在家抚养子女、管理家务。这种分工几乎是纯自然和自发的，是建立在性别、生理差异和年龄状况基础上的，还不能称为职业分工。

随着社会生产力的发展，人类征服自然的能力提高，原始农业在社会生产中的重要性越来越明显，农业在社会生产中起主导作用。随后，由于社会生产力的逐步发展，产生了三次社会大分工。第一次社会大分工，畜牧业从农业中分离出来；第二次社会大分工，工业从农业中分离出来；第三次社会大分工，出现了商业和各类服务业。经过三次社会大分工之后，氏族解体，私有制产生，阶级出现，至此，职业活动已成为普遍的社会现象。

当原始社会发展到后期，随着生产力的进步，出现了畜牧业与农业、手工业与农业的分离，继而又出现了专门经营畜牧业、农业和手工业产品交换的商业。由于有了这些社会分工，便出现了最初的职业，如农夫、牧人、工匠、商人等。进入奴隶社会，随着生产力的发展，出现了大量的剩余产品，使社会上的一部分人有可能脱离体力劳动，依靠别人的剩余产品来生活。奴隶主和富商们完全摆脱了体力劳动，其中一部分人专门从事管理国家、组织生产等活动，由此出现了脑力劳动和体力劳动的大分工，职业的种类又有所增加。

封建社会使职业得到发展。随着封建社会农业经济和社会的发展，冶铁、纺织、陶瓷、造纸、印刷、造船、酿酒、制糖、制茶、漆器和武器制造等手工业、商业和自然科学、文学艺术等领域，也都有了很大的进步。除在奴隶社会已经出现的农民、手工业者、商人和生产管理者外，又出现了诸如艺术家、诗人、文学家、科学家、医生、教师等新的职业。在新行业产生与兴旺的同时，旧的、落后的行业就逐渐消失了。如冶铁技术的兴起和发展将青铜铸造业挤出了历史舞台，从事青铜铸造业的人就改行从事其他职业了。

资本主义社会带来了职业的繁荣。从 18 世纪中期起，由于科学技术的发展和生产工具的改革，欧美一些国家发生了产业革命，完成了以机器生产代替手工劳动、以机器大工业及社会化大生产代替工场手工业的重大变革。大规模的机器生产使职业分工更细，而且带来了许多前所未有的职业。

2. 职业的发展趋势

职业是社会劳动分工发展的必然产物，社会分工是职业划分的基础和掌握。在人类社

会发展的历史长河中，职业并非一成不变，而是在多种因素作用下不断变化与发展的。社会生产力的发展引起的社会分工的变化，决定和制约着职业的发展和变化，社会经济是直接制约和影响职业变化的重要因素。社会政治制度、宗教、文化、经济发展等诸多因素都会带来许多职业的兴衰。科技的发展使社会分工和职业分化的势头进一步加快，职业呈现出向专业化、知识化、智能化、服务化的发展趋势。

（1）社会职业种类增多，新职业频繁出现。经济领域是集中职业种类和职位数量最多的社会领域。改革开放以来我国经济飞速发展，在经济发展的过程中产生了对各个行业人才的需求。目前职业已远远超过“三百六十行”，据有关资料介绍，大约在 20 世纪 70 年代，世界职业种类就超过 42000 种，目前则更多。

职业种类的增多还要归功于现代科学技术的新发展，社会经济发展，一些边缘科学的开发，社会服务的变化，社会政治体制及管理的变化。

（2）对知识技能的要求越来越高。知识是人类实践活动和思维成果的结晶，是人类文明得以发展和延续的基础，是人类改造自然和社会的强有力的工具。对求职者而言，知识的积累是成才的基础和必要条件，但知识数量的多寡并不能完全代表一个人真正的能力水平。因此，求职者应把知识转化为专业技术。

随着社会主义市场经济体制的建立和不断完善，社会人才观及人才类型也发生了巨大变化，社会对未来人才知识的综合性结构提出了更高的要求，要求求职者不仅能够成为领域具有专业知识和技能的专门化职员，而且能够突破专业限制，成为掌握多种知识和技能的高素质复合型人才，更应当具有良好修养，成为对社会和单位负责的合格公民。技能短缺确实阻碍经济增长，生产力发展和技能更新。低技能约束技术更新速度，约束采用更有生产力的劳动组织。因此，未来职业的专业性、技能性、功能性特点越来越强。

（3）未来职业中，体力劳动类职业与各种职业中的体力成分大大降低。科技进步给职业发展带来巨大冲击，现代科技的发展带来了许多新技术、新产品和新工艺，这些新技术、新工艺的研究开发，应用必然导致部分职业的新旧更替。例如，电子计算机技术的发展，使得诸如电报发报、电话接线、机械打字等传统职业逐渐走入末路，但随之而来的电子通信网络服务，电脑保安、计算机制造，调试、维修、设计、培训等新职业却一个个破土而出。因此，科技发展使职业发展越呈现出这样的特点，即脑力劳动职业发展速度越来越快，体力劳动职业将越来越少。信息时代社会产业结构的变化将不断加剧，这使得一部分职业兴旺，而另一部分职业被淘汰的现象大大增加，也使得人们在职业间的流动大大增加，结构性失业问题会越来越多。

信息对人们的职业发展具有不可估量的价值，它是现代社会个人或组织赖以生存的基础性资源，信息不仅是知识的传载体，也是机遇的化身。信息隐含着许多机遇信号，职业人员要想谋取理想的职位，充分发挥职业才能，不仅取决于学识、技术能力和社会经济需求等因素，也取决于求职者能否掌握足够的职业信息。

现代信息科学技术不仅极大地推动着社会生产力和经济的迅猛发展，也为信息传播创造了优越的条件。人们每天都在通过各种渠道，接受巨大的信息流，现实存在的职业信息告诉我们社会经济生活和职业发展的真实面貌。透过职业信息，人们可以从实际出发看待个人的发展方向，调整个人的职业专业学习内容，有利于合理地调整职业方向，从而避免因信息时代职业变化过快而发生的结构性失业。

（4）服务业发展迅速。服务性行业是随着经济发展而得到发展的一个行业，经济越发达，服务性行业就越兴旺。而且世界经济在飞速向前发展，这必将带动服务性行业的发展，而服务性行业又是劳动密集型行业，它的发展必将带动我国几亿农村劳动力的就业。

21 世纪劳动力市场需要的不再是只懂得遵守纪律的生产线工人，而是有主见、独立的公民，能承担风险的企业家，并且在全球化技术进步的背景下，能不断汇聚新出现的专业技能的技术人才，在对技能的需求方面，劳动力市场对常规及非常规动手能力，常规认知的需求降低，而对非常规分析和交往能力的需求增加。并且还要具备创造力和创新技能，批判性思维，信息和通信技术，交流与工作能力，伦理和社会责任感等新能力。

总之，无论哪个行业领域，技术性工作者都将成为 21 世纪社会的职业主体，许许多多的各类技术人员将支撑起各自所在的行业。

第二节　中职生就业与就业指导

【案例分享】

某大型企业向学校发布了要来校招聘大量人才的信息．学校就业指导中心迅速公布并电话通知了各专业老师，各专业老师反应不一，有的专业主任亲自打电话与对方联系，推荐自己符合条件的毕业生，有的则主动邀请对方到学校来选毕业生，有的则用特快专递寄出了学生的推荐材料。而与此同时，部分同学却在等待面试通知，认为反正该单位要来校招聘，等来了再投材料也不迟。后来，这家单位真的来了，人事部门负责人却非常抱歉地说："真对不起，其实，我们几天前就已到贵校，但刚跨进贵校校门，就被贵校某专业盛情‘拦截’而去，晚上住在贵校招待所，闻讯而来的毕业生一拨又一拨，结果我们的计划提前录满了。"在场的毕业生后悔不已，机会就这样在等待中错过了。如何把握学校就业指导中心提供的信息，怎样正确认识就业指导？

【案例分析】

学校就业指导中心能够为毕业生提供及时大量的就业信息。对于求职的毕业生，求职机会对每个人都是均等的，就看你如何把握它。各种招聘人才的信息，每时每刻经过各种渠道在发布、在传递，好比一条河流，信息是一朵朵浪花，你抓住了，就归你所有，你错过了，就无法回头。因此，只要你认准这条信息对你有用，你感兴趣，就必须主动以最快捷的方式向发出信息方做出反应，让对方知道你、了解你，才有可能看中你。机会往往就是这样被主动者拥有。

一、就业与就业指导

1. 就业

（1）就业的概念。就业是指劳动者同生产资料相结合，从事一定的社会活动并以此获得劳动报酬或经济收入的活动。就业应具备三个基本条件：一要从事社会劳动，二要得到社会承认，三要有一定的报酬或收入。凡是符合这三个条件，就算就业。

（2）就业的基本特征。

①社会性。劳动者与生产资料是构成就业的基本要素，两者相结合，处于一定的生产关系之中。生产关系就是社会关系，就业总是受到社会关系的推动和制约，总是同社会的现状与发展密切相关的。

②经济性。对社会来讲，就业活动在宏观上要求尽可能充分合理地利用社会劳动力资源。对劳动者个人来讲，就业是获得生活资料的手段。就业活动的结果，要尽可能地满足劳动者不断增长的物质和文化生活的需要，使劳动力再生产的条件不断完善。

③计划性和合理性。劳动者和生产资料的结合不是任意进行的，而是要按一定的计划和比例来进行。其计划的方式由生产关系决定，结合的比例取决于生产力的发展水平

④变动性和相对稳定性。随着生产力水平的提高和社会分工的不断发展，劳动者就业岗位的变换越来越频繁。这种变动在现代社会是不可避免的。同时，不同劳动资料与劳动对象相结合的劳动就业岗位，对劳动者的文化技术水平有着不同的要求。要提高结合的效益，就要不断提高劳动者的素质，并使劳动者尽可能地稳定在一个就业岗位上。

2 就业指导

（1）就业指导的概念

就业指导也可称为“求职择业指导”、“职业指导”或“职业辅导”，它有狭义和广义之分。狭义的就业指导是给被指导者传递就业信息，帮助其求职与择业，为其与职业的结合牵线搭桥。广义的就业指导是以被指导者的自身特点、自愿与社会职业的需要相协调为前提，帮助和指导其树立正确的就业意识，并为其选择职业、准备就业以及在职业中求发展、求进步等提供知识、经验和技能，组织劳动力市场以及推荐介绍、组织招聘等与就业有关的综合性社会咨询服务活动。

中职生就业指导是广义的就业指导，是为帮助中职生根据自身特点和社会职业需要，选择并确定有利于发挥个人才能和实现个人理想的职业；帮助中职毕业生按照国家就业政策的导向，及时落实用人单位或自行创业；并为就业后发展成才，创立事业提供帮助和指导，使其正确地实现自己的人生价值和社会价值。

（2）就业指导的作用

就业指导的目的是使无业者有业，有业者敬业，敬业者乐业，乐业者创业。中职生的就业指导是广义上的就业指导，是为了帮助中职生根据自身特点和社会职业需要，选择并确定有利于发挥个人才能和实现个人理想的职业；帮助中职毕业生按照国家就业政策的导向，及时落实用人单位或自行创业；并为其就业后发展成才、创立事业提供帮助和指导，

使其正确地实现自己的人生价值和衬会价值。从根本上说，就业指导就是要帮助中职生树立正确的世界观、人生观、价值观，增强毕业生适应经济建设和社会发展的能力。一方面要为全面提高学生的素质和其顺利就业提供多方面的服务；另一方面是要帮助和引导学生根据自身特点和社会职业的需要，选择最能发挥自己才能的职业，全面、迅速、有效地与工作岗位结合，实现其人生价值和社会价值。

二、就业指导历史的由来

1. 中职生就业指导的产生与发展

随着社会分工的发展，人们就有了从事不同职业的需要，但在一个多世纪以前，由于社会分工简单，职业分类过粗，职业指导的问题并非迫切。到 19 世纪末 20 世纪初，资本主义得到了迅速的发展，社会分工越来越细，新的职业不断出现，以美国为代表的移民国家，由于经济发展迅速，新的工业部门不断涌现，需要对人进行合理安置，职业也对人提出了一系列的要求，因此，就有了职业指导的迫切需要。

基于社会的需要，美国的铁路工程师、律师帕森斯热衷于帮助青年人选择职业的工作，他于 1908 年在美国的波士顿创办了世界上第一个就业指导机构—波士顿地方职业局，自任该局的第一任局长，开始系统的职业活动。他在第一次报告会上，使用了“职业指导”这一概念，其后这一名词在美国广泛使用，并很快传播到其他国家。1909 年，他的著作《选择职业》出版，这标志着就业指导工作在美国的发起。

1911 年，哈佛大学首开了就业指导中职生的先河，开设就业指导十讲。1917 年，波士顿职业局并入哈佛大学教育研究生院，更名为哈佛大学教育研究生院职业指导局，这标志着美国大学就业指导工作的正式开展。

我国也是世界上开展就业指导工作较早的国家之一。20 世纪初，留美归国学生倡导和发起就业指导。1916 年，中华职业教育社主办的刊物《教育与职业》第 15 期专门刊出《职业指导》专号，进行宣传和倡导。1923 年，清华大学设立职业指导委员会。1931 年 9 月 21 日，全国职业指导机关联合会成立，并以研究职业指导为宗旨。同年 12 月 14 日，联合会举行了第一次年会。著名的教育学家蔡元培、黄炎培等都为就业指导做出过重要贡献。

倡导就业指导最得力的组织首推“中华职业教育社”。该社成立于 1917 年，以“使无业者有业，使有业者乐业”为社训，其主要工作内容为：一是调查本地重要职业；二是调查毕业生的基本情况；三是征求实业家对毕业生的要求；四是给毕业生讲演择业要点。1921 年，该社在上海、南京、济南、武汉等地举行了为期一周的职业指导活动。1927 年 9 月，上海职业指导所成立，宗旨为“求人者得人，求事者得事”，工作内容包括升学指导、职业咨询、职业测验、职业演讲、职业调查、择业指导、改业指导等。1931 年，南京、无锡、常熟、嘉定等地也纷纷设立职业指导所。全国各地青年协会每年举行夏令营，邀请有关专家研究青年职业问题，出版刊物，指导青年就业。

当时中国职业指导的倡导者们，花了不少力气，想了不少办法，使中国的职业指导从无到有，取得了一定成效，但由于其后外侵内乱，教育落后，社会发展缓慢，就业指导中断。中华人民共和国成立后，由于实行高度集中的计划经济，毕业生就业实行统包统配制度，人们的思想意识中没有开展就业指导的必要，所以从新中国建立到70年代末期，就业指导一直中断。

2. 我国开展中职生就业指导的历程

我国就业指导工作的恢复是在20世纪80年代中期。当时上海和北京的一些职业中学为帮助学生顺利就业开始试行职业指导，当时的劳动人事部还编写了培训教材《就业指导》。从大学来说，深圳大学首开改革开放后中职生就业指导的先河。深圳大学是我国改革开放后成立的一所新型大学，学生毕业后不包分配、自谋职业，因此，就业指导工作破土而出。深圳大学1986年成立了中职生就业指导中心，中心为学生就业开展咨询服务活动，开设就业辅导课，编辑《就业指导报》，利用“电脑”搜集、储存就业信息，设立就业信息公布栏，组织用人单位进行招聘，使该中心成为学生就业的桥梁和纽带。

在毕业生就业改革的新形势面前，原国家教委积极推动中职生就业指导工作的开展。1983年底，原国家教委创办《毕业就业指导报》；1989年4月，筹建“全国高等学校毕业生就业指导中心”，经过两年时间的准备，1991年2月中心正式挂牌成立；1993年原国家教委创办了《中国中职生就业》刊物，并成立了毕业生就业指导专业委员会，研究毕业生就业制度改革和就业指导理论及工作的开展，并多次发出通知，要求适应毕业生就业制度改革，积极开展就业指导工作。

1991年，由国务院并转发的《高等学校毕业生分配制度改节方案》中，把就业指导工作作为毕业生就业制度改革的配套措施，要求各地方、各部门和各高等学校建立毕业生就业指导机构。《方案》提出，就业指导机构的主要任务是：贯彻国家毕业生就业的政策、法规，发布毕业生供求信息，架起沟通毕业生、学校、用人单位之间的渠道，对毕业生进行就业指导，为毕业生创造公平竞争的客观条件，指导“双向选择”工作的正常运行，研究解决工作中出现的矛盾和问题，为学校反馈信息。1995年国家教委办公厅又发出通知，要求把就业指导列入正式的教育教学计划。

从目前来看，我国已形成了以国家教育部为主的领导和指导机构，形成了学校以及主管毕业生就业的各省和地方人事部门的毕业生就业指导或服务机构，形成了纵向贯通、横向交流的就业指导模式。社会上面对毕业生就业服务和帮助企事业单位人才录用服务的人才评价机构也已诞生。这标志着我国的学生就业指导工作已进入了科学化和规范化的轨道。学校的就业指导工作蓬勃开展，对问题的研究不断深人，内容不断扩展，认识不断提高。学校的就业指导工作在形式上生动活泼、灵活多样。

三、就业指导的主要内容

1. 就业理论指导

这是就业指导的重要内容，主要是对中职生进行思想教育，引导学生树立正确的人生观、人才观和就业观，帮助中职生科学认识和正确对待就业。理论指导重点是解决好以下几个问题：

①树立正确的成才观；

②树立正确的择业标准；

③确立职业道德。

2．职业生涯发展规划指导

按照自身和社会的实际情况来设计、规划自身未来的职业发展方向和目标，进而为实现该目标而努力。

3．就业政策法规指导

①通过就业政策指导，使学生了解国家制定的全国性的就业政策、有关部门和省市制定的行业性和区域性就业政策以及所在学校制定的具体实施意见，按有关规定就业；

②劳动法规指导。中职生就业的实质是与用人单位建立劳动合同关系，就业法规指导中职毕业生依法办事，用劳动法维护自身的权益，履行应尽的义务；

③就业工作程序指导。这有利于中职毕业生在规定的时间段收集信息，参与双向选择、进行毕业鉴定、办理报到手续等，从而不影响学校正常的教育秩序和学生的学习。

4．就业心理指导

随着就业竞争的日趋激烈，大学的择业心理问题近年来呈上升趋势，各种心理障碍和心理疾病影响中职生顺利走向社会。就业指导还要运用心理学的原理和方法，针对中职生心理发展特点和择业中暴露出来的心理问题，进行择业心理教育与指导。

5．就业信息指导

就是学校通过多种渠道收集和掌握社会需求信息，通过整理、归纳和分析，预测就业动态和人才的供需矛盾，了解和掌握用人单位对人才素质的要求，并及时将信息传递给学生以对他们的求职择业及自我塑造和发展起到帮助和导向作用。包括国家宏观就业形势的分析指导、收集具体就业信息的指导。

6．就业技巧指导

求职是一门艺术，有许多技术和技巧，求职的技巧有时对学生是否成功择业产生直接影响，因此求职技巧的指导具有较强的实用性，对保证求职的成功具有重要的意义，包括自荐技巧（主要是递送自荐材料）、面试技巧、礼仪的指导。

7．走向职业成功的指导

学生从学校走向社会，是人生道路上的一大转折。在刚刚走上工作岗位时，由于环境发生了变化，需要一个适应的过程。在这个过程中，要完成从学生到职业人的角色转变，需要经历社会化和再社会化的过程。如何尽快适应环境，进入新的角色状态，完成工作以后的心理调适，是就业指导需要解决的问题。要通过走向社会的指导，帮助学生及时调整自己的心理，尽早进入新的角色状态，尽快适应环境，适应社会，树立信心和责任感，用自己所学知识在实际工作中乐业、敬业，脚踏实地地干一番事业。

8. 创业教育和指导

党的十七大明确提出了“实施扩大就业的发展战略，促进以创业带动就业”的要求。党的十八大报告提出：“引导劳动者转变就业观念，鼓励多渠道多形式就业，促进创业带动就业。”

而对中职生就业难的压力及社会对创业人才的迫切需求，对中职生进行创业教育，增强创业文化的熏陶，让中职生了解创业知识和国家鼓励创业的政策，是他们能够按照国家政策导向和学校的要求，增强创业意识，提高创业技能，使有创业才能的中职生通过自己的创业为社会创造更多的就业岗位。

第三节　国外的就业指导

【案例分享】

毕业生王佑学习成绩和其他方面条件都不错，在就业的初期满怀信心。但由于专业冷门等原因，找过几家单位都碰了壁，结果产生了自卑感，在后来的择业过程中表现越来越差，陷入恶性循环而不能自拔，以至于到了新的用人单位那里，只能被动地问人家：“学某某专业的要不要”，其他什么话都不敢讲，最终未能落实就业单位。王佑找工作失败的主要原因是什么？

【案例分析】

王佑的失败是由于自卑心理在作怪。在择业遭受挫折后，一蹶不振，对自己评价过低，丧失了应有的自信心，择业时缺乏主动争取和利用机遇的心理准备，不敢主动大胆地与用人单位交谈，也就不能很好地表达自己。越是躲躲闪闪、胆小、畏缩，越不容易获得用人单位的好感。这种心理严重妨碍了一部分毕业生正常的就业竞争，使得那些原本在某些方面比较出色的毕业生也陷入“不战自败”的困惑。

一、美国学校学生就业指导

美国实行的是学生自由就业制度，学校对学生就业不承担责任。但由于毕业生就业情况关系到学校的声誉和地位。特别是关系到学校的办学效益，所以各学校都十分重视学生就业指导工作，投入了大量的财力、物力、人力，使其蓬勃发展。

（一）美国学校学生就业指导内容

1. 学生自我评价、专业定向和择业目标指导

学生入学起，就业中心就通过心理测试等方法帮助学生对自身的性格、兴趣、爱好、能力等做出评价，使学生在自我评价的基础上进行专业和职业定向；进入毕业前期，通过咨询方式与学生面谈，帮助学生找出适合自己兴趣、能力、价值观的专业与职业领域，指导学生确定择业目标。对学生进行求职择业训练，包括如何写个人简历、求职信，如何获取信息，怎样展示个人特长，求职面试要领等。其方式有个案咨询辅导，也有培训班、指导课形式的集体辅导，还通过模拟应聘面试、音像教学等多种形式给学生以指导。

2. 就业信息服务

通过信息网络及时把各种社会需求信息收集起来。学生可以随时通过信息网络查到自己所需要的全国乃至世界各地的需求信息，也可以把求职信息通过网络传送给雇主。此外，就业指导机构还备有各类有关就业指导的图书、报纸、杂志、企业介绍材料，供学生随时查阅。

3. 拓展实践途径

由于许多雇主非常看重学生的社会经历、实践经验和动手能力，学校努力为学生提供到需求单位实习、工作的机会。各校都有一批长期保持密切联系的企业和机构，通过组织学生去实习、工作，增强学生的社会实践能力，为供需双方提供双向选择的机会。

4. 服务雇主

当毕业生与雇主达成就业意向之后，雇主往往要派专人来校与毕业生面对面洽谈，学校就业机构在这方面的接待服务也是经常性的、大量的。

5. 举办校园的招聘面试活动

各大学在教学日历上都安排有固定的学生就业招聘日程，在校园内定期举办招聘面试活动，届时学校的就业机构要接待来自各界的招聘代表，组织类似我国学校的“供需洽谈会”活动。

（二）美国学校学生就业指导工作特点

1. 就业指导与学校教学工作相结合

从入学起，学校就为学生提供前期职业指导服务，在选择专业和课程方面给学生以帮助；进入高年级特别是毕业学年，学校又为学生提供就业信息服务和就业技巧训练等方面的帮助；毕业后，毕业生仍可回到学校接受各种就业指导和培训教育，获得学校延续不断的服务和帮助。

2. 就业指导顺应社会需要与职业要求

美国学校通过社会各界对各个学校评价情况排名公布以及产学合作教育等方式，加强与社会、与职业界的联系，了解就业市场需求，提高学生职业素养与就业竞争力。

3. 就业指导人员职业化、专业化、专家化

一般都具有心理学硕士或者博士学位，并具有职业咨询师资格。据统计，日前全美国共有职业咨询师 16 万人，其中 80% 在学校，为校内职业咨询师。

（三）美国学校中职生就业指导的局限性

1. 缺乏主流的价值观导向

受西方文化的影响，各学校就业指导工作中一般不对学生持有的价值观加以评价，只是帮助学生了解自己的问题，更深入地认识自己，进而协助他们调适矛盾和处理情绪，引导他们白己去解决问题。因此，容易导致学生过于关注自我的发展而忽略社会需求。

2. 适用性不够广泛

美国的就业指导理论及方法具有浓重的西方色彩。东西方的地域、历史、文化、思想的差异，次定了这些就业指导理论、具体操作方法引入他国必须经历一个本土化的过程。

3. 生活指导与社会教育缺乏有机地结合

美国学校的学生大部分是走读的，住宿分散，教学采用学分制，这直接影响他们参与校内活动，特别是接受指导服务，造成了学生集体生活的缺乏和集体观念的淡漠，教育的效果很容易被社会不良风气冲淡，难以得到保证和巩固。

4. 过分依赖测试手段

随着测试手段的广泛运用，美国学校就业指导工作有过分依赖测试工具的倾向，缺乏生动、具体、灵活的工作。由于青年时期是人的思想、心理、价值观极易变化的时期，测试结果仅是学生某一时期各方面的瞬间体现。因此，测试结果的科学性、长效性不高，影响了工作效果。

二、日本学校学生就业指导

日本的政府、学校、社会都非常重视学校毕业生的就业工作。就政府而言，逐渐形成了由文部科学省主管、厚生劳动省协管、学生就业指导部门为中心、企业提供支持、就业考试予以保障、学生积极参与的政府主导型就业促进类型。

（一）发挥政府职责，保障和稳定毕业生就业

1. 改进教育培训体系，提升毕业生的就业能力

日本提出“学生生活的实施方针和政策”的方针，提出改善学校学生生活的种种方针和政策，并要求各大学积极培养学生的职业观，对学生实施一对一的细致入微的就业指导，建立和完善学校内的就业指导体制。

日本厚生劳动省推出“青年就业基础能力支援项目”。该项目是厚生劳动省基于对企业的调查，将企业录用时所重视的能力—“就业基础能力”整理为五个方面分别为职业人意识、沟通能力、商务礼仪、基础能力和资格取得能力。并且对相关的讲座（考试）进行规范认定，推出“认定讲座、考试”（1784 个讲座、316 项考试）制度。修完认定讲座或者认定考试合格并取得相应资格的青年可以申请并获得厚生劳动大臣署名的能力证明证书。

2. 积极采取措施，鼓励学生自主创业

日本政府采取多重措施积极鼓励学生创业。政府根据新办企业的技术含量和雇佣工人

的人数，提供一定数量的新办企业扶助金。如果创办企业，自谋出路，只要提出申请，政府有关部门将根据具体情况，给予一定数额的事业扶助金。只要失业、无业人员或是中职生有切实可行的创业计划，政府就为他们创业提供无担保、无抵押融资。

3. 为学生提供就业信息和咨询服务

针对学生初次就业率的持续下降，日本政府采取了专门针对毕业生的信息发布措施，根据毕业生的特定需求提供就业信息、就业咨询与配置服务。近年来日本的主要城市设有负责介绍和安排学校毕业生就业的“学生职业中心”。此外，还有日本雇用信息中心、雇用开发协会、日本人才介绍事业协会、日本人才派遣协会、日本招聘信息协会等众多的就业咨询服务机构。日本政府还成立了由所有的都道府县劳动局、地方政府、劳工、工业、利益相关者和学校等成员组成的“毕业生就业支援总部”，负责开展中职毕业生就业情况调查，掌握对中职生就业支援的情况，构建中职毕业生就业服务体系，建立全国企业信息检索系统，强化各都道府县学生职业综合支援中心及其网站的作用，提供实时的就业信息和咨询服务。在提供信息的同时，进行针对学生的职业适应性鉴定、就业心理咨询等服务工作。

（二）积极拓展中职生就业岗位，提高就业率

日本政府制定了加强对中职毕业生就业支持的《紧急雇用对策》，通过政府与企业的合作，每年为中职生提供 10 万个工作岗位。日本内阁府还通过了“新成长战略”，除了减税之外，还在产业方面提出了七大重点领域，其中第六项“就业与人才”的战略目标将就业卡持有人数增加到 300 万，为中职毕业生未就业者提供了更多的机会。

出台了《劳动者派遣法修正案》，原则上禁止仅有工作临时签订雇用合同的登记型劳动者派遣和制造业派遣，希望把生活和收入不稳定的派遣员工引导到正式员工的雇用方式上。针对春季毕业的学生不断发生“已内定录用”被取消的情况，日本政府要求企业要加强自律，尽可能避免出现这种情况。此外，日本政府和执政党出台了关于援助企业“非正式员工”新措施的方案。根据方案，按照每人最高 100 万日元的额度，向把派遣员工转为正式员工的派遣企业提供资金支持；向录用已被取消“内定录用”毕业生的企业发放补助金；向社会公布恶意取消“内定录用”的企业名单等。日本政府还制定了新的雇用对策”，扩大“雇用调整补助金”的发放范闱，以确保就业形势的稳定。

三、美日两国学校中职生就业指导对我国的启示

（一）“单纯的就业指导”转变为“职业生涯规划指导”

中职生就业指导是一门理论性、实践性、操作性非常强，极具研究性的学科。由于具有三个特点：①各个专业、各个学科有不同的就业特点，因此就业研究应当根据不同的专业、不同的学科进行科学分析，应该结合社会需求、各自不同的特点进行具体分析；②不同学校的相同专业应当有不同的专业特色，专业特色要根据学校的指导思想、办学特色、

教育特点等形成；③由于不同学校、不同专业的学生受个人因素（性格、气质、职业价值观、兴趣、特长等）和环境因素（就业政策、经济形势等）的影响，所以各个学生的个性和综合素质不同。

基于此，政府、学校和社会都应把中职毕业生就业指导作为一门学科加以建设，在借鉴国外先进理论的基础上，逐步探索出一套符合我国国情，适合学校学生特点的就业指导理论和实践体系。在实践探索的过程中，既注重正确的人生观、人才观和择业观引导学生，又注重个人兴趣和创新能力的塑造，批判性思维和社会责任感的培养，真正使“单纯的就业指导”转变为“职业生涯规划指导”，进而使就业指导工作逐步向系统化、科学化、规范化发展。

（二）“被动权利主体”转变为“主动权利主体”

中职生就业权益的保护是一个系统工程，政府应致力于就业相关法律的制定，构建有效的就业权益保护体系，促使指导政策法制化、制度化，切实维护中职生的主体利益。目前，就业指导中存在三方面法律问题：①多数中职生法律知识欠缺、肤浅，就业、社会经验有限，难以应对“险恶”的市场；②近年中职生逐年递增，初次就业经验缺乏，合法权益屡被侵害；③中职生就业规定与劳动法、地方劳动法规相比，还存在一定的缺欠、不完整和脱节问题。

基于此，面对就业竞争激烈，就业形势严峻，就业陷阱较多，毕业生与用人单位相比处于弱势地位等情况，中职生作为就业中的权利主体，要预防和控制就业风险，在求职前应主动了解国家相关政策和法律法规，如《合同法》和《劳动法》，以及相关部委颁布的《关于贯彻执行〈劳动法〉干问题的意见》和《人才市场管理规定》等，做到知法用法，提高应对能力，合理合法地维护自己的权益。

（三）就业工作由“计划与行政管理职能为主”转变为“服务与指导职能为主”

我国中职生就业市场具有特殊性，应借鉴国外将政府、用人单位和学校都作为就业指导工作主体的做法。在毕业生就业管理方面，由教育部负责毕业生：离校前的就业指导和服务工作，人力资源和社会保障部负责毕业生离校后的就业指导和服务工作，就能形成毕业届时集中就业、毕业过后分散就业、就业后再就业调整等动态性的就业格局。

基于此，教育部门要指导学校大力加强在校生的就业指导和服务工作，并继续深化高等教育改革，充分调动专门的就业指导机构及相关人员的积极性，形成“全员参与、全过程指导、全方位帮助”的就业工作氛围。地方政府应将学校毕业生就业纳入当地就业总体规划，实行目标责任制。各级人力资源和社会保障部门要做好学校毕业生离校后的就业指导和就业服务工作。其他有关部门要引导学校毕业生树立正确的就业观和成才观，形成全社会共同促进毕业生多渠道就业的良好环境，实现以行政管理为主向以服务与指导为主转变。

（四）“帮学生找工作”向“教会学生找工作”转变

教育部2002118号文件对就业指导的师资队伍建设提高了明确的要求：“要尽快提高就业指导教师队伍的整体素质，把就业指导教师队伍建设摆到整个学校师资队伍建设的重要位置，努力提高就业指导队伍的专业化和职业化水平。”

基于此，要解决好中职生就业难的问题，应做好三方面工作：①政府要想办法提供尽可能多的就业岗位；②建设一支高素质、专业化、职业化的就业指导团队；③中职生要树立职业化意识、机遇意识、创业意识，主动适应市场需求。

（五）指导内容由“单一化”向“多样化”转变

中职生就业指导内容是否适应当前社会经济发展的需要，是否贴近学生的实际，是否新颖、活泼和多样，是就业指导工作成败的关键，也是就业工作开展有效性的具体体现。

基于此，在就业指导内容上，要引导学生按社会需求来加强能力培养。应做到：①以增强学生就业能力为目标。中职生的就业能力是指中职生通过教育所获得的知识、技能以及适应劳动力市场变化的能力。高校应加强教育教学改革，注重学生知识水平、学习能力、生产能力和社会适应能力的培养。②注重社会责任感、职业精神和职业意识的培养。采取校友回校做报告、社会人来讲企业文化、开设就业指导课等灵活多样就业指导方式等注重职业道德的培养。③开展全程化、多样化的就业指导。从新生入学教育开始到整个在校期间，分阶段对学生进行适应性就业指导，加强学生世界观、人生观、价值观教育及就业观教育。

（六）指导体系由“平面化”向“立体网络化”转变

学校立体化、网络化就业指导是一项系统工程，需要政府、学校和社会之间不懈努力和有序联合，就能较好地满足学生就业指导的需要。

基于此，要使就业指导体系立体化、网络化，借鉴国外经验须做到：

①就业指导主体多样化。学校、企业和社会都是中职生就业指导的主体，政府只进行宏观就业政策方面的管理；

②就业指导机构立体化。政府、学校、社会作为横向主体的同时，各主体内部形成四级纵向的指导机构，如政府就有部级、厅级、市级和县级，同时横向主体间相互联系、相互作用；

③服务平台立体化、网络化。积极办好利用网络技术资源构建的全国中职生就业公共服务立体化平台，充分发挥就业战线和教育行业资源优势，集信息共享、远程见面、咨询指导、教育培训、经验交流、政策发布与辅助管理功能为一体，为中职生就业提供全面信息服务，真正实现指导体系由“平面化”向“立体网络化”转变。

第二章　就业心理准备与心理调适

良好的心理品质和健全的人格是成功就业的基础和保障。良好的人格特征诸如乐观、自信、进取、谦虚礼貌、善于合作、勇于创新、自立自强等有利于中职生的成功就业。不良的人格特征诸如冲动、急躁、抑郁、自卑、孤僻、怀疑、偏执、怯懦、依赖、嫉妒、悲观等则妨碍就业的顺利进行。因此，要引导中职生认真分析自己的人格特征，在就业过程中尽量减少不良人格特征产生的消极影响。

第一节　学生就业过程中常见的心理问题

【案例分享】

小齐是家里的独子，从小就备受父母宠爱，也由此养成了事事依赖他人的心理。进入3年级，班上的同学都积极的进行就业准备，收集就业信息，准备就业材料，四处参加招聘会，唯独他依然像往常一样，不见任何动静。班上一同学劝他："小齐，还有几个月我们就要毕业了，同学们都忙着找工作，你也要抓紧呀，不然到时毕业就等于失业"，小齐却自信的答道："我不着急，我家里正帮我联系着，再说我一亲戚还是我们当地一政府官员，还怕到时没工作。"可等到拿毕业证的那天，同学们都背着行李踌躇满志的踏上新的工作岗位，而小齐走出校门却不知道去哪。原来小齐全部希望都寄托在父母亲，可家里没能给他找到合适的工作，自己却又错过了招聘的黄金时间，导致毕业时还没找到工作。

【案例分析】

就业是中职生走向社会的第一步，是他们人生中的一次重要选择，也是对其综合素质尤其是心理素质的一次检验。就业心理是指毕业生在就业过程中的心理状态，是影响其正确择业和顺利就业的重要因素，也是毕业生价值观的具体体现。当前严峻的就业形势加重了中职生的就业压力，中职生的就业心理问题日益凸显出来。只有正确认识了中职生就业的各种心理，并克服不良心理，我们中职生才能成为社会主义建设的接班人。

一、心理素质的含义

心理素质是一个人的性格品质、心理能力、心理动力以及心理健康状况的综合体现。心理素质是人的整体素质的一个方面。它在人的整体素质中占据十分重要的地位，往往会影响或决定一个人的其他素质。尤其在中职生就业过程中，心理素质更是有着不可小觑的作用。

二、中职生心理素质与就业的关系

随着我国高等教育大众化进程的推进，就业压力越来越大成为引起中职生心理困扰的主要原因。中职生的就业形势严峻，就业岗位的有限增长、社会有效需求赶不上毕业生规模增长的问题逐步显现。

在这种特殊的就业环境下，中职毕业生更需要具有良好的心理素质，因为心理素质能够决定一个人的工作态度、工作能力、工作效率。只有拥有较好的心理素质才能在困难来

临时沉着应对，在就业过程中能够冷静处理随时遇到的问题。良好的心理素质可以使中职生在择业期间保持良好的心情，以积极的心态迎接就业过程中的困难和压力，调整自己的观念和行为，促进顺利就业、成功就业。

二、学生择业中的矛盾心理

学生择业中的矛盾心理，主要有以下几种表现：

（一）有远大的理想，但往往不能正视现实

人的一生，总是在不断地追求美好的未来。中职生在择业中这种追求和憧憬更为强烈，更为丰富，更为远大。经过充实而丰富的中职生活，中职生知识的羽翼已渐丰满。面对汹涌的市场经济大潮，他们豪情满怀，准备搏击一番。然而，由于他们涉世尚浅，接触社会较少，理想往往脱离客观与主观现实条件。如许多中职生都想成为企业家和大经理、大老板，走商业巨子之路。但是在择业中他们并未考察自己的知识、能力、性格、爱好、气质等是否适合从商；或者未真正考虑所选择单位是否有利于自己的发展，出现了理想的自我膨胀和现实的自我萎缩之间的矛盾。

（二）注重实现自己的人生价值，但缺乏艰苦创业的心理准备

在择业中，很多中职生都自愿根据自己的专业到祖国需要的地方去建功立业，实现自己的人生价值，不愿碌碌无为。然而，同时缺乏艰苦创业的心理准备，不愿到艰苦的地方去，不愿到边远地区去，不愿深入基层。这些中职生想走捷径，幻想成才的道路平坦笔直；想涉足层次高、工作条件好的单位；想一举成名，一蹴而就。他们虽然也关注国家民族的前途，但却过分强调自我价值。

（三）有较强的自我观念，但缺乏把握自我的能力

中职阶段，学生的自我意识日趋完善，对自我的存在及意义有了较明确的认识。在择业中，他们已经意识到自己已作为一个人才将被社会使用，将为社会贡献自己的聪明才智；同时，他们也要求社会能够承认“自我意识中的我”，并以此为标准进行择业。另一方面，由于中职生的人生观、价值观尚未最终定型，再加上社会大环境的影响，他们往往不能客观地分析和评价自我。多数中职生对自己的评价偏高，时常产生自我欣赏、自我陶醉的心态，择业时容易期望值过高，缺乏承受挫折的心理准备。少数学生自我评价过低，时常产生自卑自贱、自怨自艾的心态，择业时容易期望值过低，缺乏主动争取和利用机遇的心理准备。也有的学生常常处于上述两种情况的波动之中就业，择业时往往目标与行为不稳定，缺乏理智、冷静的心理准备。由于自我认识能力发展不足，继而在调动自我功能、实现自我驾驭方面显得不足。

（四）渴望竞争，但缺乏竞争的勇气

就业制度的改革，为中职生择业提供了公开、平等的竞争环境。大多数学生对此渴望

已久，他们已经认识到，在商品意识广泛渗透到社会生活的各个方面，世界经济面向“大市场”的情况下，一个人如果没有强烈的竞争意识，人生不通过竞争，就不可能成就事业。但是，许多中职生在社会为其提供的竞争机会面前顾虑重重、唯唯诺诺。有的怕竞争失败丢了面子，有的怕竞争伤了和气，有的认为不正之风干扰太大，竞争肯定会败北。尤其是一些学生在择业中遇到困难时，不善于调整目标、调整自己，而是压力重重，缺乏竞争的勇气。

四、矛盾心理产生的原因

为什么中职生在求职择业中会产生较强烈的心理矛盾呢？以下列出几项主要原因：

（一）求职择业本身是各种矛盾的汇集，是处在各种矛盾之中的艰难选择

中职生在求职择业中会遇到各种矛盾，如理想与现实的矛盾、专业与爱好的矛盾、专业与地域的矛盾、地域与家庭的矛盾、讲究实惠与精神需求的矛盾等。这些矛盾，使得中职生常常处在一种心理不平衡和难以自拔的境地。

（二）中职生自身正处于人生中心理矛盾突出的时期

青年正处于身心发展过程中，心理发展是不稳定、不平衡的，往往会产生种种矛盾，这些矛盾主要表现在以下几个方面：

（1）理想与现实的矛盾。一方面满怀激情，追求理想，对自己进行美妙设计；另一方面，社会地位尚未独立，知识经验的积累还不足，不善于客观地认识和面对现实，使理想束之高阁，与现实严重脱离。

（2）开放与闭锁的矛盾。一方面敞开心扉，广交朋友，广泛交流，容社会于我心，置自我于社会；另一方面又表现出闭锁性，保守自己的秘密，自我思索，以自我为中心，以需求为半径，画地为牢，安居于心灵的孤岛。

（3）独立性与依赖性的矛盾。一方面以为自己已经成人，强烈希望摆脱家庭与学校的束缚，走上社会，成为“独立”的人；另一方面，自身尚未完全成熟，稚气未脱，涉世未深，在许多方面仍需家庭、学校、社会的帮助。

（4）情感与理智的矛盾。由于身心发育未完全成熟，思想尚不够稳定，自控能力较差，喜怒哀乐等多种情绪的迸发较为强烈，易与理智发生冲突。青年情绪的两极性、易感性、易变性决定了中职生情感与理智之间矛盾的必然性。

（三）生理与心理发展的不同步性

处于求职择业中的中职生，一部分生理与心理是同步发展的，即生理已经成熟，心理“断乳期”也行将结束，有独立的意识和独特的个性。但是，仍有相当一部分中职生心理还不成熟，生理与心理的发展有明显的不同步性。加之具体生活体验不同，形成的个性心理特征也有较大差异，在求职择业中就表现出心理特征的复杂性、矛盾性。

（四）就业指导工作（尤其是就业心理咨询）明显滞后于学生就业心理的发展变化

学生面临就业，迫切希望有人帮助他们解决择业就业过程中的种种心理适应问题，维护他们的心理健康，保持应有的心理平衡。特别是在就业制度改革步子加快、竞争激烈信息量大、人们观念发生较大变化的新形势下，学生的上述需求更为迫切。但是，就社会和学校在这方面开展的工作而言，做得还远远不够，明显滞后于学生就业心理的发展变化。

对于中职生就业心理中的上述矛盾，应当予以正确的认识，决不可笼统地将其一概视为消极心态。应当看到：学生择业中的心理矛盾表明了学生心态中的积极因素与消极因素两个方面，其中的积极因素无疑是主导的、本质的方面。还应当看到：学生择业中的心理矛盾是发展中的心理现象，是学生心理发展趋向成熟的动力。只有当学生处在心理矛盾之中时，他们才会寻求积极的解决办法，寻找心理出路，这就为教育引导学生调整心态和合理择业提供了一个有利的心理背景。

第二节　就业心理障碍及对策

【案例分享】

小姜是一个学习非常优秀的中职生，连续三年都获得学校的奖学金，被评为学校的优秀学生干部，结果毕业时却没找到工作。其实，他在6次面试中，有4家单位愿意录用，但他心里很矛盾，总觉的还会有更好的单位，就在他举棋不定时，其他同学与已单位签约，小姜就这样一次又一次错了过就业机会。

【案例分析】

面对就业，中职生的心理是复杂多变的。通过几年中职生活，同学们在知识、能力与人格方面有了积极的显著发展，有着强烈的就业意愿和积极的就业动机，为能尽快实现自己的人生价值而感到由衷的欢欣；而就业岗位和就业方式的多样化也为中职生就业提供了更多的机遇和更大的自由度，许多中职生都摩拳擦掌，跃跃欲试，准备在所学专业领域一展身手。但是在就业过程中，又难免出现种种心理矛盾、心理误区和心理障碍。

一、学校毕业生常见的就业心理障碍

（一）迷惘心理

毕业生在求职择业的过程中，面临着种种剧烈的心理冲突，因而产生种种矛盾的心态：他们希望自主择业，但又不愿承担风险；渴望竞争，又缺乏竞争的勇气；胸怀远大理想，却不愿正视眼前现实；注重专业能力的发展，但又互相攀比、爱慕虚荣；重事业、重才智的发挥，在实际价值取向上重物质、利益；对自我抱有充足的信心，但在遇到挫折之后，

又容易自卑；既崇尚个人奋斗、自我实现，又有较强的依赖感。职业目标上理想和现实的反差，自我认知上自傲与自卑并存，职业选择上独立性和依赖感错位，使得部分中职生在就业中感到十分迷惘和困惑。

（二）焦虑心理

毕业生就业是学生走出校门走向社会的第一步，是他们人生中的一次重大转折。面对纷繁复杂的社会，面对日趋严峻的就业形势，面对日益激烈的就业竞争，面对国家需要、个人意向、有限的供职岗位、多样的工作环境等多元因素组合的职业选择，如何做出正确的抉择，是让每一个涉世不深、社会经验缺乏的中职生最为困惑的难题。为数不少的中职生在各种选择和诱惑面前无所适从；或职业期望过高，不切合实际；或希望尽快落实就业单位，急于求成；或幻想无须付出多大的努力就能得到称心如意的工作，而实际生活中往往事与愿违。因此，中职生在求职择业过程中普遍出现焦虑和烦躁不安甚至恐惧的心理。

（三）依赖心理

在就业过程中，一些中职生缺乏主动参与意识和竞争意识，信心和勇气不足，在社会为其提供的就业机会面前顾虑重重，不能主动地参与就业市场的竞争，向用人单位展示自我，推销自我，依靠自身的努力去赢得竞争、赢得用人单位青睐，而是寄希望于学校，寄希望于地方毕业生就业主管部门，寄希望于家庭，或静候学校和地方的安排，或依靠家长去四处奔波，缺乏择业的主动性，等靠思想和依赖心理严重，使自己在就业中处于劣势。

（四）自傲心理

自傲心理在中职生身上反映最为突出。一些中职生或受陈旧观念的影响，以“天之骄子”自居，自认为高人一等，或自我评估过高，过高估计自己的知识和能力水平。在择业过程中，有的中职生好高骛远，自命不凡，眼高手低，给用人单位留下浮躁、不踏实的印象，不受用人单位的欢迎；有的则就业期望值过高，择业脱离实际，怕吃苦、讲实惠，不愿到基层和艰苦地区等需要人才的地方工作，择业目标与现实之间存在着巨大的反差。如有的青年认为自己具备很多优势——学习成绩优秀，政治条件好，学校牌子亮，专业需求旺，求职门路广等，因而盲目乐观，把择业目标定得很高，满脑的“淘金”梦，应聘时一心一意向高薪挑战，结果屡屡受挫。此种失败源于不能摆正自己的位置，对自己的劣势和困难估计不足。

（五）自卑心理

自卑心理也是中职生就业过程中一种常见的心理现象。一些中职生自我评价过低，过低估计自己的知识和能力水平。表现在就业过程中，有的中职生对自己缺乏自信，过于拘谨，缩手缩脚，优柔寡断，不能向用人单位充分展示自我，从而错失良机；有的中职生因为学历、成绩、能力、性格方面的某些缺陷和不足而丧失了勇气，悲观失望、抑郁孤僻、不思进取，觉得自己事事不如他人，不敢参与就业市场竞争。有的中职生，尽管具备一定的实力和优势，但对自己的评价总是过于保守，面对激烈的竞争，总觉得自己哪儿都不如别人，因而丧失竞争的勇气，习惯于临阵退缩，放弃了许多很好的机会。或者一到笔试或口试的现场，就心里发慌，先打败了自己，表现出神情紧张、心神不安、面红耳赤、举止拘谨、谈吐失常。而一旦失败就更强化了自己的错误认识，这种心理障碍是成功的最大敌人。由于他人不客观评价的无形压力，以及对自己缺乏信心，导致了自卑心理的产生。

（六）挫折心理

生活中有成功就会有失败。当代中职生由于一直囿于校园，生活经历比较简单，未曾经历过波折，没有经受过挫折的考验，所以心理承受能力和自我调节能力较差，情绪波动性大，情感较为脆弱，缺乏对待挫折的准备。在就业中，他们往往希望一蹴而就，能够顺利就业，害怕失败。一旦被用人单位拒绝，往往产生挫折心理，感到失落、悲观失望、自惭形秽，对自己、对未来失去信心，或不思进取、消极等待，或怨天尤人、顾影自怜。

（七）攀比心理

在就业工作中，由于每个人生活的环境、家庭背景以及能力和性格、所碰到的机遇是不尽相同的，因而在择业目标、职业选择上不具有可比性。而青年中职生血气方刚，喜欢争强好胜、虚荣心较强，容易引发攀比心理。表现在求职择业过程中，就是忽视自身特点，对自我缺乏客观正确的分析，不从自身实际出发，不考虑所选单位是否适合自己，而是盲目攀比，不屑到基层工作，总想找到一份超过别人、十全十美的工作，这种攀比心理使得不少毕业生迟迟不愿签约。

（八）从众心理

中职生正处于人格逐渐完善和成熟的阶段，容易受社会思潮和社会观念的影响，人云亦云，缺乏个人主见、从众心理较为严重。表现在就业过程中，就是忽视所学专业的特点，过分追求实惠，盲目滑向经济发达地区和中心城市就业，追求功利，一味追求所谓的热门单位、热门职业，没有从职业发展与个人前途、国家需要去考虑，求安稳，缺乏积极进取精神，功利主义、实用主义思想严重。

（九）急功近利的心理

择业时过分看重经济、地位等，追逐功利，一心只想进大城市、大机关，去沿海发达地区，到挣钱多、待遇好的单位，甚至为了暂时的功利宁可抛弃所学的专业。这种心理虽然能够使个体得到一些眼前利益和满足，但从长远发展来看，却是不明智的。因为人们在物质需要得到满足之后，会渴望和追求心理需要的满足，当意识到事业才是人生永恒的支柱时，烦恼便会产生。因为贪图优裕和享乐而放弃事业，终究要为此付出代价。

（十）患得患失的心理

职业的选择往往也是对机遇的一种把握，当断不断、患得患失，只会错过机遇，自然成功也将失之交臂。很多青年人在选择职业时，没有专一的定向，不现实地期盼“鱼和熊掌兼得”，或是这山望着那山高，因而在择业过程中，常常会出现心理矛盾和冲突，而由于性格的软弱和犹疑，不能果断地选择，结果错失良机，令自己处于被动地位。

（十一）固执狭隘的心理

这种心理表现为职业选择时缺乏变通，不顾社会的需要，不顾社会分工和专业化的内在联系，只看到专业的独特性，人为地“画地为牢”，限制了自己的选择范围。一位总经理说：“现代竞争社会所需要的人才，并不是他学了多少知识、专业是否对口，更重要的是他所具备的基本素质；而业务知识我们可以培训。”

（十二）怀才不遇的心理

由于自视过高，而在现实的择业过程中却处处碰壁，于是产生怀才不遇之感，抱怨自己生不逢时，抱怨没有施展才能的机会，抱怨世上无伯乐。整天怨天尤人，只会使身心愈加疲惫。如果永远怀才不遇，只能空怀“壮志”，后悔不已。因此，走出此误区的方法只能是学会正视自己。

二、缓解心理压力的方法

（一）自我反省法

自我反省法是在面对矛盾和冲突时不要冲动，冷静地、理智地进行反省思考。一方面客观地分析就业环境，把面临的情况搞清楚；另一方面思考自我，找到自我的准确位置。在这种情况下，任何冲动都是无济于事的，只能使我们在忙乱中做出错误的判断。

（二）松弛练习法

这是一种通过练习学会在心理上和躯体上放松的方法。放松训练可以帮助人们减轻或消除各种不良的身心反应，如焦虑、恐惧、心理冲突、入眠困难、血压升高、头痛等症状，而且见效快。如果毕业生遇到心理压力，可以借助有关人员的指导做一些放松练习，安排好一日生活。沮丧和焦虑是一种病，一种人人都有可能患染的疾病，而不是一种性格上的缺陷。这种状态还可能因为身体的原因而引起或加剧，如感冒、疼痛、缺氧，或者是因为服用某类药物而导致的副作用等。

（三）自我转化法

有些时候不良情绪是不易控制的，这时可以采取迂回的办法，把自己的情感和精力转移到其他活动中去。如学习一种新的知识技能，参加有兴趣的活动，进行郊游，使自己没有时间沉浸在不良情绪中，以求得心理平衡，保护自己。心理学研究表明，都市人群最大的困惑就是无法实现人与人的沟通。这是患发疾症的关键。因此，在因为毕业、就业而苦恼时，最好的办法便是找人聊天，及时疏导、排遣郁闷。作为应届中职毕业生，有一个其他求职者无法比拟的优势，就是在你身边有一群和你同样经历、同样目的的同学，有你的知心好友……他们足以和你一道结成一个求职小组，一个好的听众，可以在你压抑或沮丧

时，能够倾听你的苦闷。面对困境，不妨这样看待：生命就像一幅织锦，每一个疏漏都是有目的的，每一根线都是重要的，生命的每一件事情都是有意义的！

当一个念头在脑海里影响睡眠的时候，不妨试试把纠缠你的思绪写下来，写出你现在所理解的那些事情的含义。不要因为这些事发生在你身上就感到自卑，一次应聘的失败，只能说明这个单位不适合你的发展，丝毫也不表明你自身的能力有过大的缺陷。如果感觉不到希望的存在,这并不意味着什么,感觉总是有可能不符合现实的。你可能正置身于“雾”中，被挡住了视线，而“雾”总会有散的一天。

（四）心理测验法

这是通过心理测验，了解自己的心理特点和问题，从而有针对性地调节自己，避开心理弱点，发挥优势。例如，毕业生可以进行智力测验、人格测验、神经心理测验、能力测验，根据测验的结果，来决定自己的职业选择或调整自己的情绪，使之达到良好的状态。

（五）专家咨询法

在进行择业时可以寻求心理专家辅导，提高就业能力。人的心理出现矛盾，特别是出现较大的心理负担之后，内心冲突激烈，自我调节难以奏效时，外来力量的帮助就显得非常重要，这时应当主动及时地寻求外来帮助。如从职业的分工、选择、适应、发展等方面提出问题，使专家了解情况，一一进行分析，提出建议以供参考。在出现心理问题时，可以通过心理咨询专家帮助消除择业挫折带来的焦虑、烦恼、抑郁等不良情绪。目前许多学校建立了心理咨询机构，社会上的心理辅导服务业也增加了。通过他们的帮助可以使毕业生更加客观正确地认识自我，进行心理训练，提高择业求职的技能技巧，消除不良心理。心理咨询作为一种教育服务形式，在学校发展迅速，深受中职生的欢迎和喜爱，它担负着培养中职生良好心理素质，解决心理矛盾，预防心理疾病，提高心理健康水平，促进中职生人格完善的根本任务。同时对毕业生择业心态的调适，更是起到主导和指引的作用。

心理问题植根于人的本性之中，我们不妨把它比喻为塞满脏东西的排水管。如果情感没有能够释放，如果它们蓄积起来，这些东西滞留在我们的系统内，就像在一根堵住的管道中一样。沮丧和焦虑就是心理堵塞的结果,可以通过合理地安排日常生活来缓解心理压力：试着保持有规律的作息时间，每晚按时睡觉；尽可能出去晒太阳，或者坐在明亮的光线下；坚持有规律的锻炼；每天大量饮水；饮食要均衡，多吃富含纤维的食品；尽可能把糖从饮食中排出去，少吃含糖食物等。

总而言之，只有通过社会、学校、学生的共同努力，才能有效地帮助中职毕业生消除心理障碍，走出就业误区，顺利就业。

第三节　就业心理准备

【案例分享】

小攀是某中职学校医学专业学生，学习成绩非常优秀，多次获奖学金，他在市里一家三甲医院实习，同时，他的就业目标也锁定在市里的大医院，毕业那年，他就怀揣自荐材料穿梭市里各家大医院，可医院告诉他：对不起，我们今年只招学历高的学生。但他没有气馁。他又参加各种招聘会，不厌其烦地微笑着介绍自己，经过不懈努力，最终，他被市里一家儿童医院录用。

【案例分析】

只有具有良好的心理素质才能在遇到问题时沉着冷静，不会被挫折和困难所吓倒，无论何时都能保持一种良好的心态，适时地调整自己的行为，这样才能在任何情况下都不会被打倒。具有良好的心理素质的中职学校毕业生在择业的时候通常能够顺利就业，并且在就业后能顺利地适应职业和环境，尽快融入社会，及早成才。

一、求职须了解用人心理

1. 求“专”心理

专业对口是用人单位录用人才的首要标准，尤其是一些工科、经济、法律等专业性很强的单位。所以毕业生求职首先应找专业对口的单位，这样可大大提高命中率。

在专业对口的前提下，用人单位会对求职者提出专业技能的要求，这就要求中职生方面要靠平时的努力学习和积累，另一方面要学会包装自己、展示自己，毕业生求职时要突出你对这门专业掌握的精深，以体现出你的“专”，对这样的人才，用人单位心理上是会考虑接受的。

2. 求“全”心理

要求毕业生一专多能、多专多能是用人单位的重要标准。目前社会上风行的考证热，实际上就是这种要求的反映。中职生要考与自己专业有关的资格证。而在求职时，毕业生应突出这些证书的地位和作用，以体现自己知识面宽广、自学能力强、有经验积累等全才优势，以满足用人单位求全的心理。

3. 求“通”心理

求通心理是近几年，尤其是我国加入 WTO 以后，众多用人单位对人才的强烈要求，某一专业相当精通，又能在相关领域大显身手，当然受欢迎。不但各相关专业皆通，并且在某一领域内，对其国外情况也很精通的人才，则更受欢迎。专业知识不错，外语又是六

级以上水平；熟知本国法律，对发达国家的相关法律又能精通等复合型人才，可以说是目前职业市场上最抢眼的、也是最抢手的人才。对此，中职生一方面应多方面努力将自己打造成复合型人才，另一方面求职时，应着力突出通的优势，有证书、有能力的学生千万不要“犹抱琵琶半遮面”，应“一个都不能少”地抖出来。

4. 求“变”、求“异”心理

求变是指用人单位，面对瞬息万变的社会对人才所做出的要求。要求求职者心理素质好，应变能力强。对于不断变化的情况，能及时调整心态积极应变。如全球著名公司普华永道，每次招聘面试时，都有一个保留项目，让求职者根据所抽到的题目，如美国总统选举、网络等，发挥自己的想象力和变通能力，画一幅画。用以测试求职者的应变能力。求异是一些单位尤其是公司，喜欢选择一些突发奇想、富有创造力的求职者，以能在险象环生的商场中出奇制胜。对于用人单位的求变求异心理，广大毕业生应认真对待，首先应分析用人单位的类型和风格、用人原则等，以找到用人单位的突破口，有的放矢地展现自己的变异能力，以找到理想的工作。千万不要毫无对象和准备地求变求异，从而弄巧成拙。

5. 求“优”、求“诚”心理

求职者又“红”又“专”，既是专业能手，又是学干、党员，为人诚恳，对人对事能坦诚相待，这是众多用人单位，尤其是国家机关、事业单位所看中的。仍是 1+1 的问题，但这回是公务员面试，一位同学因看过上述 1+1 的成功例子，也来个突发奇想，结果被毫不留情地刷掉了。因为 1+1=2 是不争的事实，而标新立异的答案表明你不诚实，公务员的首要素质是诚实，所以被刷也是理所当然的。为此，中职生一方面应展现自己的优点及良好的政治素质和能力，另一方面，面对面试中不了解或不太了解的问题，应诚实告之，千万不要不懂装懂，或乱说一气，这很可能造成用人单位对你的不信任，给你扣上顶不诚实的帽子。

二、毕业生求职莫忘“心理充电”

当中职毕业生就业工作进入冲刺阶段时，许多尚未敲定工作单位的中职生忙着抓紧时间做最后一搏：精心制作个人简历、频频参加招聘活动，多方寻找就业门路……但不少人忽略了一项重要的准备—心理充电。专家指出，只有具备良好的就业心理，才能够以积极的精神状态参与激烈的竞争，最终脱颖而出。

心理充电”有些什么途径呢？据介绍，职业心理辅导中一项重要内容是职业心理定位。目前，不少学校的心理咨询中心设计了兴趣、人格、职业能力倾向等测试表，为学生提供职业心理定位的服务。通过这类测试，学生可以了解适合自己的职业，在学习中拾遗补缺，今后找工作时能沉稳应对。不少专家指出，“心理充电”还应包括对求职心态的调整和择业技巧的教授等。这就要求学校的心理咨询部门与学校就业指导中心联手，开设就业辅导课程，请企业相关人士开设讲座，为学生释疑解惑等。同时，“心理充电”要因人而异，对不同类型的学生进行分类辅导。如文科生和理科生、热门和冷门专业学生、本科生和研究生，他们的就业期望值、就业方向、就业可能遇到的问题，都有较大差别，应该有的放矢。中职生就业要有动态心理定位。

【案例分享】

小王是一名应届中职毕业生，在校3年，自觉学有所成，然而却在就业上处处碰壁。他看中的单位，人家却看不中他；单位看中他的，他却看不中单位。时下，正处在一种焦虑、犹疑、自卑、不满、无法决断的状态，内心十分矛盾痛苦。小王这种情况在中职毕业生当中很普遍。

【案例分析】

从小王同学反映的心理问题来看，其根源在于理想与现实、愿望与失望、目标与挫折发生冲突而导致的巨大心理落差。这种落差使人处于一种心理失衡状态，常常伴有焦虑不安、不满自卑、自我否定等特征。如不及时调适引导，极有可能诱发诸如强迫症等心理疾病。

这种情况通常由两种因素所致。第一，就业准备不充分、就业应试技巧不当，导致未被较好的单位挑中。这方面在实践中多训练、多收集就业信息是可以克服的。第二，对工作的心理定位过高，这也是很多中职生在找工作的过程中常遇到的问题。很多同学由于自觉学有所成，踌躇满志，想找一个好工作大干一番。可找到的工作与自身期望相差甚远，从而导致就业受挫，产生心理问题。从第二个诱因来分析，我们认为中职生在就业过程中，要有个动态的心理定位，不断进行自我调适，避免产生心理问题。

（1）要正确全面地自我评价

对自己的所学专业、工作能力、爱好特长、优势劣势有一个完整的把握。这样才能在就业中，克服劣势，发扬优势，找到自己较满意的职业。

（2）要积极调适自己的职业意向与职业抱负

有些中职生，自认为是天之骄子，总有一种自负感。这种心理状态表现在就业上则是职业取向过高、不切实际。在找工作过程中，他们往往眼光过高，常常产生要么他看不中人家，要么人家看不中他的现象，从而造成就业受挫，产生心理失衡。因此，中职生在就业过程中，应不断调适自己原有的不切实际的就业取向，使自己的心理定位与择业目标要求相适应。

（3）增强自身的心理品质

由于找工作不如意，受挫折，许多中职生产生心理问题。这时，中职生应不断增强自身的心理品质，如加强自控力，保持心理情绪平静等，使自身在内心与外在因素冲突下，达到一种动态均衡，及时消除一些因就业受挫而引发的心理失衡等问题。

（4）选择职业应有前瞻思想

有些职业目前看较好，但从长远看，其实际上是夕阳职业。而有些职业却相当有发展潜力。所以，中职生找工作应有前瞻心理，对职业及单位的发展前景应有个准确认识，而不能只盯着目前单位的规模、效益。这样，中职生在就业上才能拓展视野，开拓就业心理，避免产生心理问题。

第三章　就业观念调适

随着我国经济的快速发展，市场经济的不断完善，我们目前处于这样一种就业形势：一方面就业空间加大、用人地方增多、选择范围更广；但另一方面由于人才供求的结构性矛盾，就业的压力反而增大，相应地，中职生就业成为了一种难题。因此，为了实现充分就业，中职生必须主动符合客观形势，形成正确的就业观念，明确就业目标，做好充分的就业准备。

第一节　从学生到职业人的过渡

【案例分享】

小林毕业后进入了一家服装贸易公司，被安排在针织部实习1个月。由于公司业务的关系，需要员工对服装布料的质地有比较深入的了解，这对于长期生活在校园里的小林来说是新鲜而又陌生的。作为一名英语专业的优秀学生，小林完全可以应付一般的日常用语，而难就难在那一大堆的专业术语上，像什么门襟、塔克、滚眼等，特别是面对衣服图纸旁边标注的密密麻麻的专业英语，真有点手足无措。有一次，他去查一个英语单词，查出来的意思显然与他的工作内容不符，后来实在没办法请教老员工才弄清楚，小林受到了前所未有的挫败感。还有一次，部门领导要求小林在每一块样料上都剪一块贴在纸上。小林仔仔细细地做完后给领导看，领导却要求他重做，让他非常郁闷。原来，小林没注意剪样布不允许有布料的线头和毛边留在上面，这一看似小小的疏忽，却是日后能否做出客户要求的服装的重要一步，不然，后面的工序都可能因为这一疏忽而前功尽弃。

【案例分析】

中职生能够顺利地实现角色转换，可以促进中职生尽快地适应新的环境，缩短磨合期。因此必须了解学校和职场、学生和职业人的差别，建立对工作环境客观合理的期待，在心理上做好进入职业角色的准备，顺利实现从学生到职业人的转变。

一、学校和职场的差别

学校和职场的差别，主要体现在以下几方面：

1. 环境不同

学校是一个“熟人型”的小社会，教师、同学就像是一个和谐的大家庭，使得学生毕业时还恋恋不舍。而职场如战场，是一个“陌生型”的社会，每天必须面对不同的事情，面对陌生的客户，学生短期内难以适应。

2. 存在基础不同

职场是各种为了特定目标集合在一起的有组织的聚合体，职场以利益往来和利益交换为存在基础，而学校、学生之间彼此没有直接的利益关系，是一个互助互利的短期结合。

3. 发展方向不同

职场中，任何一个组织都有自己的发展方向和组织章程，成员之间恪守共同的规则，

以此推动组织与个人的共同发展。而学校，只是一个为职场和输送人才的组织，与职场发展方向是不一样的。

4. 目标不同

学校的目标是培养人，学生在学校是学知识的，而职场是用知识的，公司的目标首先是生存，是赚钱，然后才是培养人。因此，所有的企业都希望招到有工作经验的员工，都希望新员工能够“招之能来，来之能战”。

所谓“工作经验”，指的是求职者在应聘这份工作之前就做过几乎相同的工作，这才叫作工作经验。公司里所需要的职位，从技术开发到行政文秘，从生产管理到公关销售，从市场营销到质检物流等，可以说 90% 以上的工作职位，是中职生在学校里根本接触不到的。

二、学生和职业人的差别

1. 承担的责任不同

中职生是以学习、探索为主要任务，在校园里是不怕犯错误，什么事情都可以去尝试，为了学习的尝试哪怕是错了，学校也会原谅。所以要给中职生一个简单的角色定位，那就是可以做错，做错了不用承担过多的社会责任，因为中职生有天然的豁免权。中职生最快乐的事就是有依靠，在学习方面可以依靠导师，有什么问题都可以向导师请教；在生活上有什么困难可以依靠父母。总之,中职生在学校里基本没有心理负担。成为一个职业人以后，应尽快地适应社会。首先必须学会服从领导和管理，迅速适应上级的管理风格；职业人如果在工作中犯了错误，是要承担成本和风险的责任，承担相应的社会责任的。

实践表明，凡由中职生到职业人的社会角色转换比较快的人，则容易更早地获得单位的认可，能更快地寻找到新的起点，也就更容易享受到事业成功和生活幸福的喜悦。因此，中职毕业生应正确面对社会，正确处理工作与人际关系上的诸多矛盾，克服各种心理障碍，培养良好的适应能力，尽快适应环境，迈出成功的第一步。

2. 面对的环境不同

中职生在校园里是“寝室→教室→图书馆→食堂”四点一线的简单而安静的生活方式，单纯而简单的校园文化气氛。但成为职业人在紧张的职场上，面临的社会环境是快速的生活节奏，紧张的工作和加班；没有了寒暑假，自由支配的时间少；还要承受不同地域的生活环和习惯；由于缺乏实际工作经验，开始工作时往往不能得心应手，感觉工作压力显著增加，给心理造成很大的负担。

3. 面对的人际关系不同

职场人际关系复杂，处理好人际关系是每一个中职毕业生走上社会后必须学会的课题。初出茅庐人际交往比较单纯，社会上的人际关系相对于学校中的同学关系要复杂得多，一时感觉不适应。事实上，不同的环境对人的影响和要求也不同。

4. 面对不同的文化环境

作为学生在学校里，学习时间可弹性安排，少许逃课没人管你，有较长的节假休息日，教学大纲提供清晰的学习任务；学术上多鼓励师生讨论，甚至争论；布置作业或工作规定时间完成；公平对待学生；以知识为导向；学习的过程，以抽象性与理论性为主要原则等。

但作为职业人在单位里，规定上下班时间，不能迟到早退，经常加班加点，节假日很少，工作任务既急又重；老板通常对讨论不感兴趣，多数老板比较独断；对待职工不一定很公平；一切以经济利益为导向；要完成上司或老板交给的一件件具体的实实在在的工作任务等。总之，中职生找工作难，找到工作后做好工作不容易，工作成果能让上司老板满意更不容易。因此，中职生应充分认识中职生与职业人的差别，重视进入职场后的角色转换。

三、初入职场可能会面临的问题以及解决方式

1. 角色转换过程中易出现的问题

心理学认为，个体的社会角色发生变化时，新旧角色的转换过程必然伴随着不同角色之间的相互冲突。这种角色冲突是普遍存在的，因之，从学生角色转换为职业角色不可避免地会出现各种各样的问题。主要有：依赖和恋旧心理、自负或自傲心理、浮躁心理、自卑或畏缩心理等。

（1）依赖和恋旧心理。很多毕业生在角色转换过程中依恋学生角色，难以从一个学生状中完全摆脱出来。因为习惯了十多年的学生角色，容易使个体在学习、生活和思维方式上都养成一种相对固定的模式。在职业生涯开始之初，许多人常常会自觉或者不自觉地置身于学生角色之中，以学生角色的社会义务和社会规范来要求自己、对待工作，以学生角色的习惯方式来待人接物，来观察和分析事物。

（2）自负或自傲心理。一些毕业生则是对自我的认知存在偏差，认为自己接受了多年高等教育，有学历有文凭，应该在各方面都具有很多良好的条件，因而盲目的过于自信。这种心态很容易使毕业生进入职场后出现纸上谈兵、眼高手低的尴尬。因为觉得自己的条件优于周围的工作人员，往往不屑与他人合作，更不会虚心接受别人的指导和意见，甚至对领导和前辈也表现出轻视。

（3）浮躁心理。有些刚参加工作的毕业生往往弄不清楚自己在工作中真正想要什么、能做什么。国家劳动和社会保障部劳动科学研究所曾经与北森测评网、新浪网联合对当代学生第一份工作现状进行调查。这项调查的结果发现在找到第一份工作后，有 50% 的学生选择在一年内更换工作。而两年内中职生的流失率接近 75%，比例之高令人震惊。这一数据恰恰反映了毕业生在角色转换初期的浮躁，对工作的兴趣总是不能持久，并且习惯把这问题推脱为他人的责任，而认识不到自己的问题所在。

（4）自卑或畏缩心理。很多毕业生在初进职场的阶段，因为不知如何适应新的工作环境，会表现得怯懦、自卑。无论是做工作还是待人处事，总是担心自己的表现不够完美而被指责。要么就是过度封闭自己，不与人往来，或是盲口的听从他人的指使，不敢于表达自己的想法，独立性很差。

这些心理问题都反映了毕业生没能顺利地从学生角色转换为一个社会职业人的角色，

这必然会对毕业生的职业适应能力和后期的职业发展造成各种不良影响。因此，在两种角色的过渡阶段，毕业生一定要谨慎对待，同时采取必要的方法帮助自己平稳转换角色。

2. 角色转换的途径与方法

即将进入职场的毕业生最希望了解的莫过于怎样才能尽快更好的进入职业角色中。只有当顺利的从学生角色转换到职业角色中，才能真正胜任工作，开始自己的职业生涯旅途。在这两个阶段相互交替的过程中，无论是即将毕业时的准备过程，还是刚刚进入职场的预备阶段都非常重要，这两个阶段的努力是顺利角色转换的必然途径。

（1）毕业前的准备。在这一阶段要学会认识自我，清楚自己真的需要和能力范围以及职业兴趣，在此基础上寻找合适的工作，为即将面临的人职做好充分的身心准备。上述提到过角色转换中的许多问题，正是由于没有清楚的心理定位，缺乏良好的心态而造成。学会认知自我、定位自我以及自我调适，这是入职前的一项主要工作。

①认知自我。认知自我包括认识自己的生理状况，例如自己的体型特征、心理特征，尤其是兴趣、能力、气质、性格等，还要认识自己的人脉关系、自己在集体中的位置与作用等。

②定位自我。在对自身有了明确的认知之后，接下来就是进行心理定位。心理定位能够帮助毕业生明白自己的目标和需求，在选择职业的过程中更加客观和全面，可避免好高骛远，或是高不成低不就的现象出现。

③恰当和及时的自我调适。当择业时面对出现的各种闲难，毕业生非常需要进行恰当的自我调适。没有一个人的职业选择是一帆风顺的，在这期间总会遇到各种难题。无论是痛苦于找不到合适的工作，还是在多份优秀的工作中踌躇徘徊，或是经历社会上各种不公平的待遇的刺激，就要及时地调整自己的心态。当择业不顺时，不要悲观甚至绝望，要努力看向事情的另一面，积极对待。当难以抉择时，不要一味地拿不定主意而浪费宝贵的时间和机会，要当断则断；当看到社会的不公时，更不要死钻牛角尖、愤世嫉俗，要学会心胸开朗。

（2）试用期的把握。一般来说，毕业生在开始工作的最初阶段都会有一个见习或试用的时间，这个时间或长或短。虽然相对于今后长久的职业生涯来说，试用期所占有的分量并不大，但这一阶段在很大程度上决定着未来的职业生涯能否顺利。

试用期事实上就是一个学习和熟悉阶段，甚至比学生时代要学习更多的内容，这其中最紧迫的就是职业学习。在学校期间学习的课程更多地偏重基础知识和普通技能，很多时候在进入职场后会觉得手足无措。因此，进入职场后要及时地对新的职业进行学习与充电，最关键的就是学习本职业务的应用知识，尤其是如何将书本上的知识实际结合起来。

除了专业知识，学习基本的职场礼仪和公务能力也是非常必要的。职场礼仪包括的方面非常广泛，例如站、坐、行、身体姿态以及语言等。毕业生要尽快地学会一些基本的礼貌用语与举止，在单位中要懂得尊重和谦让，懂得恰当的职业着装。另外，还要学习如何说话应酬与写作这些基本的公务能力。例如，如何写工作报告，发电子公文，使用传真机和打印机等。有人力资源方面的专业人曾说："企业不会轻易去用毕业生的原因之一就是，应届生动手操作的能力很差，传真机、打印机的使用都要手把手地教。”

第二节　工作中应注意的因素

【案例分享】

印刷专业中职生田泽，毕业后被一家印务公司聘用，试用期为六个月。因缺乏实践经验，他经常真心诚意地向同事请教，但得到的总是讽刺。四个月后公司改革，他所在的印刷车间部门要精简一人。公司采取领导与员工评议相结合的方式进行综合打分以决定取舍，结果不出所料，田泽的分数最低。裁员通知提前 3 天下来了，田泽本来可以要求公司把工资结清，辞职走人，但他在最后的三天里，继续坚持把手头的工作做好。最后那一天下午，他的工作做得一丝不苟，跟第一天上岗一样。下班的路上，一位同事告诉他，经理一直在窗外看着他干活，然而他却一点没有察觉。第二天，人事部门通知他过去，递给他一张调令说：“你今天到质量技术部报道。”

【案例分析】

敬业精神是成功者的共有品质。求职者是不是具有爱岗敬业精神，是用人单位挑选人才的一项重要标准。田泽被辞退，又被留下来，主要是因为他在工作中认认真真的态度打动了领导。正是这种“在其位，谋其政，成其事”的敬业精神，让他获得了即将失去的工作。

一、树立良好的个人形象

几乎没有人会否认一个人的良好印象在社会中的重要性，良好的个人形象是人生交往的重要资本。个人形象的范围广泛，包括外貌仪表、言行举止，通俗来说就是一个人看起来如何，说话怎样，以及在待人接事方面的表现怎样。毕业生在初到工作岗位上时，一定要先学会看看镜子中的自己，就是事先了解应该如何获取良好的形象。这其中要注意至少两个方面，一是注意自己的外表和体态语言，二是了解自己的优点与劣势，懂得从哪些方面塑造自己的形象。外表和体态语言虽然较为表面与主观，但是却在第一印象中占有几乎最为重要的分量。

作为职业新人，毕业生一定要注意自己的着装打扮，关键是符合自己的职业身份和个性特点。无论从事的是哪种职业类型，只要工作性质允许，还是应当适当地进行颜面修饰，适度的淡妆反而比素面更能使人显得精神焕发。衣着也是如此，尽可能的学会摆脱学生时代的稚嫩装扮，选择一件合适的职业装，能给你的个人形象加分不少。总体上，做到成熟、稳重和大方是使得自己的外表装扮最为适合职业环境的不变原则。同时，在注意外表的同时还要注意自己的体态语言。例如，经常性的保持微笑，并且是发自内心的笑容。不要总是一脸严肃，这会让他人觉得难以接近而和你疏远，这些小的细节都会直接影响他人对你

的第一感受。

在保持自我形象中，正确了解自己的优缺点是决定因素。外表和举止是外在方面，并不代表个人形象的全部内容，个性因素则是个体形象中非常关键的内在方面。虽然一个人的个性特点很难在短时间内有明显的改变，但是可以通过了解自己的优势与劣势，尽可能的展现自己的优点，同时用优点补足自我缺陷，从而在与他人的交往中表现出最优的自我形象。

二、建立和谐的人际关系

作为一个社会人，每一个个体都不是完全独立封闭的，无时无刻都有机会与他人接触相处，中职生走出校园踏入到职业社会中更是如此。许多刚刚参加工作的，甚至是已经入职多年的职业人都发现，在职场这个大集体中，往往并不是简单的做好自己就足够，学会与周围的人相互沟通与交流，甚至比自己盲目的埋头苦干更有帮助。

有相当一部分初入职场的毕业生都会对如何处理好职场中的人际关系感到困惑和苦恼。例如，当面对领导时应当如何表现、如何反应，当与同事言语行为接触时又有哪些禁忌和法则。事实上，人与人之间的关系虽然复杂，当把握一定的为人处世原则时，人际关系也可以变得很简单。美国著名的人际关系学大师卡耐基曾提出有关人际交往的五个重要法则，这五点分别是："互惠互利"是人际交往的根基；记住他人的名字；学会真诚的赞美别人；当一名好听众；微笑具有神奇的力量。

（1）所谓互惠互利，并不是指人与人相处都是带有功利性、有目的的，而是提示人们在与人相处时要时刻带有感激之情，懂得对他人表示友好在先。只有抱着这样的心态和为人之道，才会同时获取对方的尊重与友好。

（2）记住他人的名字是非常实用有效的方法之一。事实上，能否记住名字或面孔本身就是对他人是否尊重和重视的检验。有时候不是记性不好，而是没有用心对待。进入工作环境后，毕业生要能够尽快地记住身旁同事和领导的名字与面孔，这样既能避免见面时不知如何应对的尴尬，又能让他人感受到你的平易近人，为建立和谐的人际关系打下良好基础。

（3）如果想在人际圈中得到别人的好感，就要学会在恰当的时机用恰当的方式赞美他人。所谓恰当，就意味着一定要真诚，发自内心。毕业生在初进单位时更多时候容易出现的情况是羞于大胆的夸奖他人，担心别人质疑自己的动机，又或是因为难以发现他人的优点而不愿做表面工作。事实上并不需要有太多顾虑和担忧，只要懂得和人相处时保持低姿态，就会很容易发现别人的长处，从而不得不发自内心地给予称赞。

（4）当一名好听众也是在人际交往中获取好感的重要砝码。与人相处不但要懂得会说话更要懂得倾听，因为每个人都希望别人能够分享自己的想法与情感，并且获取他人的理解与支持。作为职场新人，更要学会听别人讲话，尤其是在领导、同事和自己沟通时。

（5）微笑的力量。每个人都深深理解和认识的，虽然看似简单易行，然而真正在日常交际中坚持下来却并非是件容易的事。有的毕业生可能会认为自己是个内向谨慎、沉默寡言的人，本身就不擅长在陌生环境中表现的轻松愉悦。其实，发自内心的笑容并不难求，正如对别人的赞美一样，只要真诚就能获取他人的好感。

总之，刚刚进入职业新环境的中职生，要尽可能主动地与他人沟通交流，切忌独来独往、沉默寡言，这样既不能帮助自己尽快地适应新环境，也会阻碍领导和同事对自己的了解。

三、疏导初入职场的压力

对于每一位初人职场的中职生来说，没有压力不现实，适当的压力会成为督促进步的原动力。但是，当压力过度而无法释放时则会容易出现各种各样的情绪问题，而带着不良的情绪进行工作，必然会影响前途发展。因此，当毕业生在踏入职场后出现各方面的不适应时，应当采取措施释放压力，而非逃避压力。

首先，寻求好的解压方式非常重要，有效的解压方式能够很好地缓解各种压力带来的负面情绪。其中，自我放松就是一种比较理想的解压途径。当心理压力过大难以承受时，可以试图每天给自己一点空隙用以放松。放松的形式非常多，例如深呼吸、慢跑、听音乐，甚至睡眠等。例如，每天晚上在工作之余花上一点时间记录一下自己今日的状况，进行一下自我反思和鼓励，将不良情绪转化为明天继续奋斗的动力。也可以在临睡前听一些舒缓的轻音乐或者自己喜欢的音乐。床头放上一本最喜欢看的书，一方面促进睡眠，一方面可以通过读书抛开白天工作上的烦恼。

除了放松的方式，倾诉也是一种良好的解压途径。当心情烦躁难以自控时，可以立刻记录下来此时此刻的感受与烦恼，很多时候能够在书写的过程中逐渐冷静下来，甚至发现一些本质的问题。除了可以自我倾诉，还可以选择身边的好友或家人倾诉，及时化解不愉快的情绪，获得别人的情感支持。因此，紧张工作之余一定不要将自己闭塞起来，朋友往往能成为缓解自身压力的一剂良药。放松和倾诉都是疏导压力的好途径，但更重要的是从根本上查找问题，也就是寻找压力源，改变认知观念。压力的来源一方面来自外界的客观原因，另一方面则是个体自身的认知偏差所导致。例如，完美主义者总是以过高的标准要求他人和自己，一日事情发展不足以产生不良的情绪。而消极主义则是因为很难发现事物的多面性，总是将认知局限于最糟糕的状况，因此也很容易在情绪上受到影响。事实上，任何事情都不是绝对的好与坏，如果能够真正认识到这一点，将消极的思维转换为积极的思维，那么本身可能是导致压力的因素自然也就不复存在了。只要人们以一种新的角度或有利视角来看待同一个情况，借力使力，更好地发挥潜能，就能不断超越，自我释然。

第四章　就业能力的提升

因为毕业生就业最终要落在他们自身的行动上，没有万能的真经，有的是对环境、形势的思考；对外部环境和未来职业方向的分辨；对自身的清楚认识和职业能力的确认；职业行动力，对自己的职业在明确的目标的情况下，做细致的计划、自觉的行动、过程中的积累、结果上总结，把解决毕业生就业从纸上谈兵落实到中职生求职的实际行动上。

第一节　就业知识与能力的准备

【案例分享】

漠视和不礼貌会让机遇从你身边擦肩而过

小李是某中职学校计算机科学与技术专业学生。中职学校三年里，他先后参与过当地几家事业单位的网站建设，在专业技能方面比较强，但他性格内向，不爱说话，有些基本礼貌也不是很在乎。没想到这些小细节影响了他的求职。一次，一家上市公司到学校招人，小李得知后马上递交了个人简历，简历还特别写出了自己从事网站制作和后台维护的工作经历。用人单位翻阅简历后，认为他在个人技能和业务方面符合要求，就通知他在第二天下午到指定地点面试。面试地点在该校校内的一个办公室里，小李提前了半小时到达那里，并在外间的办公室等候面试。等待时候，小李觉得无聊，就拿出手机登陆了QQ，在他聊天的“滴滴”声里，先后又来了5位前来面试的同学。面试前10分钟，戴着工作证的用人单位负责招聘的工作人员走了进来。5位同学里面的2位同学连忙站起来向面试官面带微笑地问好，小李正在忙着回复好友留言，就抬头“瞄”了一眼来人，接着，很漠然的低头继续打字了。这一切都被面试官看在了眼里。最后的面试结果可想而知了，小李虽然专业知识、技能过硬，却没有录取他。面试官说，等待面试的时间虽然无聊，但也不能不顾场合的手机聊天并发出声音；见到工作人员进来，招呼都不会打，起码的礼貌都不懂。这样的人招进来往往工作纪律性不强，做事我行我素，很不好管理。

【案例分析】

小李有着不错的专业知识和专业技能，动手能力也很强，这样的人是用人单位急需要的人才。任何一家单位招人，首先看重的是求职者的个人素质和修养，还有来到单位后是否会服从管理。小李不顾场合聊QQ、见面不与人打招呼都是他求职失败的原因。面试中，扬起的下巴、撇起的嘴唇、下拉的嘴角、斜视的眼神或后仰的身体等等，都是不应该有的行为。这些肢体语言都是轻蔑的标准动作。任何轻蔑的姿态一旦被有经验的面试官看到，就算再优秀也不会被录用的。同时还要注意不要用过分自信和带有挑衅的眼神与面试官进行眼神上的交流；握手时也不要过分用力，刚柔并济才是最恰当的。根据心理学，人的第一印象是在见面后20秒决定的。许多用人单位的人力资源部负责人都表示，常规的求职面试一般只有十几分钟，在很短的时间里，通过对求职者的知识、能力、经验等方面的考察，来决定是否留用应聘者。应聘者的仪容仪表、言谈举止，无形中就影响了求职的成败。

一、职业道德素质

（一）职业道德的主要规范

社会主义职业道德是社会主义道德体系的重要组成部分。《中共中央关于加强社会主义精神文明建设若干重要问题的决议》中指出，要大力提倡“爱岗敬业、诚实守信、办事公道服务群众、奉献社会”的职业道德。

1. 爱岗敬业

爱岗就是热爱自己的工作岗位，热爱本职工作，并能够为做好本职工作尽心尽力。从业人员对本职工作的热爱程度与个人的职业兴趣高度相关，如果从业人员对从事的工作感兴趣，就很容易对从事的工作产生热爱。总的来讲，对于那些条件好、待遇高专业性强、工作又轻松的工作，人们比较喜欢，就很容易做到热爱本职工作；而对于那些工作环境艰苦、繁重劳累、工作地点偏僻、工作单调、技术性低、重复性大、危险性的工作，要想热爱上还真不容易。然而，无论你是否对从事的职业岗位感兴趣，无论是在统包统分的计划经济时代，还是在双向选择的市场经济时代，任何岗位都得要有人去干。因此，个人从事的工作与个人职业兴趣不可能完全做到一一对应，两者错位的情况在实际工作中很常见。所以，当你走上工作岗位后，要以整个国家和社会的需要为出发点来看待自己的工作，在工作中发现、培养兴趣，争取做到干一行爱一行。如果你能这样做，从某种意义上讲，你就是一个品德高尚的人。

敬业就是要以崇敬、严肃的态度来对待自己的本职工作，在工作中勤勤恳恳、兢兢业业、忠于职守、认真负责。敬业有高、低两个层次，一种是以满足生理需要为目的的敬业，即谋生敬业，个人功利性色彩较重；另一种是以满足尊重和自我实现需要为目的的敬业，主要是为了实现自我价值，得到较高的社会评价和自我评价，是较高层次发自内心的敬业精神对于社会而言，更看重敬业的第二个层次，它更能促使人们勤勤恳恳、认认真真、尽心尽职地作爱岗敬业是职业道德的核心和基础。爱岗与敬业是紧密联系在一起的，其内在精神是相通的，敬业先需爱岗，爱岗方能敬业。

2. 诚实守信

诚实是指一个人能够完全忠诚于客观事实，有一说一，有二说二，从不为了个人私利而故意歪曲、篡改事实真相的个人道德品质。守信就是指一个人遵守诺言、说一不二，讲信誉、重信用，履行自己应尽的职责和义务。

诚实和守信两者的内在意思是相通的，诚实是守信的基础，守信是诚实的具体表现。诚实守信既是做人的基本原则，也是职业道德的内容体现。例如，商业界的公平交易、童叟无欺，教育界的学高为师、身正为范，科研界的勇于探索、实事求是等。总之，诚实守信要求每一个从业者自觉遵守国家的法律法规和社会主义道德规则，约束、规范自己的行为，真心待人，诚实办事，诚信为本，以信立业。

3. 办事公道

办事公道是指从业人员在本职工作中，要站在公平公正的立场上，按照统一标准、同一原则办事的职业道德规范。它既是从业者协调本职工作内外关系的行为准则，也是他们在职业活动中需要遵守的道德规范。它要求人们本着公平、公开、公正的原则秉公处理本职事务，对任何人都坚持原则、按章办事、不偏不倚、一视同仁，公私分明、不贪不占，主持公道、伸张正义、保护弱者。

公正作为传统职业道德之一，与人生而平等、追求平等的本性相关。人都是有尊严的，都希望自己像别人一样在任何场景下都能享受同等待遇，而不是差别歧视性待遇。任何从业人员都面临着一个办事公道的问题，随着场景的转换，你可能是提供服务的人，也可能是接受服务的人。例如，一个办事公道的商场服务人员，不管顾客的差异性有多大，都一视同仁、热情服务、接待周到，就不会犯以貌取人的低级错误。

4. 服务群众

服务群众就是为人民群众服务，这是为人民服务的思想在职业道德中的具体体现。每个人都生活在同一社会中，都是群众构成成员之一，从业者在为别人提供服务的同时，也在享受着别人为自己提供的服务。即每个从业者都有权享受其他从业者的职业服务，同时又要尽为他人提供职业服务的义务。所以，服务的供给方与接受方是同一性关系。任何从业者要时时刻刻为群众着想，争取做到急群众所急、忧群众所忧、乐群众所乐。例如，从教的要传道授业解惑、诲人不倦，经商的要做到买卖公平、价格公道、优质服务，从政的要做到不贪赃枉法、不徇私舞弊、全心全意为人民服务等。

5. 奉献社会

奉献是指满怀感情地为他人、社会、真理、正义做贡献，甚至献出自己宝贵的生命，而不期望等价的回报和酬劳。奉献者付出的是青春、是汗水、是热情、是一种无私的爱心，甚至是无价的生命；收获的是一种幸福、一种崇高的情感，是他人的尊敬与爱戴，是自己生命的延长。这种收获是无价的，是无法用物质金钱来衡量的。

当奉献社会成为职业道德规范时，它要求从业人员把对事业不求回报的爱和全部身心的付出看作是自己的社会责任和历史使命，把本职工作当成事业来热爱和完成，努力做好每件事，认真善待每一个人，全心全意为人民群众服务，并以此作为检验职业道德状况的标准。所以，奉献社会既是职业道德的出发点和归宿点，也是一种人生境界。具体来说，其核心是全心全意为人民服务，一切从有益于他人、社会、民族和国家出发，只要对人民有益，再苦再累也心甘情愿。

（二）职业道德的特点和作用

1. 职业道德的特点

（1）具有适用范围的有限性

每种职业都担负着一种特定的职业责任和职业义务。由于各种职业的职业责任和义务

不同，从而形成各自特定的职业道德的具体规范。

（2）具有发展的历史继承性

由于职业具有不断发展和世代延续的特征，不仅其技术世代延续，其管理员工的方法、与服务对象打交道的方法，也有一定历史继承性。如“有教无类”“学而不厌，诲人不倦”，从古至今始终是教师的职业道德。

（3）表达形式多种多样

由于各种职业道德的要求都较为具体、细致，因此其表达形式多种多样。

（4）职业道德兼有强烈的纪律性

纪律也是一种行为规范，但它是介于法律和道德之间的一种特殊的规范。它既要求人们能自觉遵守，又具有一定的强制性。就前者而言，它具有道德色彩；就后者而言，又带有一定的法律的色彩。就是说，一方面遵守纪律是一种美德，另一方面，遵守纪律又带有强制性，具有法令的要求。例如，工人必须执行操作规程和安全规定，军人要有严明的纪律等。因此，职业道德有时又以制度、章程、条例的形式表达，让从业人员认识到职业道德又具纪律的规范性。

2. 职业道德的作用

职业道德是社会道德体系的重要组成部分，它一方面具有社会道德的一般作用，另一方面它又具有自身的特殊作用，其体现在以下四个方面：

（1）调节职业交往中从业人员内部以及从业人员与服务对象间的关系。职业道德的基本职能是调节职能。它一方面可以调节从业人员内部的关系，即运用职业道德规范约束职业内部人员的行为，促进职业内部人员的团结与合作。如职业道德规范要求各行各业的从业人员，都要团结、互助、爱岗、敬业、齐心协力地为发展本行业、本职业服务。另一方面，职业道德又可以调节从业人员和服务对象之间的关系。如职业道德规定了制造产品的工人要怎样对用户负责；营销人员怎样对顾客负责；医生怎样对病人负责；教师怎样对学生负责等。

（2）有助于维护和提高本行业的信誉。一个行业、一个企业的信誉，也就是它们的形象、信用和声誉，是指企业及其产品与服务在社会公众中的信任程度，提高企业的信誉主要靠产品的质量和服务质量，而从业人员职业道德水平高是产品质量和服务质量的有效保证。若从业人员职业道德水平不高，很难生产出优质的产品和提供优质的服务。

（3）促进行业的发展。行业的发展有赖于高的经济效益，而高的经济效益源于高的员工素质。员工素质主要包含知识、能力、责任心三个方面，其中责任心是最重要的。而职业道德水平高的从业人员其责任心是极强的，因此，职业道德能促进本行业的发展。

（4）有助于提高全社会的道德水平。职业道德是整个社会道德的主要内容。职业道德一方面涉及每个从业者如何对待职业，如何对待工作，同时也是一个从业人员的生活态度、价值观念的表现；是一个人的道德意识，道德行为发展的成熟阶段，具有较强的稳定性和连续性。另一方面，职业道德也是一个职业集体，甚至一个行业全体人员的行为表现，如果每个行业，每个职业集体都具备优良的道德，对整个社会道德水平的提高肯定会发挥重要作用。

（三）职业道德的养成

随着现代社会分工的发展和专业化程度的提高，市场竞争日趋激烈，整个社会对从业人员的职业观念、职业态度、职业技能、职业纪律和职业作风的要求越来越高。中职生作为未来的职业劳动者，不仅要具备一定的专业知识和技能，更要不断提高职业道德素质，为今后的工作打下坚实的职业道德基础。

1. 在学校求学期间，有意识主动构建、完善自己的职业道德知识体系

（1）学好马克思主义理论课、思想道德与法律基础课，积累职业道德的基本知识。学习思想政治理论课是进行职业道德修养的重要手段。通过“思政”课的学习，在校中职生可以从理论层面上加深对社会主义职业道德理论、原则和规范的理解，明确职业道德修养的目标，把握职业道德修养的标准，从而提高进行职业道德修养的自觉性。

（2）汲取中华民族传统职业道德的精华。中华民族数千年来留下的道德、职业道德遗产非常丰富，其中既有精华，又有糟粕，我们应该以辩证唯物主义的观点来加以区别对待，取其精华、去其糟粕，不断以中华民族优秀的传统职业道德来充实自身职业道德知识体系。例如，“天下兴亡、匹夫有责”的高度责任感；“天行健，君子以自强不息”的艰苦奋斗、顽强拼搏精神；“人无礼则不生，事无礼则不成，国家无礼则不宁”的礼仪仁爱精神；“见利思义”“以义制利”的道德价值取向；“言必信，行必果”“民无信不立”的诚信精神等。

（3）借鉴西方职业道德中的合理成分。西方职业道德中也有其优秀成分，特别是那些符合社会生产和市场经济发展规律、推动市场经济快速发展的部分。例如，强调“自由个性”的独立人格、全面自由发展的人文主义精神；顾及双方利益并希望彼此利益都能得到公平对待的“社会正义”和人都有言论信仰自由、人生而平等的“天赋人权”；忠于职守、勤奋刻苦的敬业精神；敢于开拓、勇于创新的进取精神等。

2. 把“校园生活”当作职业训练场所，积极参加各种校园活动

把“校园生活”当作职业训练场所。中职生的校园生活是丰富多彩的，生活、学习和工作等方面，都需要他们介入。中职生必须以此为契机，把培养自己的职业道德贯穿于校园生活的整个过程。

对所有在校中职生而言，认真做好自己参与的事情，并力争做出最佳成绩，这本身就是职业道德中爱岗敬业精神的具体表现。目前，学生社团开展的各种社团活动是培养学生敬业、创业以及创新能力的重要途径。例如，校园文化活动，这种以课外文化活动为主题、以校为主要活动空间而展开的群体文化活动，具有内容丰富、形式多样、层次较高、规模较大参与者众多等特点，对广大中职生而言，具有很强的吸引力和广泛的群众性基础。校园文化活动不仅其内涵十分丰富，而且外延也非常宽泛，绝大部分学生可以从中受到教育、熏陶和锻炼，培养爱岗敬业、忠于职守的精神，养成对活动以及事业的责任心、使命感。特别是那些组织者和骨干成员，要把校园文化活动当作事业来做，在准备阶段一定要周密计划、科学策划在执行阶段一定要做到事无巨细、事必躬亲，有始有终、全力以赴，力争

达到预期目的。就其实质而言，该过程实际上就是职业道德的修炼过程。只有经过类似过程的不断磨砺，才能修炼自身职业道德，并为将来踏上新的岗位提供良好的基础。

对于学生干部来说，职业道德的修炼就是要做好学校各级组织分配的任务以及自己所做的社会工作，一定要把所承担的工作看作职业训练，重点培养自己爱岗敬业的精神。任何学生干部都要利用开展工作的机会，向工作的最高标准看齐，来培养自己的敬业精神和对工作的尽职尽责态度，珍惜这难得的锻炼机会，确立服务意识，以奉献精神投入工作，尽自己的最大热情，充分发挥自己的聪明才智。通过全身心投入和不懈努力，做好自己担负的工作，千万不要把工作当作苦差事，做事只想完成任务、敷衍了事；特别要杜绝摆花架子、搞形象工程、哗众取宠等不良现象。学生干部千万要记住：对于自己承担的工作，不分大小都要认真对待，做好吃苦的准备，辛勤劳动、埋头苦干，为取得优异的工作业绩而努力。

3．积极参与校外社会实践活动，接受职场环境的磨炼

要想成为一名合格的职业劳动者，只有投身于真实的职场环境，并经历大量的职业实践活动，才可能培养出真正的职业道德。任何中职生，都要认真对待专业见习、专业实习以及其他带有专业特色的实践性活动，学习、生活、社会实践，都是培养职业道德品质和习惯的重要实践。职业道德品质和习惯的培养，仅仅靠学校教育而不与社会实践活动有机结合是不行的。中职生只有通过社会实践，才有可能投身于一个职业集体中，才能其正体味到职业习惯氛围，培养尽职尽责的优良职业道德品质，形成自己的职业作风。如果中职生只有理论学习而没有亲自投身于职业和生活实践中去，也没有经过艰苦的职业劳动培养和熏陶，是不可能形成爱岗敬业、尽职尽责的职业道德品质和习惯的。

因此，无论是正式职业劳动者还是准职业劳动者的中职生，都必须接受职业实践活动的磨炼，这样才能培养出爱岗敬业、尽职尽责、自信、自立和自强的职业精神，才能培养出过硬的职业道德品质。

二、知识要求

（一）知识结构

知识结构是指人们通过认识客观世界而获得的各类知识信息单元及其相互之间的关系。通俗来讲，知识结构是指求知者头脑中的内化，也就是客观知识世界经过求知者的输入、储存、加工、而在头脑中形成的由智力联系起来的多要素、多系列、多层次分明的动态综合体。也可以称为知识体系或智能体系。人才的知识结构通常可分为三角形、宝塔形、衣架型、T 型、H 型、X 型等，前三个类型一般是指专业技术人才，而后三个类型则是掌握两个以上领域的通才。在求职中所面临的要求类型大致有以下几种：

1．知识结构要求高的职位

如企业对高科技类、生物工程类、医药卫生类等专业技能要求高的职位，这一类职位对于转行就业者来说门槛就比较高，他们一般没有一定的技能知识或特长是不能轻易进入此行业的。

（2）知识结构要求低的职位：例如推销消费品、保险销售、文秘等职位需要的知识结构就较低，很多专业的人都可以胜任。如果有一定基本的学科知识，相比那些只是营销专业的销售人员有竞争力，这也成为转行集中的区域。

（3）知识结构具有移植性的职位：知识结构具有移植性，即表示目前的职位与转行的目标职位的知识结构是相通的，具备移植性，如物理力学专业可以做机械行业的工作，建筑专业可以做房地产策划的工作，并且这些人转行都有原来专业背景突出的特征。

现在在很多准备转行的群体中，发现目标职位知识结构的缺乏是主要的拦路虎，所以说在转行前要分析自己目前的知识结构现状，找出目标职位的知识结构的差距和移植性，再做判断 .

【相关链接】

某化学专业的本科生小陈，对于化学专业的学习感到非常的枯燥与乏味，同时自己喜欢计算机方向的知识，于是大部分时间都花在了计算机专业方面知识的学习中，就业的时候他发现还是不能达到所跨行业的相关计算机类的职位要求，自己以前的知识结构虽有一定的基础但还不能满足职位要求，一方面自己不想从事化学类的职业，另一方面自己很想去从事计算机类的职业，但是两个方向都不如意。小陈为什么不能转行成功，有一个重要条件就是知识结构不能满足职位的需要，而有很多转行人卡在这个问题上面。

（二）信息时代知识的特征及对求职者的要求

各类现代职业对于就业者文化素质和合理知识结构的要求越来越高。就知识结构而言，不仅对知识技能共性的要求越来越多，同时对就业者知识和技能的适应性要求也越来越强。

1. 宽厚扎实的基础知识

基础知识是知识结构的根基。近年来科技发展迅猛、知识更新加快，但更新的绝不是基础知识，基础知识是知识更新的原动力。随着社会产业、行业、职业结构调整速度的加快，中职生无论是选择职业，还是确定方向，或是适应工作性质的变动，都离不开宽厚扎实的基础知识的储备。这不仅关系到是能进一步发展，是否在专业上有所建树，而且关系到将来走向工作岗位之后能否尽快适应、胜任工作。所以，中职生在学校阶段要认真系统地学习基础知识，扎实地掌握基础理论。

2. 精深的专业知识

中职毕业生是将要从事较强专业性工作的专门人才，因此，专业知识是知识结构的核心部分，也是科技人才知识结构的特色所在，无专业特色，也就不成其为科技人才。所谓精深，是指中职生对自己所从事专业的知识和技术，要在一定的范围，具有一定的深度，既有对概念体系、理论体系、研究方法、学科历史和现状等量的要求，又有对本专业国内外最新信息及与其专业邻近领域知识的了解和熟悉，并善于将其与本专业领域紧密联系起来质的要求。

3．现代管理和人文社会知识

现代化的社会，需要中职生具有一定的社会知识，一定的经济与管理知识和人文社会知识。目前,中职生不少在高中阶段就开始了文理的分班学习,文科班的学生不学物理、化学;理科班的学生不学地理、历史。而进入学校后，学生们又只在本专业知识范围内学习，即使学些其他学科内容也是极为有限的。所以，普遍在知识面太窄的问题。因此，作为一名中职生，应该利用在校学习的时间，利用专业学习的空余时间，多读一些社会科学、管理科学方面的书籍，既增加自己的知识面，开阔自己的视野，不断增加对社会和现代管理科学的了解，从而不断提高自己的能力。同时，通过形象思维和抽象思维的交替使用，还可以促进整个大脑的思维能力的提高。

4．大容量的新技术新知识的储备

在现代科学技术发展如此迅猛、科学知识量急剧增长的今天，面对全面改开放的形势，如果只掌握本专业现阶段的知识，是很难适应社会的。所以，中职生应该利用在学校学习的宝贵时间，在不断加深对本专业知识了解的同时，跨学科学习更多的知识，以充实自己，在基础知识学习的宽度和深度上下功夫。要自觉地阅读现代科学书籍，掌握本专业国内外研究的新动向、新成果，了解世界科技新动态，注意本专业的科学前沿状况，要注意掌握专业知识的精湛性和先进性。这样在毕业后，才能在实际工作中不断追踪国际上的先进技术。当然要求中职生同时掌握多种专业知识是不现实的，但是除了精通自己的专业知识，并能在实际中运用以外，再掌握或了解与专业相关相近的若干专业知识和技术却是可以做到的。

（三）优化知识结构

知识结构是由知识单元构筑起来的。优化知识结构，离不开自身的努力。中职生应该根据自己的兴趣、专业、成才目标和发展方向，以及自身原有的知识结构状况，结合社会的需要，按照人体构架型知识结构的思路，应当科学地学习、积累基础知识、专业知识等显性知识，并善于利用各种机会学习、领悟、拓展隐性知识。

1．显性知识方面

基础知识宽厚，专业知识精当。基础知识是人类知识宝库中相对稳定的那一部分，有广泛的迁移性、适应性和概括性，不易陈旧老化。它不仅是人们从事工作学习和生活所必须具备的条件，同时也是掌握专业知识和其他知识的基础。所以说，基础知识是更新知识的原动力，基础知识越丰富、扎实，接受新信息就越快，领悟新知识的能力就越强。条件较好的个体，其基础知识的学习尽量宽厚、扎实、广博，才能适应当代科技的发展。当今社会，尽管科技发展迅猛异常，尽管专业知识更新周期不断加速，尽管市场经济行情变幻莫幻，如果具备了宽厚、扎实、广博的基础知识，就能快速适应和迎头赶上。相比较基础知识而言，每一类专业知识都更加接近工作实际。要顺利完成工作并能够进行一定发明创造，专业知识的学习应讲求精当。只有掌握了精当的专业知识，才有可能和其他知识有机组合,在未来的社会分工中充分发挥作用。中职生要根据自己的专业方向和成才目标,分析、确定自己必须具备的核心知识和辅助知识，掌握各种工具知识（如外语、计算机等）和方法知识（如文献检索、调查分析、信息收集等）。

2. 就人才创新而言

隐性知识的作用远远大于显性知识。进入知识经济时代以来，知识的范围被大大拓展。一方面，不仅包括那些能够言传的显性知识，如事实、原理、概念、理论体系等。这类知识存在于认知范畴的知识，构成了人们在认知风格和认知特质上的共性。另一方面，还包括那些只能意会的隐性知识，如经验、技术、技巧、能力等。这类知识存在于应用范畴的知识，是每一个体以其个人的方式来理解、洞察、体会、感悟、认识自然和人类社会隐性知识的运作犹如结网一样，在无意识中逐渐地将原本无关联的知识、经验连接在一起。不仅如此，显性知识的接收、理解、记忆、整理、深化等效果也要依靠隐性知识的运作。

由此，缺乏实践性的教学活动所造成的影响不仅仅是动手能力差，还因隐性知识的缺乏而影响了显性知识的吸收和组合，从而直接影响了认知活动的水平。社会实践表明，在解决问题的过程中，隐性知识的作用远远大于显性知识。所谓创新思维，就是根据解决问题的需要对原有的显性知识进行新的组合，其知识结构得以优化而形成新的合理的知识结构体系，并充分发挥其结构效能，卓有成效地解决实际问题。

就是因为隐性知识对显性知识具有潜在的制约和促进作用，所以中职生要特别注意从隐性知识的获得入手，对那些分散的、零碎的、低层次的经验知识，进行加工、提升，使之在知结构内部与理性知识优化、协调相结合通融，共同发挥系统效应；而隐性知识的积累、组合、转换都是以参与综合性实践活动为前提的。中职生要善于开发自己的大脑，挖掘自己的潜质，打破传统思维定式、观念束缚，树立创新意识和创新志向，重视以独立的思维和创新的思维方法为主要内容的思维能力的培养。概而言之，知识结构优化的过程，实质上也是一个学习、积累、调整、创新的过程。

三、职业能力

（一）能力与职业能力

能力是指能迅速和准确地完成某种活动所必须具备的个性心理特征。它是影响活动效果的基本要素。如果一个人的能力符合于某项活动的要求，那么就会很容易地、高水平地完成任务，也就表现出能力；反之，如果一个人不具备工作所要求的能力，不能很好地完成工作要求，就是能力差的表现。

职业能力是指人们为从事某种职业而必须具备的，并在这项职业活动中表现出来的多种能力的综合。任何一个职业或工作岗位都会有相应的职责要求，职业能力是胜任职业岗位的必要条件。

（二）职业能力的种类

1. 智力能力是职业能力的核心部分

一般的职业能力主要是指从业者的学习能力、文字与语言的运用能力、数学运算能力、空间判断能力、形体知觉能力、颜色分辨能力等智力因素以及手的灵巧度以及手眼协调能力等身体方面的能力。可以说智力在一定程度上决定了求职者可能选择的职业类型。因为任何职业都对从业者的智力有一定的要求，只不过不同的职业对智力的要求不甚相同而已，对一般的职业而言，智力的制约作用可能不很明显，但诸如科技工作者、高层管理人员等职业，对智力方面的要求就会相对较高。

2. 专业能力是职业能力的重要组成部分

专业能力指要从事某一职业所应该具备的专业知识。这种专业知识和技能是要通过专门的教育和培训获得的。某学校毕业生跟踪调查表明，接受过完整专业知识学习和技能训练的机械专业毕业生，走上工作岗位后，90% 以上能够很快就适应岗位需求，成为技术骨干。

3. 社会能力是职业能力不可缺少的组成部分

社会能力主要指与人打交道的人际交往能力、与他人合作的团队协作能力、对生活与环境的适应能力以及面对失败和挫折的心理承受能力等性格和心理方面的能力素质。

随着时代的发展，现代社会的各行各业已经成了一个紧密联系的整体，任何职业和个人都不可能脱离他人而存在，因此能够待人宽容，愿意与人合作共同承担任务、共同完成计划，善于联络、协调，这些能力成为一个合格的求职者必须具备的能力，也是个人能够胜任岗位职责和开拓进取，取得优异成绩的重要条件。

（三）六种基本的职业能力及培养

1. 适应能力

人与环境的正确关系是适应与改造的辩证统一。适应就是改变自身以迎合客观环境的要求；改造就是改变客观环境使之符合自身发展的要求。人们在谈到人与环境的关系时，往往注重了后者而忽视了前者。在人类社会的进步与发展中，人对环境的改造固然起着主导作用，但改造不能离开适应。社会生活的纷繁多样和生活环境的不断变化，要求每一个人必须培养自己适应环境的能力，只有这样才能在社会上立足，也才能谈得上对环境的改造。

2. 人际交往能力

以社会认可的方式，妥善处理人与人之间的关系，并与他人和谐共处、共同发展的能力即为人际交往能力。作为中职生，只有具备一定的人际交往能力，善于处理各种人际关系，才能在工作中充分施展自己的才能。在人际交往中，要以民族善良、诚实的传统美德，“将心换心，以诚相待”，要学会尊重他人，多为他人设身处地着想，这样才能得到他人的尊重；要既能干大事、又能做小事，不以“才子”自居，妄自尊大，要有甘当小学生的精神；要学会处理具体问题，既要坚持原则，又要不失灵活，以免贻误总目标的实现。

3. 表达能力

表达能力是指人们以语言或其他方式展示自己思想感情的能力，是交流科学技术思想、交流感情的工具。人们在日常学习、工作、生活中，要交流思想、讨论问题、互通情况、阐述观点等，不注意表达能力的培养，有再好的见解和办法，表达不确切、不清楚，也会直接影响本领的施展。口头表达能力要求的是语言的流畅性、灵活性和艺术性；书面表达能力要求的是文句的逻辑性、艺术性和条理性。对一名中职毕业生来说表达能力在将来的工作岗位上是极为重要的。有的中职生在工作岗位上，动手写东西很费劲，拿起笔来不知从何入手，写出来的东西，文字不顺，逻辑不通；有的连通知、申请都写得不像样；有的会设计写不好说明；有的外语不借，中文却不通等。因此，中职生在校期间要努力加强锻炼，不断提高表达能力。要多读书，以增加自己表达思想的深刻性、观点的新颖性、内容的丰富性；要多实践，以培养自己思路的敏捷性、表达的条理性、准确性和生动性。

4. 开拓创新能力

开拓创新能力是人们用已经积累的丰富知识.通过不断地探索研究，在头脑中独立地创造出新的形象，提出新的见解和做出新的发明的能力。它是人才素质的核心，包括发现问题、提出问题的能力，发现规律的能力，创造性地分析问题和解决问题的能力，发明新技术，创造新产品的能力等，它是由观察敏锐性、记忆保持性、思维灵活性、独立思考能力、创造性思维、创造性想象和创新意识等基本要素构成的。中职生毕业后，在实际工作中，将会遇到一些前人无法解决的新课题，有的人能把这些问题进行科学的分析，理出头绪、分清主次、抓住本质、提出方案，充分利用自己解决实际问题的能力进行不断的探索研究，得出科学的结论，取得创新的成果。相反，也有的人面对无成规可循的新问题，不知所措、不敢问津，或者乱撞乱碰，费了不少精力和时间，到头来一事无成。这些差异正是由开拓创新能力的不同所致。所以，中职生在学校期间，要不断加强自己的开拓创新能力的锻炼，增强开拓创新意识，为在今后的工作中有所发明、有所创造奠定良好的基础。

5. 动手能力

把创造性思维变成实际的物质成果，或是用生动形象的实验过程呈现创造性思维的转化能力即为动手能力，也称为实验操作能力。这种能力对于中职生，尤其是工科中职生来说尤为重要。现实工作中，尤其是在科研、生产第一线，要求的是理论上要懂，实践中会干的人才，要求讲能讲出科学道理来，动手能做出样子来。而目前的问题是，有些毕业生对于工作中遇到的问题，理论上懂，道理也讲得出来，但要动手来解决这些问题，往往就显得能力欠缺，直接影响了自己作用的充分发挥。所以，中职生在学校不仅要积累知识，还要通过参加科研活动，利用生产实习和勤工俭学等机会，着力培养和提高实际动手能力，以满足今后的工作需要。

6. 组织管理能力

组织管理能力包括计划能力、组织实践能力、决断能力、指导能力和平衡能力。随着毕业生就业制度的改革，具有一定的交往能力和组织工作能力的中职生越来越受到用人单

位的普遍欢迎，许多单位挑选中职生时在注重学生的学业成绩的同时，对学生是否担任过学生干部、担负过社会工作很感兴趣。因为，中职生将来无论从事何种工作，要把工作开展起来，把计划付诸实施，把他人的积极性调动起来，把大家的智慧发挥出来，没有一定的组织管理能力是不行的。因此，在学校中职生应积极参加社会活动，尽量做些社会工作，不断增强自己的组织工作能力，以利于今后的工作。

（四）职场核心竞争力

1. 终身学习

未来10年会是一个职业和职业需求都迅速变化的年代。先把学历读到无比的高，然后一辈子靠这个混的策略早就过时。未来的职业发展大概以3~5年为一个阶段，每个阶段之间需要系统地重新学习新的领域，在职的培训、证书与学历教育将会成为常事，间隔年的旅行和学习会成为潮流。企业也会逐渐在企业内建立学习中心，甚至企业学校，同时送有潜质的员工出去学习。

2. 整合

既然没有人能够单凭一段时间的能力就获得竞争力，那么竞争力一定属于整合能力最强的人能把过去的所有资源和能力都整合起来，能找到自己零散的能力。未来的职场中，整合是非常重要的能力。能整合自身的能力，叫竞争力；能整合团队的能力，叫组织力；能整合公司的能力，叫领导力；能整合行业的能力，就是改变世界的能力。

3. 翻译能力

你一定知道格式转码这回事，这在早年的电脑上经常出现——有些播放器不能识别WMA或者MP4的文件，你就必须用一个转码软件转码，才能读出这段视频同样的道理，很多人的职业发展不顺，不是因为能力不强，而是不知道如何把过去的能力和资源“转码”出来，让新的东家能读懂。

第二节　目标职业与能力的提升

【案例分享】

王赢为英语专业学生，她是一个来自农村的女孩，初中时，曾经因为家庭特困被迫辍学，但她从来不曾放弃过追求，也不曾悲观失望过。在力争回归求学之路后，更加自强不息。在中职求学期间，不但品学兼优，名列前茅，并长期担任主要学生干部，而且自立完成学业，没有向家里要过一分钱。她先后做过图书管理员、兼职辅导员、学生会工作助理、家教、餐厅服务员等十几份工作，担任过班长、学习部长、班级辅导员等职务，在常人难以想象的高强度生活中，她也迅速成长成熟起来。她在新东方分校找到了一份工作，任课程顾问，主要工作：前台接待，课程咨询，接打电话，报名登记，收费合账，情况反馈等。

工作踏实认真，谦虚勤奋，与同事相处融洽，得到领导和同事的广泛好评。后因工作目标调整离开新东方。现在，她在某路桥总公司职工学校任职，主要工作：宣传报道、办公文秘、招生培训、教务服务等，因表现出色，也得到了领导的赞赏。

【案例分析】

贫穷不能决定一切。出身贫寒的王赢没有因家庭经济的窘迫而自卑、失望，而是依然保持一颗自信自尊、乐观积极的心。正是她踏实肯干、谦虚勤奋的态度和坚韧不拔的个性，使得她在吃苦耐劳中练就了过人的才干、在自强不息的道理上不断前进，终于获得了成功。

一、目标职业对专业技能的要求

不同类型的职业对从业者的知识结构、职业素质要求不尽相同，下面介绍几种中职生毕业之后接触较多的几科职业类型及其专业知识要求：

1．管理类职业的要求

管理类职业主要包括国企、事业单位中行政管理、企业管理、金融管理、财政管理、经济管理等工作。进入此类职业领域的中职生的知识结构中，需要有较大比例的管理学理论和专业知识，懂得管理科学的发展规律，了解最先进、最有效率的管理方法和经验。同时，还要涉及与管理工作相关的税务、工商、外贸等相关知识。除此之外，国家的方针政策和基本的法律知识也需要很好地掌握。在从事管理工作的过程中，懂得运用一些基本的管埋技巧和管理策略将使工作得心应手。

2．技术类职业的要求

技术类职业主要包括了各行业各领域中从事各类技术应用工作的职业。例如各类技师、工程师、医师等，此类职业对专业知识和专业技能要求相对较高。进入此类职业领域的中职生的知识结构中，需要有扎实的专业技术知识，较新的现代专业理论，同时，要能熟练地掌握能够应用于实际工作中的操作技术。另外，还需要考取相应的职业资格，如医师执业证书、质量专业技术人员职业资格证、出版专业技术人员职业资格证等。

3．科研类职业的要求

科研类职业主要包括教科研院所、高新企业等机构中的基础理论研究、应用理论研究各学科学术研究、信息情报研究等工作，科技含量相对较高。进入此类职业领域的中职生的知识结构中，需要有丰富、坚实的专业基础知识、扎实的理论功底、严谨的研究态度、良好的逻辑分析能力、掌握多种科学研究方法、精通本专业的各种实验方法和调查研究方法，会恰当运用调查研究的技巧。同时，还要密切关注和掌握本专业领域的国内外最新研究成果和前沿信息。

4．教育类职业的要求

教育类职业主要包括了各级各类教育机构中从事的教书育人工作。例如，学校教师、中小学教师、幼儿教师以及各类职业教育、培训教师等。进入此类职业领域的中职生的知识结构中，需要具有较高的文化素养和丰富、坚实的专业知识，了解与本专业相似或相近的交叉学科或新兴学科的知识。此外，还需要掌握教育学、心理学、教育心理学等教育科学的相关知识。同时，还必须具备必要的师范技能，例如，普通话、板书、制作课件、师范礼仪、教学方法等。另外，教育类职业对职业道德、对师德的要求也相对较高。《教师资格条例》还规定“中国公民在各级各类学校和其他教育机构中专门从事教育教学工作，必须依法取得教师资格”，因此，教师资格证书是从事教育类职业学生所必须拥有的。

5. 财会类职业的要求

财会类职业主要包括了财务、会计、审计、营销、采购等工作，例如，会计师、审计师、报关员、业务员等。进入此类职业领域的中职生的知识结构中，需要具有税务、商法、财会制度、经济学、数学运算、法律、销售、采购方面的知识。随着市场经济体制的建立，社会对财会类从业人员的要求也相应提高，不仅要熟悉本职工作中涉及的政策法律、规章制度，还要紧跟形势，善于学习，拓宽知识面，能够很快适应国家或者单位财会制度和方法的不断变化。

6. 政法类职业的要求

政法类职业主要包括公安、检察、司法等国家机关中的各项工作。例如，法官、检察官、警察等。由于在国家稳定和社会安全中发挥着重要的作用，社会对政法类职业的从业要求一直比较严格。进入此类职业领域的中职生的知识结构中，需要具有较高的理论和政策水平，不仅要熟悉掌握本职工作中涉及的政策法律、规章制度，还要有较强的行政执法能力公文写作能力以及处理各种紧急事件的应急能力。进入此类职业，一般需要参加各级别的国家公务员考试。近几年，通过选调的途径选拔任用各级各类公务员的现象逐渐增多。还有的中职生选择做“村官”，从基层开始锻炼，也可以做得很出色。

二、目标职业对通用技能的要求

根据我国职业教育的培养目标，通用技能大体上可包括以下十个方面的重要内容：职业道德、表达沟通、人际交往、分析判断、解决问题、学习和创新、团队合作、组织管理、应变能力等。

1. 职业道德

职业道德是一个人的爱岗敬业意识，是做好岗位工作的根本和思想保证，是专业技能的灵魂，是通用技能的精神支柱。现代社会中，职业道德在人们视野中所起的作用表现得越来越突出。随着社会的进步，人民生活水平的提高，人们的职业道德往往是从享受的产品和服务的质量中得到具体的体现，而产品和服务质量取决于生产质量和服务水平，生产质量和服务水平的高低又取决于人的职业技能和职业道德素质。

一个人的成功固然需要专业的知识和技能，然而，对于自己所从事的工作如果没有持之以恒、艰苦奋斗的敬业精神，以及开拓创新的进取精神和冒险精神，即使再聪明的人也会与成功失之交臂。只有德才兼备的人才能在职场畅行无阻。无论什么人，只要他想成就一番事业，就离不开道德情感、道德态度、道德良知、道德意志、道德责任、道德理想的帮助和支持。一句话，成功离不开职业道德，职业道德是个人事业成功的必要条件。具有诚实守信、爱岗敬业的职业道德的人，无论在哪里都能受到别人的赞许与青睐；具有诚实守信、爱岗敬业的职业道德的人，他永远不用担心下岗，而那些不思进取，工作不努力的人，天天都得担心。

2．表达沟通

表达沟通能力就是通过听说读写等思维载体，利用演讲、会见、对话、讨论、信件等方式将个人思想、观点、意见或建议顺畅地用语言或文字准确、恰当地表达出来，促使对方接受自己的能力。

表达能力包括语言表达能力和文字表达能力，这是中职生必须具备的基本能力。作为人与人之间最主要的交流工具，在日常学习、工作和生活中，语言和文字所起的作用不可替代。能够用准确、流畅的语言讲述事实，表达观点，能够撰写计划、总结、调查报告、公函等文书，这是用人单位对中职生表达能力的基本要求。中职生可以通过日常训练、参加专门的培训等方式来提高自己的表达能力。

沟通就是信息的传递和理解。沟通技能包括听、说、读、写多种技能。沟通的形式多种多样，最主要的方式是语言沟通，包括口头的和书面的。除了语言以外，非语言方式也是沟通的重要组成部分。非语言沟通也常常被称为身体语，包括衣着、表情、神态、姿势、动作、距离等。能够准确、高效地将信息传递给信息的接收方，并能正确理解对方的信息，这是中职生就业必须具备的能力要求。

3．人际交往

交往是人类共同的心理追求。人是社会的人，在社会分工越来越细、协作越来越紧密的今天，人际交往的影响力很大，就业中缺乏交际能力就好比是在陆地行船，寸步难移。

人际交往是指人们为了相互传递信息、交换意见、表达情感等，运用语言、行为等方式而进行的人际联系和人际接触的过程，即通常所说的人际关系。人际交往能力指的是他人传递思想感情与信息的能力。对于正在学习成长中的中职生来说，良好的人际交往能力不仅是中职生活的需要，更是将来适应社会的需要。对于一个组织来说，良好的人际交往能力有助于营造良好的组织氛围，而良好的组织氛围可以促进组织成员之间的沟通与交流，可以促进组织内部与组织外部成员之间的人际关系，扩大组织与社会的联系面，掌握更多的社会资源，进而有助于组织目标的顺利实现。因此，在其他条件相同的情况下，用人单位往往更愿意接收和使用人际交往能力强的人。

4．分析判断

分析判断就是为实现一定的目标或解决一定的问题而制定行动方案并优化选择的过程。一个独立处理问题的过程其实就是一个决策的过程，因此，分析判断能力也就是独立处理问题的能力。

对于一个特定的问题，分析判断一般包括以下环节：

（1）问题分析，分析问题的性质和特点。

（2）确定目标，确定最后希望达到的效果

（3）拟定方案—同一目标的实现往往不只有一种方案，通过对不同途径和步骤的排列与组合，拟定数套行动方案备选。

（4）方案评估—对备选行动方案的可行性、后果进行综合分析与比较，权衡每一个方案的利弊得失。

（5）方案选择，从备选的行动方案中选定最后行动的方案。了解了分析判断问题的流程后，中职生就可以有针对性地规范和完善分析判断问题的各个环节，从而提高自己分析判断问题的能力。

5. 解决问题

解决问题就是通过发现问题，对问题进行分析，最后运用一定的方法和技能化解矛盾，实现工作的目标。解决问题的能力包括换位思考能力、高超的总结能力、解决问题时的逆向思维能力、方案制定能力等。

解决问题包括辨识问题和采取措施解决问题。该技能可用于寻求方法解决工作、学习和生活中的问题，运用不同的方法寻求解决方案，确定方法的有效性。

6. 学习和创新

学习就是对新知识、新技能的求知和钻研，学习能力是动态衡量人才质量高低的一个尺度。知识经济时代，更是终生学习的时代，中职生既要培养自己能“闻一以知十”、“举一而反三”的能力，也要培养自己不断进行知识更新的能力，更要培养自己在学习和工作中自我归纳、总结，找出自己的强项和弱项，扬长避短，适时进行自我调整的能力。

学习能力也是人们在学习、工作及日常生活中必须具备的能力。现代社会对人的学习能力要求越来越高。应届中职毕业生基本上都要经过系统培训才能具备直接进行业务操作的能力。因此，是否具备良好的学习能力和强烈的求知欲望是用人单位十分重视的，往往也是应聘时用人单位要重点考察的内容之一。

所谓创新，就是在前人发现或者发明的基础上，通过自身努力，创造性地提出新的发现发明或者改进革新方案。创新能力是人们革旧布新、创造新事物的能力，包括发现问题、分析问题和解决问题以及在解决问题过程中进一步发现新问题，从而不断推动事物发展变化的能力。创新能力最基本的构成要素是创新激情、创新思维和科技素质。创新激情决定着创新的产生，创新思维决定着创新的成果和水平，科技素质则是创新的基础。

创新能力根源于创造性思维，没有创造性思维就没有创新能力。创造性思维是发现或发明新的方法和新的事物的思维过程。较常用的创新思维方法有：通过相互间思维的碰撞产生共振，产生和启发创造性的思维；打破常规思维定式，将原来熟悉的事物当成完全陌生的事物来对待，抛开熟悉的方法，一切从头开始，重新进行设计和规划：采用逆向思维的方法。

7. 团队合作

团队合作能力是一种为达到既定目标，在团队中所显现出来的自愿合作和共同努力的能力，是个人在工作中与同事和谐共事的能力，是在实际工作中充分理解团队目标、组织结构、个人职责，并在此基础上与他人相互协调配合，互相帮助的能力。它包括了个人善于与团队其他人沟通协调，能扮演适当角色，勇于承担责任，乐于助人，保持团队的融洽等。

现代社会经济发展的速度越来越快，社会分工越来越细，成员之间的关系越来越密切，无论是个人还是单位，都需要在协作中发展，谁也离不开谁。与他人合作的技能包括准备计划和执行活动时在团队中与人合作，可应用于参与小组活动、研讨课程或项目、协助他人执行工作任务、参与团队为当地社区组织活动等。目前，越来越多的企业意识到团队合作精神的重要性，特别是经营规模宏大的知名企业往往更加重视员工的团队意识和合作精神。

8 组织管理

组织管理是指成功地运用管理者的知识和能力影响机构的活动，并达到最佳的工作目标。现代科学技术综合化、社会化，协作趋势日益增强，大到一个公司，小到一个团队，其活动过程都在紧密地相互支持与协作，这就出现了组织管理和协调的问题，也就势必要求组织者要具有一定的组织管理能力。组织管理水平的高低，已经成为一项工作、一个单位工作好坏的重要因素。

组织管理能力是一种对人心的把握与引导能力，组织管理能力强的人往往工作有主动性，对他人有影响力，有发展潜力，有培养价值。很多招聘单位面试后常有“无领导小组讨论”、“角色扮演”等情景测试，这就是对人的组织管理能力的考验。曾有一位普通学校中职毕业生，与一个重点学校毕业生和一个研究生同场竞争，在最后的测试环节中普通学校中职生胜出，就是赢在组织管理能力上。在那场“测试”中，组织者没有告诉三个应聘者会采取怎么样的方式测试，只是告诉他们，经理一会儿就来，你们先随意坐着谈点什么。在“闲聊”的过程中，这个普通学校毕业的中职生由于平时参加的社会活动多，经常承担组织者的角色，“闲聊”中自然而然地也就常常引领着其他两人的话题。当经理出现时，公布录用结果的时候也就到了。

9. 应变能力

应变能力就是善于根据客观情况的变化及时反馈、随机应变地进行调节的能力。现代社会复杂多变，中职生必须要适应这种变化，保证自己从学校到社会的顺利过渡，提高自己的社会适应能力。中职生走上具体工作岗位以后，有些知识用不上，有些知识不够用，很多的要从头学起，这就需要刚走向社会的毕业生，根据工作的需要去调整自己的知识结构、能力结构以及行为方式，尽快地培养自己适应社会的能力。

应变能力也可以理解为处理突发事件的能力。在紧急情况下，如果事态得不到迅速控制，后果可能不堪设想。这就要求应对者具有一定的应变能力，要临危不乱和快速决断。一般地，在紧急情况下，可以采取如下的方法应对突发事件：

（1）迅速控制事态源头。事件的突发性意味着没有过多的时间用于事前准备，要快速介入，稳住事态，防止事态向不好的方向继续发展，尽量将其影响控制在源头处。

（2）打破常规，积极应对。对于按常规操作难以解决的问题，可以尝试打破常规思维，采取非常规方法应对，这样往往能够起到立竿见影的效果。但是，这也要承担一定的风险，应对者应该权衡利弊，快速决断。

（3）处理好善后，及时总结经验教训。平时多进行一些预防性的准备，对提高应变能力也会有所帮助。应变能力常常会体现在工作中，当碰到和同事争执、生产经营失误、生产事故发生等情况时，应变能力发挥着至关重要的作用。事后的措施、想法再完美也无多大利用价值，应变能力体现在能否及时处理妥当上。

通用技能所包含的内容很多，除了以上所陈述的九种之外，还包括计算机操作、外语的应用等等。

三、目标职业对个人素质的要求

1．诚信

诚，即直诚、诚实；信，即守承诺、讲信用。诚信的基本含义是守诺、践约、无欺。通俗地表述，就是说老实话、办老实事、做老实人。诚信是一切道德的基础和根本，是一个社会赖以生存和发展的基石，是社会主义社会调节个人与社会、个人与个人之间相互关系的基本道德规范，也是社会公德和职业道德中的基本准则。诚于内而信于外，只有内心诚实，才能得到他人的信任。人生活在社会中，总要与他人和社会发生关系。处理这种关系必须遵从一定的规则，有章必循，有诺必践。否则，个人就失去立身之本，社会就失去运行之规。诚信是公民道德的一个基本规范，它不仅是一种品行，更是一种责任；不仅是一种道义，更是一种准则；不仅是一种声誉，更是一种资源。就个人而言，诚信是高尚的人格力量；就企业而言，诚信是宝贵的无形资产；就社会而言，诚信是正常的生产生活秩序；就国家而言，诚信是良好的国际形象。诚信是道德范畴和制度范畴的统一，个人的人品如何直接决定了这个人对于社会的价值。而在与人品相关的各种因素之中，诚信又是最为重要的一点。微软公司在用人时非常强调诚信，公司只雇佣那些最值得信赖的人。当微软列出对员工期望的“核心价值观”时，诚信被列为第一位。

2．主动

由于文化氛围和性格特点，中国的学生和职员大多属于比较内向的类型，在学习和工作中还不够主动。在学习中，学生们往往需要老师安排学习任务；在工作里，中国职员常常要等老板吩咐做什么事、怎么做之后，才开始工作。但是，要想在求职和职业中获得成功，就必须努力培养自己的主动意识：在工作中要勇于承担责任，主动为自己设定工作目标，并不断改进方式和方法。“机不可失，时不再来”，只有积极主动的人才能在瞬息万变的竞争环境中获得成功，只有善于展示自己的人，才能在工作中获得真正的机会。

3．自觉自律

古语云：“人贵有自知之明”。这实际上是说，社会生活中的每个人都应当对自己的素质、潜能、特长、缺陷、经验等各种基本能力有一个清醒的认识，对自己在社会工作生活中可能扮演的角色有一个明确的定位。心理学上把这种有自知之明的能力称为“自觉”，它通常包括察觉自己的情绪对言行的影响，了解并正确评估自己的资质、能力与局限，相信自己的价值和能力等几个方面。一个人既不能对自己的能力判断过高，也不能轻易低估自己的潜能。对自己判断过高的人往往容易浮躁、冒进，不善于和他人合作，在遭到挫折时心理落差较大，难以平静对待客观事实；低估了自己的能力的人，则会在工作中畏首畏尾、犹豫不决，没有承担责任和肩负重担的勇气，缺乏工作的积极性。有自知之明的人既能够在他人面前展示自己的特长，也不会刻意掩盖自己的欠缺。坦陈自己的不足而向他人求教，不但不会降低自己，反而可以表示出自己虚心和自信，从而赢得他人的尊重与青睐。有自知之明的人在遇到挫折的时候不会轻言失败，在取得成绩时也不会沾沾自喜。认识自我，准确定位自我价值的能力可以帮助个人找到自己合适的职场空间及发展方向，有自知之明的人让人感觉他是一个自信、谦虚、真诚的人。

自律指的是自我控制和自我调整的能力。这包括：自我控制不安定的情绪或冲动，在压力面前保持清晰的头脑；以诚实赢得信任，并且随时都清晰地理解自己的行为将影响他人。自律必须建立在诚信的基础上。为了表现所谓的“自律”而在他人面前粉饰、遮掩自己的缺点，刻意表演的做法是非常不可取的。只有在赢得他人信任的基础上，严于律己、宽以待人才能获得他人的尊重和赞许。

4. 谦虚执着

谦虚指不自满，肯接受批评，并虚心向他人请教。有真才实学的人往往虚怀若谷，谦虚谨慎；而不学无术、一知半解的人，却常常骄傲自大，自以为是。谦虚是一种美德，是进取和成功的必要前提。目前，不少中职生在生活中唯我独尊，不能听取他人的建议，不能容忍他人和自己意见相左，这些不懂得谦虚谨慎的同学也许可以取得暂时的成功，但却无法在人生的事业上不断进步。因为一个人的力量终究有限，在瞬息万变的当今世界，个人必须不断学习，善于综合并吸取他人的良好意见，否则就将陷入一意孤行的泥潭。世界计算机行业巨头比尔·盖茨就是一个非常谦虚的人，他在每一次演讲结束后，会请撰写演讲稿的人分析一下他的演讲有哪些不足之处，以便下一次改进，正是这种精神和行为成就了他事业的辉煌。执着是指坚持正确方向，矢志不移的决心和意志。无论是个人也好，还是集体，只要认明了正确的工作方向，就必须在该方向的指引下锲而不舍地努力工作。在工作中轻言放弃或者朝三暮四的做法都不能取得真正的成功。成功者需要有足够的勇气来面对挑战。任何事业上的成就都不是轻易就可以取得的。一个人想要在工作中出类拔萃，就必须面对各种各样的艰难险阻，必须正视事业上的挫折和失败。只有那些谦虚执着，有勇气迎接挑战的人才能真正实现超越自我，达到卓越的境界。

5. 责任心

责任心是指个人对自己的义务和责任的自觉意识和积极履行的行为倾向。它意味着个人对待工作、家庭、自我、他人、社会乃至整个人类社会的负责态度和奉献精神，它总是表现在人们的社会生活和工作行为活动中。一个人有了责任心，他就会去主动地关心帮助

他人，对他人负责；就会忘我地投入到工作中去；就会在学习和工作中严于律己，对自己的行为负责，使自己不断完善，不断成熟。相反，一个缺乏责任心或责任心不强的人，往往意识不到自己做人、做事的责任，从而造成人格上的缺陷。用人单位在招聘中职生时，对责任心是很重视的，往往通过各种方式、方法考察一个人的责任意识。

6. 自信

自信是自我意识中的重要组成部分，是心理健康的一种表现，是学习、职业成功的有利心理条件。自信的人能以自己的实际能力接受来自心理和社会的压力和挑战，并体现为沉着、冷静的情绪。在工作、学习、求职的过程中，一个人应勇敢地说出和实施自己的想法和主张，尽可能地积极影响同学、同事、上级和工作对象，创造各种有利机会，赢得职场的成功。

7. 勤奋

通俗地说，勤奋就是不辞辛劳、不知疲倦地做事。这种勤奋是自觉自愿的，不是外部力量驱使的。其实，中职生都明白，做任何事情都不可能一蹴而就，学业也好，事业也好，要达到自己的奋斗目标，都必须付出艰苦的劳动，进行不懈的努力，克服这样那样的困难。但就是难以做到。当然，勤奋不等于一天从早到晚忙得昏头昏脑，不等于搞疲劳战术，应勤而有序，勤而有得，有效地利用正常的学习和工作时间，扎实勤奋地学习和工作。

8. 时间管理

时间对于每一个人来说都是有限的，只有善于管理时间的人，才能让有限的时间发挥最大效益。事实上，任何一个成功者，都是时间管理的高手。用人单位在招聘和选拔人才时，时间管理能力是一个重要的考虑因素。在有些岗位，这一能力还显得至关重要，例如营销人员、外派采购人员、经理人等，他们相对来说，自由度较大，如果缺乏时间管理能力，他们不仅会浪费很多时间，还会浪费公司很多资源。所以，用人单位经常通过组织会议、处理信件、接待来访等方面的考题来考察一个人的时间管理能力。

9. 专注

专注既是一种精神，又是一种态度，更是一种习惯。专注的人能专心致志、全神贯注，不受任何其他欲望和外界诱惑的干扰，对既定的目标和方向执着如一，不懈努力；专注的人能集中所有的资源和精力办事；专注的人能把一件事情做到底，不达目的不罢休。因此，专注是一种优秀的个人素质，中职生应具备专注的品格，保持一颗超然的平常之心，把时间、精力和智慧聚集到所要完成的重大目标和任务上。

第五章　就业权益和就业手续

面试成功后，用人单位和毕业生的双向选择应该达到了目的，这时候，签订协议是保障双方权利的重要途径，认真了解毕业生就业协议和劳动合同的相关内容是成功就业的前提及保障。

第一节 就业权益

【案例分享】

从前，有一位爱民如子的国王，在他的英明领导下，人民丰衣足食、安居乐业。深谋远虑的国王却担心当他死后，人民是不是也能过着幸福的日子。于是他召集了国内的有识之士，命令他们找出一个能确保人民生活幸福的永世法则。三个月后，这班学者把三本六寸厚的帛书呈给国王说："国王陛下，天下的知识都汇集在这三本书内，只要人民读完它，就能确保他们生活无忧了。"国王不以为然，因为他认为人民都不会花那么多时间来看书。所以他再命令这班学者继续钻研。又两个月后，学者们把三本书简化成本。国王还是不满意，再一个月后，学者们把一张纸呈献给国王，国王看后非常满意地说："很好，只要我的人民都真正明白及奉行这宝贵的智慧，我相信他们一定能过上富裕、幸福的生活。"说完后便重重地奖赏了这班学者。原来这张纸上只写了一句话：天下没有白吃的午餐。

【案例分析】

大多数的人都想快速发达，但是却不明白做一切事都必须老老实实地努力才能有所成就。毕业生在求职过程中，也要放弃投机取巧的心态，不要急于求成，既要展示自身实力，又要防范求职陷阱，成功地从学校步入社会，实现人生的重要转折。

随着我国市场化经济体制的调整，毕业生就业方式也发生了很大的转变，也越来越依靠市场的变化，市场经济是法制经济，毕业生就业也就必须走法制化之路。因此，毕业生必须了解和掌握与就业相关的法律法规、政策制度等，并且通过学习这些法律、政策和规定，逐步把自己培养成能够用法律意识思考问题，进而能在这种意识的指导下，真正做到懂法律、守法律并能够使用法律。

毕业生就业权益保护的学习是一项系统工程，在强调从法律和制度层面营造一个良好的背景和氛围的同时，也必须加强对于毕业生就业权益自我保护的指导和教育，这种指导和教育要贯穿于学生的整个中职生活，必须很好地体现在学校的职业生涯规划教育中。

一、就业权益的内涵

在我国经济飞速发展的今天，关于中职生就业难这个问题，已成为一个不争的事实。在学生就业的过程中，一些单位肆无忌惮地随意侵犯中职生应有的权益，再加上初入社会的毕业生缺乏相应的法律意识，导致中职生的合法权益被用人单位侵犯的事件屡屡发生。因此，中职生在就业的过程中都有哪些权益、如何行使自身的权益以及如何维护自身权益等这些问题就显得尤为重要，让中职生能够在就业的过程中合理运用自身权益，就要先明确就业权益的内涵。

国家对于就业方面的法律、法规以及政策的规定，中职生在就业时作为一个普通的劳动者，应当享有劳动者应有的权益。具体权益包含平等就业的权利、选择职业的权利、取得劳动报酬的权利、休息休假的权利、获得劳动安全卫生保护的权利、接受职业技能培训的权利、享受社会保险和福利的权利、提请劳动争议处理的权利以及法律规定的其他劳动权利。

二、中职生的基本权益内容

中职生作为一个特殊样体，在就业过程中除了有普通劳动者所享有一般权利外，还享有作为中职生这一特殊群体的权利。

（一）就业信息知情权

就业信息是中职生成功就业的前提和关键的因素，只有在对招聘信息充分掌握的基础上，才能够在结合自身优缺点的情况下有选择地筛选，进而挑选到适合自身今后发展的用人单位。当代中职生信息来源非常丰富，比如校园招聘会、社会招聘会、网络、电视媒体、亲戚、朋友、同学等，针对以上多渠道就业信息，毕业生获取就业信息权，应包括以下几方面含义：

1. 信息公开

即任何团体、组织和个人不得隐瞒和截留用人单位的招聘信息。目前各地区的学校就业服务中心已建立了需求信息登记制度，但凡需要招聘学校毕业生的单位，须到各省、市级的就业服务中心办理信息登记，并由市学校毕业生就业指导中心通过学校向毕业生发布各类用人需求信息。

2. 信息及时

即要将用人单位的招聘信息及时有效地传递给毕业生，注意招聘信息、的时效性，否则毕业生拿到手的招聘信息将是失去价值的。

3. 信息全面

即向毕业生发布的信息必须是全面的、完整的，就业信息残缺将会影响毕业生对用人单位的了解和判断，完整的就业信息可使毕业生对用人单位有全面的了解，从而做出符合自身要求的选择。

（二）接受就业指导与服务权

接受就业指导与服务是每个中职生应有的权利。就业指导工作直接影响着学生的职业生涯规划、就业方向及求职技巧等，学校在对学生就业指导方面占有重要的地位，根据国家相关规定，学校应成立专门的就业指导机构，并开设专门课程，安排专门人员对中职毕业生进行就业知识方面的指导服务。包括向中职毕业生宣传国家最新关于毕业生就业的方针和政策；对毕业生进行求职的方式和技巧的指导；引导毕业生根据国家和社会的需要，结合自身专业和社会的实际情况进行就业。使中职毕业生能够通过校方老师的专业指导，

进行准确的、合理的就业。同时，毕业生也可以通过合法的途径寻求社会上的专业机构进行就业指导，这种市场指导可以是有偿的。

（三）被推荐权

向用人单位推荐毕业生是学校就业工作的一项重要内容。同时学校的推荐往往对用人单位在选择毕业生上起着重要的作用，毕业生享有被学校公平、公正、如实推荐的权利，包含以下三方面内容：

1. 如实推荐

即学校就业指导中心在对毕业生进行推荐时，应实事求是，根据毕业生在校的实际情况，不夸大、不贬低、实事求是地向用人单位进行介绍、推荐。

2. 择优推荐

即学校根据毕业生的在校表现，在公正、公开的基础上择优推荐毕业生，使学生能够学以致用、人尽其才，并能够充分调动学生在学习、工作中的积极性和创造性。

3. 公正推荐

即学校在对毕业生进行推荐时应做到公平、公正，并且应当根据学生的在校表现及能力，合理地推荐每一位毕业生，公正推荐是学校的基本责任，也是毕业生享有的最基本的权益。

（四）就业选择自主权

在国家就业方针和政策的指导下，学校毕业生可实现“双向选择，自主择业”。毕业生按照自己的意愿自主地选择用人单位，有权决定自己从事何种职业、是否就业、何时何地就业。学校及其他单位和个人均不得进行干涉。任何将个人意志强加给毕业生，强令毕业生到某单位就业的行为是侵犯毕业生自主选择就业权的行为。

（五）平等就业权

平等就业权是指任何劳动者在就业机会上平等的权利。它包含三层含义：一是任何公民都平等地享有就业的权利和资格，不因民族、性别、年龄、文化、宗教信仰、经济能力等而受到限制；二是在应聘某一职位时，任何公民都需平等地参与竞争，任何人不得享有特权，也不得对任何人予以歧视；三是平等不等于同等，平等是指对于符合要求、符合特殊职位条件的人，应给予他们平等的机会，而不是不论条件如何都同等对待。

用人单位录用毕业生的过程中，也应公平、公正，一视同仁。但在当前，毕业生的平等就业权受到很大的冲击，也最为毕业生所担忧。基于我国关于就业方面的法律和措施还不够完善，完全开放、公正的就业市场尚未真正形成，用人单位录用毕业生时还存在不同程度的不公平、不公正的现象，如女生就业难仍然是困扰女毕业生就业的一大问题。平等就业权是毕业生最为迫切需要得到维护的权益。

（六）违约及求偿权

用人单位、毕业生和学校三方，一经签订就业协议后，任何一方不得擅自毁约和违约，如果用人单位无故解除协议，或不按照协议内容履行，毕业生有权要求用人单位承担违约责任。在现实就业过程中，毕业生出于谋求更好的就业机会等原因，主动向用人单位提出解除协议的情况不在少数，毕业生大多也都承担了自己的违约责任。同时也有主动向毕业生提出解除协议的情况，甚至个别单位在招聘时提供虚假信息，当毕业生到单位就业后则不能履行对毕业生的承诺，对于这些情况毕业生有权向用人单位提出赔偿要求。

（七）择业知情权

毕业生在与用人单位签订就业协议以及劳动合同前，有权了解用人单位的主体资格、劳动岗位、劳动条件、劳动报酬以及规章制度等情况，用人单位应当如实说明和介绍，不能回避或故意隐瞒某些职业危害，也不能夸大单位规模和提供给毕业生的待遇。

（八）户口档案保存权

毕业生自毕业之日起两年择业期内如果没有联系到合适的工作单位，没有和用人单位签订就业协议，也没有回生源地自主择业、出国等情况而办理人事代理手续，有权将档案和户口保存在学校，学校应当对毕业生的学籍档案和户口关系进行妥善保管，不能向毕业生收取费用。择业期满后，学校就不再承担此义务。

三、进入职场试用期的基本权益

试用期，顾名思义就是在建立劳动关系的试用阶段，试用期是用人单位与劳动者为了相互考察而约定建立的期限。在试用期内用人单位可以考察员工的工作能力和办事效率，员工同时也可以考察用人单位的各项情况，属于双方相互试用的一个过程。虽然在试用期内，劳动者的权益依然受法律保护，不能因为在试用期而忽略了自己应有的合法权益，试用期的权益具体如下：

（一）履行就业协议权

就业协议书是用人单位、毕业生、学校三方协定签署的，具有法律效力，在用人单位无故拒不履行就业协议时，毕业生有权向用人单位提出赔偿。就业协议一经签订就应严格履行，不得无故更改。用人单位必须依照协议书接收毕业生，并按照约定为其妥善安排岗位。

（二）签订劳动合同权

根据《劳动法》，劳动合同是用人单位与劳动者建立劳动关系的法律依据，用以明确双方的权利和义务。双方一旦建立了劳动关系，就要签订书面劳动合同，试用期也不例外。签订劳动合同是劳动者实现劳动权益的重要保障；同时它也是减少和防止发生劳动争议的重要措施。对于不签合同的单位或个人，劳动部门有权责令其补签或施以处罚。劳动者应充分重视合同的作用，在自己的正当权益受到损害时，更要勇敢向法律寻求帮助和保护。

（三）劳动报酬权

毕业生有按照劳动的数量和质量取得劳动报酬的权利，法律同时也规定了“最低工资”和“同工同酬”制度为这项权益做保障。在试用期间，中职毕业生对工作的熟练程度、技能水平都与其他工作人员相比存在差距，因此在试用期的工资与其他人也有差距，但是只要劳动者在法定时间提供了劳动力，用人单位就应该支付其工资。

目前，很多用人单位为了节省工资成本，在试用期将满的时候寻找各科理由解聘中职生，拒绝续约，还有的在招聘时就宣称试用期不发工资，只有在试用期满后双方签订正式劳工合同才发放工资。遇到这种情况，劳动者可以向劳动监察部门反映。试用期的工资较正式工资都相对较低，但是低也有个标准，一般不低于当地最低工资标准。

（四）休息休假权

根据我国关法律的规定，劳动者在参加一定时间的劳动、工作之后有权享受休息休假。从目前来看，很多用人单位利用中职生初入社会很有激情和干劲的特点，故意延长这些中职生的工作时间，或者长时间加班不支付费用，实际上这种现象侵犯了其休息休假权。保障劳动者休息休假权，我们不缺法律法规，不缺政策规定，也不缺民意诉求。虽然劳动者的休息休假权的落实总体较好,但也是千疮百孔,不尽人意。比如,带薪休假权几乎沦为“纸上权利”；加班加点成为一种常态，且鲜见法律规定的加班费等，故多年来，屡遭公众诟病。

（五）享有社保权

劳动者只要与用人单位建立劳动关系，用人单位就应根据社会保险的规定，按比例缴纳法定的各种社会保险。常说的就是五险一金，即医疗保险、养老保险、生育保险、失业保险、工伤保险、住房公积金。实际上：，很多用人单位并不给毕业生办理社会保险，实际上：侵犯了毕业生应有的权益，对毕业生而言，这些不给毕业生办理保险的就业单位，在其单位就业的风险就会很大。

（六）解除劳动合同权

在试用期间，劳动者可以向用工单位提出解除劳动合同，并不需要附加任何条件。用人单位不得要求其支付技能培训的费用，并且还应该按照其实际的工作大数支付相应的工资。

据我国劳动法规定，用人单位在试用期辞退毕业生时，必须有证据证明毕业生不符合用工条件，才可辞退，而劳动者只需要通知单位即可以解除劳动合同，不需要提供理由。合同一经签订，用人单位不能随意解除合同。

（七）拒绝收费权

用人单位在招聘录用时，不得扣押劳动者的身份证、驾照等证件，不得以提供担保或其他名义向劳动者收取费用。现实中有很多单位在招聘时，要求毕业生交报名费、面试费、培训费等，还在签订协议后要求毕业生提供保证金或抵押金，或者将毕业生在试用期的工资作为押金拒绝支付，毕业生对这些费用都可以依法拒绝。

第二节　中职生就业权益的法律保障

【案例分享】

小王和小赵是即将面临毕业的中职生，通过网络应聘，两人相约来到一家房地产广告公司应聘市场部的助理。面试、笔试各个环节进行得都非常顺利，最后，面试负责人通知小王和小赵他们被录用了，试用期的主要工作是联系相关写字楼的承租客户，同时，试用期小王和小赵每人必须交纳3000元的押金。交押金的目的是保证公司利益不受损失，试用期结束后公司将退还押金。初露锋芒的成功让小王和小赵兴奋不已，两人并未多想，就从银行取款交纳了押金，开始着手完成他们试用期的工作任务。接下来一个月的时间，按照公司指定的几座写字楼联络计划，小王和小赵分头忙碌起来，每天从学校到写字楼往返奔波。然而一个月下来，小王和小赵竟然没能联系到一家客户。他们只好如实向公司有关负责人说明了情况。经过一番交涉，公司有关负责人遗憾地表示，由于小王和小赵未能完成任何公司交办的任务，两人不能被最终录用，并且，在一个月内两人因涉及公司业务发生的部分费用支出要从当初交纳的押金中扣除。没能完成公司交办的业务，固然让小王和小赵感到愧疚，但当初交纳的押金因各种原因被部分扣除，也让小王和小赵感觉难以接受。

【案例分析】

初涉职场的中职生对社会的复杂性往往缺乏必要的认识和了解，一些用人单位甚至不法之徒也正是利用了中职生这种急于找到工作但又缺乏必要社会经验和知识的弱点，侵害中职生的就业权益，甚至利用中职生进行违法犯罪活动。中职生们必须了解和掌握自身应有的权益，并学会运用法律的武器维护自身的权益。

目前，毕业生就业过程中或多或少地都存在就业权益被侵犯的现象，出现这种问题毕业生可以通过多种途径进行解决，例如联系学校就业指导部门出面进行解决，毕业生自己解决等。这些方式都需要毕业生熟悉和掌握国家有关法律、法规，强化自己的维权意识。

一、中职生就业过程中的侵权现状

在当前中职生的就业市场中，关于中职生就业法律的不完善、用人单位的观念、就业权益援助的渠道不通畅等原因，导致中职生就业权益被侵犯的现象非常普遍。据不完全统计，每10个中职生中的6人都在就业过程中，受到过权益被侵害的现象，主要方式表现在以下几个方面：

（一）中职生与用人单位地位的不平等

毕业生在与用人单位签订就业协议的时候，处于弱势地位。首先，总的就业市场供过于求，导致用人单位招聘时具有较多的选择权，而毕业生能够选择的单位很少。其次，双方在签订了就业协议后，属于管理与被管理的地位。最后，毕业生到用人单位就业后，单位会变相地降低毕业生的待遇，或是延长试用期。

（二）中职生就业中的合同欺诈

有些用人单位违反国家规定，无故延长中职生的试用期，收取押金或培训费。更有甚者在公司毫无资质的前提下，招聘中职生从事传销等非法活动。

（三）用人单位违约

现今的就业市场上用人单位处于强势地位，导致用人单位随意更改协议书内容、不实际履行协议书条款，甚至无故解除协议等现象。比如，有些单位给毕业生承诺的优厚待遇，在毕业生到岗后，不完全兑现承诺或根本不兑现承诺。还有违反国家规定，不给中职毕业生缴纳“五险一金”，使得中职生的就业权益受到侵害。

【案例分享】

“一个月 2000 元，不要经常换工作，用人单位不用异样眼光看我们，这就是 2019 年最大的心愿。”冯丽娜，去年七月从陕西某学校设计专业毕业，此前在学校期间边打工边学习，获得的经验，让她比其他残疾学生更有信心，别人每月拿到 1000 元的月薪，她“敢”向用人单位提出 2000 元。然而在走过近半年的求职历程后，语言交流有障碍的冯丽娜当初那点“雄心壮志”，也已被渐渐浇灭了。她已将底线降至 1000 元，只要有合适的工作，符不符合专业不要紧。她说：“正常中职生都求职难，留给你（残疾人）的岗位更是所剩无几，无奈只能是低端的、重体力的职位，而给出的薪水也只有八九百元。在当今这个物价高涨的时代，多数人因为挣钱太少，只能选择跳槽。但跳来跳去，还是逃不出这个‘恶性循环’的状况，为了生计要工作，找到工作却因薪水低无法养活自己，跳槽后仍具失业的风险”。残疾人中职生就业难，一直困扰着这个特殊群体。

【案例分析】

尽管官方在政策与行动上持续加温，但效果似乎并不显著。招聘会上，残疾人中职生因为遭遇“各种各样”的问题，困扰着他们的求职梦。在一次次求职受挫后，他们觉得，很多招聘单位对于残疾人的歧视仍然是来自“骨子里”的，招聘他们只不过是为了赚取免税的指标，成了拿到优惠政策的工具，事实上，用人单位的歧视行为已经成为一种侵权表现。

二、中职生就业相关的法律法规

毕业生要熟悉和掌握国家有关法律、法规，强化自己的维权意识。一旦在求职应聘、签订就业协议和劳动合同的过程中发现有权益受到侵害的现象时，能够积极运用法律武器，争取和维护自己的合法权益。主要的法律、法规有：《劳动法》、《劳动合同法》、《就业促进法》、《劳动争议调解仲裁法》、《普通高等学校毕业生就业工作暂行规定》等。

（一）《劳动法》

《劳动法》于 1994 年 7 月 5 日，经第八届全国人民代表大会常务委员会第八次会议通过，自 1995 年 1 月 1 日起施行。它根据宪法制定，目的是“为了保护劳动者的合法权益调整劳动关系，建立和维护适应社会主义市场经济的劳动制度，促进经济发展和社会进步。”

适用的范围是在中华人民共和国境内的企业、个体经济组织和与之形成劳动关系的劳动者，国家机关、事业组织、社会团体和与之建立劳动合同关系的劳动者。内容包括劳动者的基本权利和义务、促进就业、劳动合同和集体合同、工作时间和休息休假、工资、劳动安全卫生、女职工和未成年工特殊保护、职业培训、社会保险和福利、劳动争议、监督检查、法律责任。

1. 劳动合同和集体合同

劳动合同是劳动者与用人单位确立劳动关系、明确双方权利和义务的协议。毕业生与用人单位建立劳务关系就应当签订劳动合同，劳动合同依法签订具有法律约束力，当事双方应必须履行合同中规定的义务。当用人单位采取违反法律法规的形式，运用欺诈、威胁等手段签订的合同都视为无效劳动合同。同时，劳动合同应其备劳动合同期限、工作内容、劳动保护和劳动条件、劳动报酬、劳动纪律、劳动合同终止的条件、违反劳动合同的责任这些条款。

除这些必备条款外，劳动者与用人单位还可商议其他附加内容。劳动合同还可约定试用期，但是最长不得超过 6 个月。在试用期内，用人单位以暴力、威胁或者非法限制人身自由的手段强迫劳动的，和未按照劳动合同约定支付劳动报酬或者提供劳动条件的，中职生都可随时通知用人单位解除劳动合同，并通过法律于段保护自己的合法权益。

我国劳动法规定企业职工一方与企业可以就劳动报酬、工作车间、休息休假、劳动安全卫生、保险福利等事项，签订集体合同。集体合同草案应当提交职工代表大会或者全体职工讨论通过。集体合同工会代表职工与企业签订；没有建立工会的企业，由职工推举的代表与企业签订。依法签订的集体合同对企业和企业全体职工具有约束力。职工个人与企业订立的劳动合同中劳动条件和劳动报酬等标准不得低于集体合同的规定。集体合同也是维护劳动者的具有法律效力的文件，劳动者也应重视其作用。

2. 工作时间和休息休假

我国《劳动法》第三十六条规定，国家实行劳动者每日工作时间不超过 8 小时、平均每周工作时间不超过 44 小时的工时制度。用人单位应保证劳动者每周至少休息 1 天。对于计件付酬的劳动者，应根据第三十六条的规定，合理地安排定额标准和计件报酬标准。对于元旦、春节、劳动节、国庆节等法律法规规定的其他休假节日，用人单位应该依法安排劳动者休假。对于用人单位生产经营的需要，需经与工会和劳动者协商后方可以延长工作时间，一般每日不得超过 1 小时，因特殊原因需要延长工作时间的在保障劳动者身体健康的条件下延长工作时间每日不得超过 3 小时，但是每月不得超过 36 小时。用人单位安排劳动者延长工作时间的，需支付不低于工资的分之一百五十的工资报酬，休息日安排劳

动者工作又不能安排补休的，支付不低于工资的百分之二百的工资报酬，法定休假日安排劳动者工作的，支付不低于工资的百分之三百的工资报酬。当劳动者连续工作1年以上的，享受带薪休年假的权利。

3. 工资分配、劳动安全卫生、女性职工和未成年工特殊保护、社会保险和福和制度

工资的分配应当遵循按劳分配的原则，实行同工同酬。不得克扣或者无故拖欠劳动者的工资，并且应当以货币形式按月支付给劳动者本人。劳动者在法定休假日和婚丧假期间以及依法参加社会活动期间，用人单位应当依法支付工资。用人单位根据本单位的生产经营特点和经济效益，依法自主确定本单位的工资分配方式和工资水平。国家实行最低工资保障制度。

用人单位必须建立、健全劳动卫生制度，严格执行国家劳动安全卫生规程和标准，对劳动者进行劳动安全卫生教育，防止劳动过程中的事故，减少职业危害。用人单位必须为劳动者提供符合国家规定的劳动安全卫生条件和必要的劳动防护用品，对从事有职业危害作业的劳动者应当定期进行健康检查。劳动者对用人单位管理人员违章指挥、强令冒险作业，有权拒绝执行；对危害生命安全和身体健康的行为，有权提出批评、检举和控告。

国家对女职工和未成年工实行特殊劳动保护，未成年工是指年满16周岁未满18周岁的劳动者。禁止安排女职工从事矿山井下、国家规定的第四级体力劳动强度的劳动和其他禁忌从事的劳动。不得安排女职工在经期从事低温、冷水作业和国家规定的第三级体力劳动强度的劳动。不得安排女职工在怀孕期间从事国家规定的第三级体力劳动强度的劳动和孕期禁忌从事的劳动。对怀孕7个月以上的女职工，不得安排其延长工作时间和夜班劳动。女职工生育享受不少于90天的产假。

社会保险基金经办机构依照法律规定收支、管理和运营社会保险基金，并负有使社会保险基金保值增值的责任，任何组织和个人不得挪用社会保险基金。用人单位和劳动者必须依法参加社会保险，缴纳社会保险费，用人单位无故不缴纳社会保险费的，由劳动行政部门责令其限期缴纳，逾期不缴的，可以加收滞纳金。

4. 劳动争议及法律责任

劳动争议发生后，当事人可以向本单位劳动争议调解委员会申请调解；调解不成，当事人一方要求仲裁的，可以向劳动争议仲裁委员会申请仲裁。当事人一方也可以直接向劳动争议仲裁委员会申请仲裁。对仲裁裁决不服的，可以向人民法院提出诉讼。

用人单位有下列侵害劳动者合法权益情形之一的，由劳动行政部门责令支付劳动者的工资报酬、经济补偿，并可以责令支付赔偿金：克扣或者无故拖欠劳动者工资的；拒不支付劳动者延长工作时间工资报酬的；低于当地最低工资标准支付劳动者工资的；解除劳动合同后，未依照本法规定给予劳动者经济补偿的。用人单位违反本法对女职工和未成年工的保护规定，对女职工或者未成年工造成损害的，应当承担赔偿责任。用人单位的劳动安全设施和劳动卫生条件不符合国家规定或者未向劳动者提供必要的劳动防护用品和劳动保护设施的，由劳动行政部门或者有关部门责令改正，可以处以罚款；情节严重的，提请县级以上人民政府决定责令停产整顿；对事故隐患不采取措施，致使发生重大事故，造成劳动者生命和财产损失的，用人单位强令劳动者违章冒险作业，发生重大伤亡事故，造成严重后果的，对责任人员依法追究刑事责任。

（二）《劳动合同法》

《劳动合同法》从劳动合同的订立、履行、变更、解除到终止，明确了劳动合同双方当事人的权利和义务，重在对劳动者合法权益的保护，被誉为劳动者的“保护伞”，为构建与发展和谐稳定的劳动关系提供法律保障。作为我国劳动保障法制建设进程中的一个重要里程碑，《劳动合同法》的颁布实施有着深远的意义。因此在与用人单位签订劳动合同前，应该对《劳动合同法》的相关规定进行了解，特别是订立阶段的有关注意事项，以更好地维护自身的合法权益。

《劳动法》与《劳动合同法》都是为了保护合法的劳动关系和双方的合法利益而制定的法律，《劳动合同法》是《劳动法》的特别法，在关于劳动合同的问题上，优先适用《劳动合同法》。《劳动合同法》突出了以下内容：一是立法宗旨非常明确，就是为了保护劳动者的合法权益，强化劳动关系，构建和发展和谐稳定的劳动关系；二是解决目前比较突出的用人单位与劳动者不订立劳动合同的问题；三是解决合同短期化问题。目前，许多用人单位在招聘中职毕业生时，都要求先试用再签订劳动合同。由于应届毕业生并没有太多工作经验，在签订正式合同前都被要求先实习或者是见习，大多数单位并不会跟毕业生签订书面合同，只是口头约定。在试用期满后，被企业无故辞退，或拖着一直不签订正式合同的大有人在，导致毕业生错过最佳求职时期，陷入十分困难的境地。《劳动合同法》第十条规定，建立劳动关系，应当订立书面劳动合同。已建立劳动关系，未同时订立书面劳动合同的，应当从用工之日起一个月内订立书面劳动合同。用人单位与劳动者在用工前订立劳动合同的，劳动关系自用工之日起建立，这一规定的实施有效地改善了此类现象的发生。

试用期是用人单位与劳动者建立劳动关系后为相互了解、相互选择而约定的。考察期是毕业生工作的第一个阶段，也是和用人单位最容易出现纠纷的阶段。《劳动合同法》第九条对试用期劳动者的权益保护进行了明确规定，劳动合同期限三个月以上不满一年的，试用期不得超过一个月；劳动合同期限一年以上不满三年的，试用期不得超过两个月；三年以上固定期限和无固定期限的劳动合同，试用期不得超过六个月。同一用人单位与同一劳动者只能约定一次试用期。以完成一定工作任务为期限的劳动合同或者劳动合同期限不满三个月的，不得约定试用期。劳动合同仅约定试用期的，试用期不成立，该期限为劳动合同期限。毕业生在试用期内解除劳动合同的，需提前三日通知用人单位，可以解除劳动合同。有些用人单位在劳动合同中约定劳动者在试用期解除合同需承担违约责任，这实际上是侵害劳动者合法权利的行为。毕业生如果在试用期患上疾病不能坚持正常工作的，用人单位不能随意将其辞退。《劳动合同法》规定，劳动者患病或者非因工负伤，在规定的医疗期满后不能从事原工作，也不能从事由用人单位另行安排的工作的，用人单位提前十日以书面形式通知劳动者本人或者额外支付劳动者一个月工资后，可以解除劳动合同。

（三）《就业促进法》

《就业促进法》制定的目的是促进就业，促进经济发展与扩大就业相协调，促进社会和谐稳定。人们普遍关心的禁止就业歧视、扶助困难群体、规范就业服务和管理等就业问题在这部法律中都有体现。毕业生在就业中常常遭遇就业不平等、就业歧视等问题，《就业促进法》给毕业生提供了明确的法律依据，应引起毕业生的持续关注。《就业促进法》第二十五条规定，各级人民政府创造公平就业的环境，消除就业歧视，制定政策并采取措施对就业困难人员给予扶持和援助。这一规定对用人单位多年以来根深蒂固的就业歧视行为进行了明确否定。第二十六条规定，用人单位招用人员、职业中介机构从事职业中介活动，应当向劳动者提供平等的就业机会和公平的就业条件，不得实施就业歧视。这一条规范了用人单位和职业中介机构的招聘行为。此外，《就业促进法》中对于保障妇女、少数民族、残疾人、传染病患者等劳动权利都做了明确规定。第二十七条规定："国家保障妇女享有与男子平等的劳动权利。用人单位招用人员，除国家规定的不适合妇女的工种或者岗位外，不得以性别为由拒绝录用妇女或者提高对妇女的录用标准。用人单位录用女职工，不得在劳动合同中规定限制女职工结婚、生育的内容。"第二十八条规定："各民族劳动者享有平等的劳动权利。用人单位招用人员，应当依法对少数民族劳动者给予适当照顾。"第二十九条规定："国家保障残疾人的劳动权利。各级人民政府应当对残疾人就业统筹规划，为残疾人创造就业条件。用人单位招用人员，不得歧视残疾人。"第三十条规定："用人单位招用人员，不得以是传染病病原携带者为由拒绝录用。"

目前，社会上就业歧视现象仍屡见不鲜，用人单位违反《就业促进法》实施就业歧视的，毕业生可以拿起法律的武器，向人民法院提起诉讼，以维护自己平等就业的权利。

（四）劳动争议的解决

劳动争议就是劳动纠纷，是指劳动关系双方当事人因劳动问题引起的纠纷。从这个意义上讲，劳动者与用人单位之间、劳动者之间、用人单位之间，劳动问题引起的争议，都可以叫作劳动争议。按照劳动争议主体的不同，可分为个别争议和集体争议。个别争议的主体通常是指劳动者个人与用人单位。争议的内容涉及劳动者个人的权利及义务，并由劳动者个人提请处理。集体争议是因集体合同的订立、履行而引发的争议，是建立在集体谈判的基础上的，它以一定数量的劳动者为基础，是劳动者代表与用人单位在谈判过程中发生的争议，实际是工会或劳动者代表作为一个整体与用人单位或其代表之间的争议。

掌握合法的维权手段是中职生解决合法权益受损最有效的途径。一旦在实际就业中合法权益受到侵犯，应该积极运用法律武器维护白己的正当权益。很多毕业生苦于维权无门，发生劳动纠纷不知道找什么部门，下面总结了六大维权途径：

1. 协商

协商是指劳动者与用人单位就争议的问题直接进行协商，寻找纠纷解决的具体方案。

与其他纠纷不同的是争议的双方一方为用人单位，一方为单位职工，双方已经发生了劳动关系，使双方相互之间有所了解。对用人单位一般的违规行为或争议不大的问题，劳动者可与用人单位自行协商，达成新的协议，或者有过错的一方改正错误，消除争议。

2．调解

调解是指劳动纠纷的一方当事人就已经发生的劳动纠纷向劳动争议调解委员会申请调解的程序。根据《劳动法》的规定，在用人单位可以设立劳动争议调解委员会，负责调解不单位的劳动争议。调解委员会的人员由职工代表、单位代表和工会组成。发生劳动争议后，劳动者可以向本单位或是本地区的劳动争议调解委员会提出申请，请求调解。调解申请，应当自权利被侵害之日起 30 日内提出。

3．仲裁

仲裁是劳动纠纷的一方当事人将纠纷提交劳动争议仲裁委员会进行处理的程序，是处理争议的必经程序。该程序既具有劳动争议调解灵活、快捷的特点，又具有强制执行的效力，是解决劳动纠纷的重要手段。中职生申请仲裁，应自争议发生之起 60 日内向劳动争议仲裁委员会提出书面申请。劳动争议仲裁委员会受理的劳动争议范围包括：因企业开除、除名、辞退职工和职工辞职、自动离职发生的争议；因执行国家有关工资、保险、福利、培训、劳动保护规定发生的争议；因履行劳动合同发生的争议；因法律、法规规定的其他劳动争议等。

4．诉讼

人民法院审理劳动争议案件是解决劳动争议的最后一道程序，我国《劳动法》第八十三条规定："争议当事人对仲裁裁决不服的，可在收到仲裁裁决书之日起 15 日内向人民法院起诉。一方当事人在法定期限内不起诉，同时又不履行仲裁裁决的，另一方当事人可向法院申请强制执行。"但需注意，未经劳动争议仲裁委员会仲裁的劳动争议案件，法院不予受理。

第三节　就业协议书和劳动合同

【案例分享】

虽然疯狂地在网上投递了应聘简历，但邱婷婷却一直没有收到任何录用通知。眼看着同学们一个个都上班去，邱婷婷如同热锅上的蚂蚁。2014 年 6 月 4 日，邱婷婷终于接到一家公司的录用电话，并"饥不择食"地前往。公司告诉邱婷婷，其只能根据邱婷婷推销产品价款的 5% 给予回扣，多则多给，少则少给，且不给予底薪及任何福利；市场与客源靠邱婷婷自行开拓和挖取，公司不对邱婷婷的具体工作进行管理、指挥、监督、考核；公司为方便邱婷婷工作，可以提供销售人员工作证，但不签订劳动合同。虽然条件有些苛刻，

但邱婷婷还是接受了。岂料半个月后，邱婷婷在推销产品时遭遇车辆碰伤。而公司却拒绝给予任何工伤待遇。

【案例分析】

邱婷婷的确无法享受工伤待遇，因为认定工伤必须以劳动者与用人单位之间存在劳动关系为前提。虽然《关于确立劳动关系有关事项的通知》第二条第（二）项规定"工作证"可以在用人单位未与劳动者签订劳动合同时，作为认定双方存在劳动关系的参照凭证，但核心必须是"用人单位依法制定的各项劳动规章制度适用于劳动者，劳动者受用人单位的劳动管理，从事用人单位安排的有报酬的劳动"，可公司给予邱婷婷工作证，只是为了方便邱婷婷推销产品，并不具备劳动合同的功能，尤其是邱婷婷无须接受公司管理、指挥、监督、考核，则进一步说明邱婷婷只是公司销售业务的承揽者，彼此并不具备劳动关系的特征。

当顺利通过面试，毕业生们就顺利地获得了自己心仪的工作岗位，即将开始自己的职场生活。但是，在这之前，同学们还需要签订就业协议书和劳动合同，以确保今后的工作能够顺利地进行。本节内容向同学们介绍了签订就业协议的程序及注意事项、就业协议的解约及改签、劳动合同的签订、就业协议书与劳动合同的区别等相关知识，保障同学们能够顺利进入职场。

一、就业协议签约的程序

就业协议的全称是"全国普通高等学校毕业就业协议书"，是由国家教育部制定，省、市、自治区、直辖市就业主管部门印制的，通常称之为"三方协议"，主要明确毕业生、用人单位及学校三方面在毕业生就业上的权利和义务。就业协议以书面的方式进行签约，能够解决应届毕业生的档案、社会保险、公积金等一系列问题，当毕业生到用人单位进行报到后，此协议自动终止，需签订正式的劳动合同。

（一）协议签订的内涵

协议是指在组织之间或者个人之间，通过协商、洽谈、明确各自的权利和义务而达成意见一致的书面文书。签约是指两方或多方因利害关系而协商达成的盟约。当毕业生与用人单位之间通过双向选择而达成一致的意愿之后，需通过书协议的方式将这种关系确定下来。毕业生与用人单位签订协议后，经学校就业主管部门签字盖章，即为签约。从毕业生的角度而言，签订该协议即意味着就业，所以该协议就称为就业协议。

随着我国学校毕业生就业制度改革的深化，毕业生的就业协议内容也在进一步规范化。目前，一些用人单位和学校为了保证毕业生的权益，已经在就业协议上附加了有关劳动合同的内容，进一步明确了毕业生与用人单位之间的权利与义务。其中包含劳动服务期、工作的岗位及内容、工资报酬和福利待遇、协议终止的条件及违反协议的责任等。协议书的签订是一种法律行为，一旦签约即视为生效合同，具有法律效力。同时签订就业协议也是确定双方权利与义务的必要程序，也是处理劳动纠纷的主要依据，毕业生应该正确认识和严肃对待就业协议书，慎重签订。

（二）各方的权利及义务

学校毕业生在就业的过程中，主要涉及毕业生、用人单位和学校这三方，各方的权利及义务主要有以下几方面：

1. 毕业生的权利及义务

毕业生作为就业协议签订的主体之一，清楚地了解自己的权利和义务是签订协议非常重要的一个环节。毕业生有全面了解用人单位的权利。毕业生在与用人单位签约时，完全有必要也有权利对用人单位进行细致的、全面的了解。包括用人单位的工作环境、企业文化以及员工福利等。用人单位也有义务向毕业生和学校如实地介绍本单位的情况，并尽可能地提供能够证明这些情况的有关资料。毕业生享有平等就业和自主选择职业的权利。《劳动法》规定："劳动者享有平等就业和选择职业的权利"。对毕业生而言，在求职择业的过程中，选择哪一职业，或是哪用工单位，都是毕业生应有的权利，任何单位和个人都无权干涉，即使是学生的家长也不能对毕业生选择职业进行干涉和强迫。当然作为学生在选择职业时，应当与家长和亲属进行沟通，听取他们的意见和建议，并且结合自身情况做出与实际情况相符合的选择。毕业生有如实向用人单位介绍自身情况的义务。包括学习成绩、在校表现、社会实践经历以及健康状况等各方面情况，并且要如实地提供能够证明这些情况的材料，这是用人单位能够准确了解毕业生情况的重要基础。毕业生有接受用人单位的测试和考核的义务。用人单位为了招聘到符合公司要求的毕业生，通常都会组织一下测试或者考核的手段来评测毕业生，从而进行比较和筛选。毕业生应该积极配合和准备，接受测试和考核，充分展现自身的能力，获得期望的工作。

2. 用人单位的权利及义务

用人单位是与毕业生签订就业协议的另一方主体，明确其权利和义务能够更好地减少劳动纠纷。用人单位享有全面了解毕业生情况的权利，

3. 学校的权利及义务

学校作为学生的培养单位，在毕业生就业过程中具有非常重要的作用，学校的权利及义务对毕业生本人和用人单位都有直接的意义。学校有义务对毕业生进行就业指导，并且向用工单位推荐毕业生。根据国家有关规定学校应成立专门的就业指导机构，开设专门课程，安排专门人员对毕业生进行就业知识方面的指导与服务，使毕业生能够通过校方的指导进行准确的、合理的就业。学校根据毕业生的在校表现，在公正、公开的基础上择优推荐毕业生，使学生能够学以致用、人尽其才，并能够充分调动学生在学习工作中的积极性和创造性。

学校有义务向毕业生和用人单位介绍学校情况和提供有关介绍资料。学校应对毕业生、用人单位双方当事人的资格和学生相关材料的真实性、合法性进行鉴定，并根据国家有关政策和规定，对就业协议签署是否同意的意见。

（三）签约的基本程序

就业协议是毕业生与用人单位供需见面、双向选择之后确立劳动关系，明确双方在毕业生就业工作中权利和义务的协议，同时也是作为毕业派遣的重要依据，一般需经过以下的程序。

（1）由毕业生本人在协议书上以文字形式，明确表达自己同意到选定单位应聘工作的意愿，同时签署本人姓名

针对个人信息部分要如实填写，姓名、学制、学历等，专业名称、家庭地址要详细填写，避免造成不必要的麻烦，联系电话一定要填写清楚，电话号码变更要及时告知本班辅导员，一旦有事便于通知学校或用人单位。

（2）由用人单位人事部门负责人代表单位签署同意接收该毕业生的文字意见，并签字盖章

如果该单位没有人事决定权，则还需要报送其上级主管部门签字盖章，予以批准认可。单位联系人、电话、通信地址及性质要写清楚；档案转寄地址一栏，一定要将人事档案保管单位的全称和地址填写清楚，有人事档案保管权的单位可填写单位地址，无人事档案保管权的单位应填写其委托保管档案的地址。关于用人单位公章，需检查用人单位名称是否与用人单位的有效印章名称一致，避免不必要的麻烦。

（3）毕业生所在院系和学校主管部门签署意见并签字盖章

完成上述程序后协议正式生效，随着毕业生就业制度改革的不断深入，国家和学校的审批权力将日益弱化，学校在就业协议上的签字已经不具有审批的意义，而是起鉴定作用。或许在不久的将来，在签订就业协议中，毕业生和用人单位将拥有完全的自主选择，学校和政府主管部门将不再需要审批就业协议，而是只需要掌握毕业生的就业情况即可。学校毕业生就业协议书一式三份，协议签订后，一份由学生自己保管；一份交由学校就业主管部门，作为列入学校就业建议方案的依据；一份由用人单位留存，作为接收毕业生的就业凭证，并以此做好相应的人事安排。

（四）签约应注意的事项

从目前就业工作的实践来看，毕业生在与用人单位签约的时候，需要注意以下事项：

1. 明确就业单位的具体工作的部门和岗位

用人单位与毕业生签订就业协议，确定了双方相接纳的一个关系。但是需注意的是，毕业生需提前了解清楚自己以后工作的部门和岗位，并在协议上注明。否则可能发生毕业生对用人单位安排的具体部门和工作内容感到意外，造成双方争执。

2. 明确工作和生活条件

工作和生活条件是毕业生选择单位的重要因素，也是毕业生做出工作成就的必要基础。

在双方签订协议时，不仅需要口头上达成一致，而且需要文字上予以明确。特别是用人单位应如实地向毕业生说明情况，双方均应严格遵守协议。

3．明确违反协议的责任

从毕业生就业的实践看，大部分就业协议都得到了认真履行，但是由于种种原因，每年总会有一些毕业生或用人单位违约。对违约行为，教育部在有关规定中，明确违约一方必须承担违约责任，并支付一定的经济赔偿，但并没规定明确的数额。对此，毕业生在与用人单位签约前，除学校的规定外，还要与用人单位进行协商，对可能发生的违约责任予以确定，以便任何一方发生违约时，可以有据可依，避免无谓的损失。

二、劳动合同和人事代理

（一）劳动合同与就业协议的异同之处

就业协议与劳动合同是学生与用人单位确立劳动关系，明确双方权利和义务的协议。那么，就业协议与劳动合同两者之间有什么样的相同与不同之处，其主要内容如下。

1．就业协议与劳动合同相同之处

就业协议是学校毕业生在毕业前与学校、用人单位三方签订的协议，目的在于约束毕业生和用人单位在毕业后建立劳动关系。就确立劳动关系这一点来说，就业协议与劳动合同是相通的，可以这样认为，就业协议的实质就是准劳动合同，是劳动合同的一种特殊表现形式，它们的相同之处表现在以下方面：

（1）合同的性质一致。用人单位对毕业生这类劳动者，与面向社会公开招聘的劳动者，在培养、使用、待遇等方面可能有所不同，但从确立劳动关系这一点来说，就业协议与劳动合同是一致的。

（2）主体的意思表达一致。签订就业协议的双方在表达主观愿望，意思表示的真实无强制胁迫这一点上，与劳动者和用人单位之间签订劳动合同时，双方的主观意思表达所处的状态完全一致。

（3）法律依据一致。由于就业协议是确立劳动关系的一种协议，用人单位对毕业生录用、接收之后，要有见习期（试用期），最低劳动年限的规定，这与劳动合同的要求相一致，因此就业协议应当遵循《劳动法》中劳动合同等有关规定，发生争议纠纷，应依法解决。

2．就业协议与劳动合同的不同之处

（1）适用主体不同。劳动合同是劳动者与用人单位之间确立劳动关系的协议，只要双方当事人协商一致，符合国家的法律、法规，无欺诈、胁迫等手段，经双方签字盖章，合同即生效。目前的就业协议除毕业生与用人单位双方签字、盖章外，还需学校介入。

（2）内容不同。就业协议是学校毕业生与用人单位签订的初次工作协议，其主要意义在于将毕业生与用人单位双方相互选择的关系确定下来，一般并没有详细规定双方具体的权利及义务；而劳动合同则指用人单位与劳动者确定关系之后签订的关于双方权利及义务的协议。劳动合同的具体内容包括劳动合同期限、工作内容、劳动保护和劳动条件、劳动报酬、社会保险和福利、劳动纪律、劳动合同终止的条件、违反劳动合同的责任等。因此，毕业生与用人单位签订了就业协议不能等同于签订了劳动合同，毕业生与用人单位在签订

了就业协议后，还必须签订劳动合同，以保护自己的合法权益。

（3）适用的人员不同

劳动合同可以适用于各类人员。凡是中华人民共和国公民只要有劳动能力并符合法律规定的条件经过供需见面，双向选择，一经录用都可以与用人单位签订劳动合同，而就业协议适用的人群相对单一，只适用于学校毕业生。

（4）发生争议问题处理的部门不同

在毕业生就业协议发生问题需要处理时，一般首先由毕业生和用人单位协商解决，如果取得一致意见，则报送毕业生所属学校主管部门，由学校主管部门审批后报送上级主管部门批准，予以调整。而劳动合同发生问题时，则毕业生和用人单位需向劳动争议调解委员会或劳动仲裁机构报送，请求处理。

（二）签订劳动合同的必要性

根据《劳动法》规定，建立劳动关系应当订立劳动合同。一般单位在毕业生报到后，都要及时与中职生签订劳动合同，但也有一些用人单位为了达到不缴或少缴社会保险费用（养老、失业和医疗保护费）、压低劳动者报酬（所谓试用期工资），常常通过拖延和逃避订立劳动合同、延长试用期等手法，侵害劳动者的合法权益，中职毕业生应当学会依法维护自身合法权益，明确签订劳动合同的必要性。

1. 劳动合同是劳动者实现劳动权的保障

劳动权是法律赋予劳动者最基本的权利，它是劳动者一切具有劳动权益的基础。劳动者没有工作，就不可能享受劳动报酬权，不可能享受休息休假权，也不可能获得劳动卫生安全保护，甚至劳动权不能实现，会危及劳动者的生存。毕业生作为刚参加作的劳动者，也享有与其他劳动者同样的权利。

2. 劳动合同可以减少或预防劳动争议的发生

毕业生在与用人单位签订劳动合同后，双方的权利义务明确，用人单位和劳动者也都必须尽量履行义务，防止因违约而导致争议的发生。即便发生争议，由于合同约定的权利义务明确，相关部门能够迅速地判断劳动争议的责任主体，其争议也容易得到解决，从而降低解决劳动争议的成本，是保护劳动关系双方合法权益的法律文书。

（三）人事代理制度的内容

1. 人事代理的含义

人事代理是指政府人事行政部门所属的人才交流服务机构，即人才交流服务中心，接受用人单位或个人的委托，代理人事管理和人事关系，提供人才人事社会化服务的一种新型的管理制度。人事代理又包括人事工作的代理和人事关系的代理。

人事工作代理是指用人单位将其全部人事工作或部分人事工作委托社会法定的人事中介组织代管和代办的一种新型的人事管理模式。包括为用人单位制订人才规划、优化机构设置、创新用人机制、开展人才评价、科学配置人才、完善管理制度和办理人事服务等诸多项目的人事代理工作。

人事关系代理按委托者不同分为集体代理和个人代理。集体代理是指用人单位将其单位全部或部分人员的人事关系委托法定人才交流组织代为管理，并同人才中心签订《人事关系代理合同书》。明确双方权利与义务的一种新的人事管理模式。被代理的员工与用人单位本着平等、自愿、协调一致的原则签订聘用合同，明确双方的责、权、利关系，保证双方的合法权益。单位和职工之间只存在聘用合同基础上的劳务用工关系，而不具有人事上的依附关系。

2. 人事代理的服务对象

（1）外商投资企业、乡镇企业、民营科技企业、私营企业、外国企业驻本区代表机构外省（直辖市、行政区）驻本区办事机构，非国有控股的股份企业等单位中的专业技术人员和管理人员；

（2）律师、会计、审计、资产评估等社会中介机构和社会团体中的专业技术人员和管理人员；

（3）辞职或被辞退的机关工作人员、企事业单位专业技术人员和管理人员；

（4）与用人单位中止或者解除人事、劳动关系的专业技术人员和管理人员；

（5）企事业单位见习期间的学校、大专学校毕业生，暂未落实工作单位的学校、大专学校毕业生；

（6）自费出国（境）留学人员

（7）自主择业的军队转业干部；

（8）经县级以上人民政府人事部门确认具有技术职称的农村人才；

（9）通过人才市场招聘的各类专业技术人员和管理人员；

（10）国有、非国有单位需要代理的各类专业技术人员和管理人员。

3. 人事代理的服务内容

人事代理制度是一种人事管理和人员使用相分离的新型人事管理制度，如果毕业生前往需要办理人事代理制度的单位工作，则可以与当地的人才服务中心签订委托代理合同，获得以下代理服务内容：

（1）人事档案保管。

（2）签订聘用合同和负责代理单位接收的应届毕业生见习期转正手续。

（3）按照有关规定代办养老保险并计算工龄。接受人事关系、党团组织关系及户口关系的挂靠。

（4）按国家政策规定代办档案工资定级、调资手续。

（5）代办专业技术职务任职资格初定、申报手续。

（6）办理人才流动手续。

（7）办理挂靠人员考研、出国、出境的政审（签署意见）。

（8）协助推荐尚未落实就业单位的代理人员就业。

（9）商定其他人事代理事项。

人事代理制度的实行，改变了以往毕业生单一的就业模式，为毕业生提供了更为宽松的就业环境，解除了毕业生的后顾之忧，便利了人才流动。毕业生在人才服务中心办理人事代理手续后，即可办理户口关系落户手续。

第四节　求职陷阱和应对策略

【案例分享】

“我社区拟招聘社区干事若干名，性别不限，要求：应届本、专科毕业生，专业不限。正规事业单位编制，公务员待遇……”如此待遇优厚的招聘启事，引起学生小彭和她室友的注意，小彭向记者讲述了她求职被骗的经历——“2018 年 6 月，我和同寝室的室友开始四处投简历、面试，找工作，正巧看到一则看上去很正规的社区干事招聘启事。我就跟启事中提到的负责人陈某联系上了。他说，他是社区主任，社区现在正好需要工商管理专业的毕业生，欢迎我们去参加面试。几句话说得我们心里可暖乎了。第二天，我们就到某大厦 20 楼的一个写字间参加面试，屋里挂着社区招聘的条幅和某社区临时办事处的牌子，看着也很正规。参加面试的除我和三个室友外，还有不少人，都是应届毕业生。面试后，陈某让我们回去等通知。大约过了两天吧，我们就接到培训通知，让我们第二天每人带培训费和体检费共计 800 元钱，办理岗前培训手续。交了钱，陈某说体检后就通知我们参加培训。可等了 1 个月，我们也没接到体检的通知，再打电话也是空号，才知道自己上当了。”

【案例分析】

现在个别不良企业和不法分子，通过利用中职生求职心切、经验不足等特点，在中职生求职原本并不平坦的道路上设下重重陷阱。不少中职生表示，现在找工作不但“难”而且“险”，对此，初涉职场的毕业生们要擦亮眼睛，提高警惕，掌握攻克这些陷阱的基本策略，让自己在求职路上少走弯路，避免经济和精神的损失。本节内容总结了目前常见的招聘陷阱的特征和解决办法，为毕业生的求职提供借鉴。

一、求职陷阱的表现特征

中职生就业陷阱是指招聘单位、其他机构或个人，利用中职生的弱势地位，以提供就业机会为诱因，与中职生达成权利与义务不对等的各类就业意向，以期侵害中职生合法权益的现象。当前中职生就业陷阱主要表现出四个典型的特征：

1. 欺骗性

主要表现为招聘单位以虚假宣传、信誓旦旦的不实承诺、热情有加的伪善行为来取得中职生的信任和较高期望，然后在协议中提出苛刻条件，隐藏各种不法目的。

2. 诱惑性

主要表现为招聘单位夸大事实，并以单位各种招牌、荣誉、待遇和发展前景蛊惑中职生，一旦中职生被其所诱骗上钩，则脸色突变。

3. 隐蔽性

违法用人单位的各种伎俩都有十分华丽的诱人说辞，听起来入情入理，面面俱到，句句都令人心动，其实处处布下陷阱。涉世不深的中职生十分单纯，难辨真伪，很快成为猎取的对象

4. 违法性

就业中的违法目的各有不同。一类是违法违规留人才。有些企业为留住人才而扣留中职生的户口、证件等使中职生欲走难行。有些软硬兼施，一方面大开空头支票，另方面强迫工作，迫使中职生逐渐接受不公正、不合理的现实。另一类就是坑蒙拐骗，使大生掉进自己挖下的高薪陷阱、培训陷阱、中介陷阱，甚至诱骗中职生入股、推销、传销等，还有些用人单位给中职生设置了协议陷阱、合同陷阱或试用期陷阱，使中职生权益深受侵害，求助无门。

二、求职陷阱的主要类型

（一）虚假招聘谋取其他利益

此类形式多以招聘为幌，利用毕业生的求职心切，套取毕业生的其他信息，主要分为以下几种形式：

1. 利用招聘骗取钱财

某些招聘企业开出高工资、解决户口、出国培训等作为诱饵，要求应聘者缴纳一定数额的保证金或者押金。一旦交完保证金后，企业便以种种理由不让应聘者上班，并且钱还不能退还，或者是入职后，发现原不应聘时承诺的各项条件均未兑现，工作的职位也并不理想，只要辞职主动离开公司，先前所交的费用不能退还或者不全额退还。还有一些个业，以招聘为名收取报名费、面试费、服装费等，这些单位往往许诺丰厚报酬的职位，利用应聘者急于求成的心理，达到行骗的目的。等到收够钱便会溜之大吉，你再也联系不上他。对于此类陷阱其实很好识别，正规单位在招聘时是不会收取任何费用的，凡是在招聘时收取费用的都没有法律依据，毕业生对于此类单位都可以不予理睬。

2. 利用招聘盗取个人信息

在目前网络高度发达的社会中，网络招聘已成为企业招聘的一大主要途径，但是网络安全的相关法律法规还不完善，导致一些不法分子钻了空子。通过网络或是其他一些媒体发布诱人的招聘广告，要求投递简历，收到简历后，有些犯罪分子会与应聘者取得联系，想尽办法盗取应聘者的个人信息，如身份证复印件或号码、个人联系方式、家庭电话或者家庭详细住址等，然后进行非法活动。如直接盗用账户、冒名高额透支、向求职者家里行

骗、倒卖个人信息谋取暴利等。毕业生在求职过程中，对于高薪诚聘此类招聘广告要严格审查，保持清醒的头脑，对于自己的专业和自身的能力应该有一个客观的认识和正确的评估，不要轻易被诱惑。同时，简历的制作也应注意保护自己的个人信息，避免被不法分子盗用，在面试过程中，面试官若不是关注你的能力，而是特别关注你的个人信息方面，则应及时终止面试。

3. 以宣传公司为目的的招聘

有些小企业或是刚刚成立的企业，会通过招聘来提高自身的知名度，宣传其品牌。这种以宣传自己品牌为主要目的的企业，参加招聘会时都会精心布置自己的展位，吸引眼球，更为明显的特征就是当求职者就应聘职位进行咨询时，招聘者会将话题转移到企业文化、产品或是其他服务等方面，还会赠送一些企业的宣传画册。如果应聘者细心观察，有些企业常年都在打广告招聘，大多都是在宣传自己的企业。在求职过程中，除了具备求职的基本素质外，还应能分辨用人单位是否真心招聘，以免浪费时间和精力。

4. 以窃取他人成果为目的的招聘

此类求职陷阱多为一些小规模的广告、设计、软件开发或是营销公司。此类企业多缺乏人才，但是资金不足，无法聘请高资质的专业技术人员来设计制作项目，所以就想通过招聘的模式来获取新颖的创意。他们会把公司遇到的问题以考题的形式让应聘者作答，或是针对公司的某个项目作为案例让应聘者分析。此类招聘结果往往是无一人通过。

（二）对岗位和工资夸大其词

有些企业需要大量的人力，但是其岗位其实都是较为辛苦的工作，如果按照实情发布招聘信息，无法吸引中职生前来应聘。所以这类公司抓住了现在中职生比较虚荣的心理：一毕业就能找到一份听起来不错的工作，不用从底层做起，而且发展空间大等特点。毕业生带着对美好未来的憧憬，进入单位后发现，实际跟原本承诺相差甚远。例如业务经理就是产品推销员，行政专员就是打字业务员等。还有的企业在招聘时开出大量优厚条件，大多都是口头承诺，让你怀揣希望为其卖命工作，等到发工资的时候，又以各种借口不发或者少发，与当时应聘的岗位工资相距甚远，在招聘时都会说工资分为每月绩效与年底分红，这样可以让求职者为其工作满一年，因为等待着丰厚的年终奖金。如若招聘者夸夸其谈，反复强调招聘职位如何能够轻松赚取高薪，但当求职者问具体数额，或者要求将数额写进合同中，他们又会改口称要看业绩，基本也就是引诱你加入既辛苦薪资又低的工作中。

【案例分享】

24岁的小刘去年毕业于西安某学校经贸管理系，当年7月，他在一家公司应聘“市场部经理”成功。第一天去上班时，公司老总让小刘这个“经理”去推销产品，美其名曰“了解市场”。“我在那儿干了快一个月，天天出去推销。”小刘说，一名与他关系不错的员工偷偷告诉他，公司最初招聘时就是要招推销员，怕招不来人，故意说成是“市场部经理”，他这才发现上了当。典型的“粉饰岗位”的招数。因担心招不来业务员、推销员、代理员等，招聘单位就把职位“美化”成“市场部经理”“事业部总监”等，以此来诱惑学生。当应聘成功后，招聘单位便会以“先熟悉工作”或先锻炼锻炼”欺骗求职者继续工作下去。

【案例分析】

这类招聘信息一般比较简单，涉及细节方面的东西都未明确注明，比如没有岗位职责和应聘条件等。因此求职者应聘时要提前搞清楚职位的具体内容，询问工作细节，认真考虑后再做打算。

（三）延长试用期压榨劳动力

毕业生在求职过程中与就业单位签订就业协议或劳动合同时，关于试用期的内容尤为重要。此类陷阱的主要特征就是对试用期时间及试用期权利及义务的约定。还有的企业以招聘为名，让毕业生来单位实习，或者是以试用的名义让毕业生来单位进行工作，在实习期或是试用期满后，以毕业生不符合用人单位要求为由，不与毕业生签订就业协议或是劳动合同，从而廉价地使用中职生劳动力。毕业生要清晰地认识到劳动法中关于试用期的规定，有识地保护自己应有的权益，不让自己成为黑心企业的廉价劳工。

用人单位如果在试用期满后无故辞退毕业生，毕业生可向劳动仲裁机构提出申请维权。

用人单位在试用期辞退毕业生是有相应条件的，即毕业生不符合该单位的工作要求，此理由必须是有证据能够证明的，如果用人单位不能够证明，就不能够随意解除劳动合同。毕业生也可申请劳动仲裁委员会或者人民法院裁定自己在试用期的表现是否符合该单位的用工要求，进而裁定用人单位的违法行为。

（四）高回报做引导诱饵犯罪

用人单位对于岗位的要求如果是学历不限、专业不限，仅需要沟通能力较好，同时又可获得高回报，并且有些公司不惜花高价租用高档办公场所，之后便请专人对毕业生进行引诱和劝导，很多毕业生禁不住高额回报的诱惑，或在求职过程中屡次受挫，导致毕业生放弃底线，从事非法勾当。毕业生一定要坚持自己，不要因为几次的失败与挫折，而误入歧途，成了犯罪分子的工具。

目前，非法传销和变相传销违法活动不仅严重扰乱了正常的市场经济秩序，而且给社会稳定带来了巨大的安全隐患，国家有关部门一直在坚决打击，然而却屡禁不止，他们之所以能够行骗成功，究其根源在于：一是传销往往是一些非常诱惑人的虚假承诺，比如数年就可赚几百万，使急于发财的毕业生难辨真伪；二是传销常常是一些同乡、同学、亲戚、朋友等非常熟悉的人来拉拢加入，甚至使用帮忙找工作的名义，致使毕业生丧失警惕。毕业生一旦陷入传销，便被限制人身自由，传销组织头目采取扣押身份证、没收手机、派人监视等手段,不让毕业生离开,强迫他们联系亲友前来受骗。毕业生们一定要坚信一分耕耘，一分收获，不会有天上掉馅饼的这种好事落在你身上，不要因为几次挫折而丧失自己的底线,也要注意现在社会中的各种陷阱。结合自身特长并理性分析自己的能力,一步一个脚印，踏实地走好自己的职业生涯。

三、求职陷阱的应对策略

针对目前就业困难的现象，毕业生更应该保持清醒，理智地分析在求职过程中遇到的陷阱，并且应该提前做好防范，谨防上当受骗。

（一）增强法律意识，签订就业协议

所有的劳动者无论是初入职场的应届毕业生，还是选择跳槽的职业人，只要与用人单位建立劳动关系，就应该签订劳动合同，无一例外。就业协议是毕业生和用人单位在签订劳动合同前，双方确定就业意向和权益的依据。劳动合同是毕业生按照就业协议的约定，如期到用人单位报道后，由毕业生和用人单位签订的规范双方的权利与义务的文本。毕业生先与用人单位签订协议，毕业报到后再与用人单位签订劳动合同，此时毕业生的身份由学生变成劳动者。就业协议与劳动合同分别归属于不同的法律规范，前者适用于《民法通则》，后者受《劳动法》等相关法律法规的约束。

（二）有效识破陷阱

毕业生在求职过程中会遇到各种各样、形形色色的人或事，不要因为单位的虚假承诺上当受骗，一定要擦亮双眼，保持清醒的头脑，巧妙地识破陷阱。有必要的情况下可及时向当地劳动监察部门举报，遏制不法分子的嚣张气息。

（三）了解申请维权部门

无论是在试用期内还是试用期满，劳动者的权益都是受到保护的。如果权益受到侵害，申请维权主要有两个途径：一是向劳动监察部门举报，每个区县的劳动局都有劳动监察大队，遇到所有侵权行为都可以向他们举报。二是申请劳动仲裁，每个区县也设相应的劳动仲裁委员会来为劳动者进行维权。这两个机构都有侧重点，遇到用人单位没缴纳社保的，我们可以向劳动监察部门举报，没有签订劳动合同的也可以向劳动监察部门举报。劳动监察部门处罚只是行政处罚，要求双倍工资的赔偿维权最好的途径是申请劳动仲裁。在申请维权时要提供相关的证据，因此，要保存好平时的相关证据，以确保在必要的时候能够用到。

（四）寻求法律帮助

市场经济是法制经济，在就业过程中，毕业生必须了解与就业相关的法律法规、政策制度，了解劳动用工的相关规定，树立法律意识，懂法、守法、用法，学会运用法律的思维来思考遇到的问题，学会运用法律的手段维护自身的合法权益。与毕业生就业紧密相关的法律，最主要的有《劳动法》、《劳动合同法》、《就业促进法》。

（五）寻求学校老师及亲友的帮助

毕业生在初入社会时，应该多向亲戚、长辈、老师或者师兄师姐们请教，请他们帮你甄别所遇到的事情。虚心接受他们的意见和建议，也许他们曾经遇到过的陷阱可以让我们规避损失，帮助我们顺利地走向职场道路。

第六章　创业与创业教育

要知道创业知识广泛存在于校园的学习和生活中，只要善于学习与观察，总能找到施展才华的途径。但是，要善于学习、分析、整理、归纳和总结，因为在信息泛滥的社会里，学会“去粗取精，去伪存真”也是很重要的。

第一节　了解创业教育与创业

【案例分享】

艰苦创业自主人生

民营企业家淄博顺和实业公司总经理孙继林如今拥有两大超市，他的奋斗历程就是一个艰苦创业、自主人生的典型历程。1986 年，13 岁的孙继林，因为家庭贫困而被迫辍学，与大哥一起来到淄博闯天下。起初，仅是为了混口饭吃。然而，在艰难的求职与生存中，饱尝辛酸的孙继林，下决心要自主人生，创出一番事业，为像自己一样的穷孩子撑起一片蓝天。为了实现这一目标，他以顽强的毅力，一边打工维持生计，一边修完了职业中专的全部课程。丰富的社会实践经验，为他搞好经营打下了坚实的基础，从中职学校学来的理论知识，更使他在经营中如虎添翼。十几年来，他依靠诚实经营，公平买卖，周到服务，赢得了消费者的认可。如今的顺和实业公司，员工达到 120 余人，其中 82 人是待业青年或下岗职工，每年上缴利税近百万元。每当谈起这段往事，孙继林不无自豪地说："如果不是当年饱尝苦难，也许根本就不会产生自己闯天下的想法，也就更谈不上自主人生了"。

【案例分析】

创业成功者无疑都是积极实践、行动果敢的创业者。当然，创业精神还要在积极地创业实践中形成，职业技术学校的毕业生有知识，同时动手能力强，有技能，只要条件具备，就应该抓住瞬息万变的有利信息，敢于创业、大胆开拓、说干就干、雷厉风行，这样才不会坐失良机，事后叹息。

一、什么是创业

创业不同于择业和就业。择业是指人们具备了某种从业的基本条件，去选择现有的职业或岗位。而从事已选定的职业或岗位叫就业。创业，顾名思义包括"开创"和"立业"两个环节，即创办新的职业或企业。创业就是为社会创造新的就业岗位，给予创业者自身新的成功机遇，开始其富有挑战的新人生征程。创业不仅能为自己和其他就业者提供就业岗位，而且能为自己和社会创造财富；创业是一种促进社会稳定发展、富有进取精神的劳动。

创业的概念具体来说，可以从以下三个方面理解：

（1）广义层面：从广义上来看，创业包括诸如开发应用科技成果、承包企业或经营公司、投资或入股、在岗创新、开办新企业、企业的二次创业、转换岗位寻求新的发展等方面。

（2）狭义层面：创业的内核中包括"创"和"立"，其两者是不可分的。其中的"创"是指把一个新企业创建起来，是一个从无到有或从旧到新的过程，但没有涉及企业长远生存和发展的问题；而"立"就是指使新建立起来的企业生存下来，并使之发展壮大，追求的是一个由小到大、从弱到强的过程。一个成功的“创业家”一般是要极力地完成这两个环节，否则充其量只能称为“创业者”。

（3）职业层面：创业一般包含四个方面的含义：第一，根据市场需求，开创某种职业或企业；第二，创造出前所未有的新职业；第三，凭借自己的力量创设职业岗位，而从事某种职业；第四，努力奋斗，开拓自己所在的职业领域，拓展和更新其内涵，推动职业发展。由此可知，创业者和一般的就业者相比，需要有更强的责任和承担更大的风险。

创业是创业者的个人行为，是创业者按照国家的有关法规和政策，通过对市场前景进行综合性分析，结合自身的条件和意愿所做出的就业选择。

二、创业的决定因素

一个即将就业的人决定是否创业是综合各方面的因素以后才做出决定的，主要因素有以下几种：

创业者自身的意志质量，这是决定性因素。创业者对职业的追求，以及对待创业的坚定信念和自身的综合职业能力受成功创业者的影响和启发，自己去效仿的。通过创业教育获得创业的基本素质和基本技能，从而产生创业思想并付诸实施。看到当今社会在择业、就业、再就业过程中出现的困惑，决心自己开办自己的企业或公司，放手一搏。

（一）什么是创业教育

创业能力的强弱是一个人的素质、创新意识和工作能力等综合体现。所谓创业教育其目的主要是激励青少年积极开发自己的最大潜能，以开发和增强青少年的创业基础素质，善于发现和把握一生中哪些通往成功的无数潜在的机遇，培养具有开创型的个性人才为目的的教育。创业教育涉及多方面的研究领域和学科知识。

创业与创业教育相互促进和相互依存。如果学生要想在未来成功创业，除了奠定基本的文化知识和专业知识基础外，还必须接受创业教育，在学校期间学习和培养创业所需的基本素质和能力。邓小平同志基于中国的国情而提出的承认和鼓励创业者的一个观点就是“让一部分人先富起来”的重要思想，所以中国经济的稳定与发展需要更多的创业者。如果学生通过奋斗，能成为一名成功的创业者，那么他们的事迹会影响和推动创业教育的深入，使以后立志创业的同学受到鼓舞并汲取经验，进一步使他们具备未来成功创业者的潜力。

（二）社会现实与创业

1. 市场机制的发展与变革

在知识经济的发展浪潮中，美国的许多学生利用高科技自主创业，成为美国硅谷的中坚力量。我国北京的中关村也活跃着一大批自主创业的学生，许多成了名副其实的“资本家”，如丁磊、王江民、求伯君等。知识经济的发展为当代学生创业提供了千载难逢的机遇，你拥有技术，拥有专利，就可能找到风险投资，而你以技术入股，还可能申请到扶持高新技术的银行贷款。在今天，利用知识和智慧创立事业并迅速致富已不再是梦想。

2. 供大于求的劳动力市场

面对我国劳动力总量供大于求、就业压力巨大的现实，中职生除了到已有的企事业单位就业外，国家、地方也都在相关政策下大力提倡毕业生探索自主创业，利用专利技术争取风险投资或政府小额贷款，创办民营公司，承包国有中小企业，或进军高科技、农业和第三产业，为社会创造更多的就业岗位。因为毕业生掌握了一定的科学技术和专业知识且具有一定的综合素质，具有较大的实现成功创业的可能性。

3. 新人才观对传统教育的挑战

新世纪的学生创业浪潮涌起，对中国传统教育提出了挑战。挑战来自两个方面：一是同学们在创业中出现的问题暴露了传统教育存在的弊端；二是社会和学生对创业的需求，要求教育进行及时的改革。为此，我们要转变观念，对学生开展以创新和创业为中心的素质教育，大力培养学生的创新能力和实践能力，拓宽学生的知识面，特别要加强市场经济方面的知识，把学生培养成复合型人才，并要注意加强学生心理素质教育。

4. 社会的巨大需求

学生创业为社会创造巨大财富和价值的例子不胜枚举。远大中央空调有限公司生产的中央空调已成为国际知名品牌，产品远销欧美各地，每年上缴税金 1 亿多元，它的创办者张剑、张跃两兄弟就是毕业不久即自主创业的学生。比尔·盖茨从哈佛大学退学创立微软公司成为世界首富的故事更是众人皆知。提倡、鼓励学生创业，是提高学生能力素质和心理素质的一条有效途径。中国缺乏创新型人才，中国亟需一支高素质的企业家队伍。不论同学们创业成败与否，其中必定会为社会培育出一大批精英人才，并造就一批未来社会的中坚力量。而且，创业者的精神将感染其他同学，这对整个学生群体能力与素质的培养将起到难以估量的推动作用。

（三）中职生创业教育的内容和特点

1. 创业教育的内容

创业教育的内容包含两点：一方面，创业教育指导学生在校期间就打下必要的创业知识储备基础，做好创业的思想准备和心理准备；另一方面，创业教育一方面培养学生树立企业家精神、自我发展意识和自我就业意识，通过培养学生的胆识、能力，增强其社会责任感。由此可见，创业教育是一种有目的、有计划的群体教育行为。一般来说，创业教育具体由以下几方面构成：

（1）创业者的素质教育。关于创业者的素质学习，主要是通过掌握企业家的一些基本素质和个性特征来获得，其内容包括比如企业家的思维方式、心理素质、行为特征等。

（2）公司运作的知识技能及管理学方面的知识学习。关于与企业或公司内部运作有关的知识与技能的学习，主要是掌握如创业策划、资金运作、筹资与融资、资产管理、成本控制、市场营销、市场分析、产品开发、产品服务等。而管理学方面的知识主要有管理学要素（决策、组织、领导、控制、创新）以及当前各企业颇为关注的质量管理体系和环保政策等。

（3）创业的法规政策学习。关于创业的法规政策学习，主要是掌握与创办企业或公司有关。

（4）相关案例分析。关于案例分析方面的学习，主要是通过选择国内外一些职业学校毕业生自主创业的典型的成功案例进行分析，并邀请一些已成功创业的企业家向学生介绍自身经历和切身体会，从而使学生获得第一手资料。

综上可知，培养学生的创业基本能力和初步认知就是创业教育的实质。

2. 职业学校创业教育的特点

目前，创业教育已成为全世界高等教育和职业教育发展的趋势。这就要求职业学校应建立一种机制，对职业学校的学生进行系统完善的创业培训与服务，为学生形成良好的创业意识和能力创造环境，并力求在实践中培养和挖掘学生的创业潜能。在当下，许多成功的创业经验也为创业教育提供了丰富的资料，在实践和经验的融合中，中职生的创业教育主要有以下几个基本特点：

（1）加强学科之间全面渗透是创业的基础。创业教育思想应在所有的教学科目中均体现出来，各个科目的都应涉及和教授与创业教育有关的内容，因为创业教育的内容十分广泛，所以在教学中，如果英语教师能够讲授企业语言或通过国际网络介绍与其他国家做生意的方法，历史教师能够介绍企业家的过去和现在，那么就能充分使学生了解企业家成功或失败的原因，为今后的创业作准备。

（2）转变旧的就业观念是创业的思想指南。思想是行动的指南，创业教育是要使学生将被动的就业意识转变为主动的创业行动，鼓励学生将创业作为自己的职业选择之一。改变传统就业观念，也就是使得学生一改就业者需要雇主的观念，从而改变在就业方面就业者处于被动的潜在思想意识。

（3）加强创业体验，获得更多实战经验。创业体验一般具体包含这些内容：学生在教师的指导下制订创业计划、设计店面、寻找经营地点、给企业取名字、选拔人才、制定销售目标、讨论预算、制定管理制度、设计与开发广告等。创业教育的基本目标是通过有计划、有目的地指导学生按逐步体验创业的内容，使学生通过创业体验获得对企业的感性认识。

（4）积极谋求社会或教育组织对创业教育的支持，将创业教育变得切实可行。由于创业教育是一项社会性较强的教育，需要全社会的大力支持和参与并形成有效的社会保障体系，因而学校应注重通过成立各种相关组织机构，开发和利用多种教育资源，以及取得政府和社会资金的有力支持，使得校园的创业教育变得现实可行。

3. 创业教育的发展情况

在20世纪70年代末，西方发达国家和部分发展中国家对创业教育的研究和实践就已取得了不错的效果。许多人分析了种种形势后认为，可以将促进中小企业经济的进一步发展和解决严峻的就业问题放在一起统筹考虑。其基本思路是，对具有一定文化知识和职业技能的青年学生进行创业教育，培养他们的创业意识、创业心理质量和创业技能，使其走上自主创业之路，进而成为具有开拓精神的小企业家。他们既为自己发展，又为社会创造

财富；既为社会创造就业岗位，也为他人提供职业。在美国，社会上近 55% 的劳动力由小企业雇用，基本上当时的新工作机会就是由这些小企业提供的。同时，当时在高新技术产品和一般的民用产品中，新品种的 2/3 也都是由一些小企业发明的。由于小企业产品的销售量占到了美国企业产品销售总量的 54% 以上之多，因而国家主要的税金提供者转而成为这些小企业。由此可知，创业教育发展的动因主要有两方面：第一，由于传统产业萎缩，就业市场动荡，就业机会锐减，要找到稳定的工作并非易事；第二，小型企业异军突起，向社会提供了大量的就业机会，并成为向国家缴纳税金的重要部分。创业教育思路一经提出，就引起了各国政府的重视，很快，创业教育就在联合国教科文组织、世界劳工组织、世界银行和国际教育署等一些国际组织大力支持与倡导下快速发展起来。

在党和政府的重视和关怀下，我国的创业教育工作已经深入开展，并在国内部分地区取得了明显的效果。其后，在有一些关教育工作的重要会议上，党和国家的领导人都对创业教育作过重要指示。所以，虽然我国在创业教育方面的研究工作的起步晚，但是在推广创业教育的范围和加快创业教育的进展却十分迅速。目前，正在我国的大中专学校中全面开展的创业教育活动，就是为了贯彻落实《关于深化教育改革全面推进素质教育的决定》和《面向二十一世纪教育振兴行动计划》。政府和教育部已经将创业教育提上了日程并加紧推进课程实践，在职业学校中积极促进并抓好创业教育，使创业教育作为素质教育的一个重要方面在学校中开展，为促进中职毕业生更新与转变就业观念，提高个人综合素质，增强就业创新能力发挥着不可替代的作用。

第二节 新时期的创业教育与就业观念

一、新时期创业教育概述

1．创业教育旨在培养中职生的竞争力

进入 20 世纪 90 年代以来，我国职业教育改革的一个重要方面是打破免费职业教育和毕业生国家分配制度，取而代之的是缴费上学以及双向选择、自主择业的毕业生就业市场的逐步形成。随着我国职业教育的迅速发展和毕业学生人数的不断增加，以及政府部门的人员分流和企业改制而引起的劳动力市场人力需求的变化，近年来，一些地方开始出现中职毕业生就业难的局面。

2．培养中职生适应社会的能力

当前，教育部《面向 21 世纪教育振兴行动计划》中明确指出："加强对教师和学生的创业教育。"素质、能力、创新、创业已成为社会关注的焦点。因此，作为当代的教师和中职生应树立创业意识和创新精神，掌握创业所需的知识和技能，增强适应社会的能力，这在当前对社会和个人都具有特别重要的意义。

3. 改变中职生的传统思维模式

创业教育的核心意义，也是创业教育的主要目的，就是通过创业教育对学生进行创业素质、精神、开拓创新、合作能力、个性质量、适应能力等方面的教育和指导，可以逐步改变学生的传统思想观念，促进学生树立正确的符合时代的新观念。创业教育的实质，就是创业意识的培养、创业能力的训练、创业知识的传授以及创业实践经验的介绍过程。以往的职业教育，只是强调一个目标，就是使受教育者具备“应聘”或“从业”能力。而创业教育不仅仅是使受教育者有应聘从业能力，更重要的是使受教育者有自我创业的能力和意识，通过自身的创业实践，更大程度地实现创业者的潜能和人身价值。学生在教师的指导下，认识创业过程，逐步成为一个高素质的创业者，这其中包含着一种全新的就业思想认识教育。

4. 创业教育旨在促进经济发展

创业家是国家经济可持续发展的原动力。从20世纪80年代开始，美国率先进入创业型经济时代，每年大量涌现出的新企业重新使美国的经济发展速度大大超过了日本和欧洲国家，并且目前已率先步入知识经济时代，因此，创业家被称为美国经济再创辉煌的“新英雄”。目前，鼓励创业，以创业拉动经济增长、减轻就业压力的思路已经成为世界各国的共识。

目前，我国正在各个方面为创业者提供良好的环境，例如，统一的市场体系正在逐步形成，市场法规正逐步建立和完善，市场观念意识日益深入人心，私人财产受到法律保护，生产要素市场日益完善，并且各生产要素参与分配已经写入了宪法等。这些都为每一个想创业的人提供了良好的条件和机遇。相信在不远的将来. 中国的大企业能够在全球500强中占据众多的席位，中国的成功创业者能够进入全球富翁排行榜中。

二、就业结构转型与就业观念的转变

改革开放以来，我国已深入推进市场经济体制改革，随着一系列的制度改革，中国经济的飞速增长为社会带来的富裕的物质生活，也带来了就业观念、就业模式及劳动方面的诸多变化。

（一）新技术带动就业结构的转型

1. 对劳动力结构的影响

随着经济增长加速和产业结构升级，新技术的开发和应用改变了传统就业街头，也引起了劳动力结构的调整，即劳动力结构必然要与产业结构的变动相适应。新技术带来的两方面影响有：第一，新技术创造了新的就业领域，形成了新兴产业，需要有相应知识和技能的劳动者来填补和支撑；第二，新技术提高了传统产业资本有机构成，使部分劳动力逐步被挤出市场。

2. 新技术对于就业的影响

新技术对就业结构的调整主要体现在以下几个方面：

（1）创造了新的就业力量。新的就业力量随着教育和科技的发展将层出不穷，家庭办公等新的工作方式的日渐盛行，一方面使得企业对劳动者素质的要求不断提高，迫使劳动者增强专业知识技能；另一方面，也使本来就拥挤的就业岗位变得更加拥挤，导致企业不断解雇低素质的劳动者，从而进一步加剧了结构性失业的趋势。

（2）减少了部分传统领域的就业岗位。由于新技术使传统产业的资本有机成本不断提高，原有产业的部分劳动者被不断挤出。劳动力在产业结构间的流动和配置需要相应的时间，即从失业到就业需要相应的时间，当被挤出的劳动者在知识结构和专有技能上仍不能满足新兴产业的需求时，劳动者则处于失业状态。这就造成劳动力供求总量均衡下的结构性失业。

（3）创造了新的就业领域。现代新技术不仅可以创造新的产业和新的就业岗位来容纳劳动力，而且以网络技术和信息技术为重要特征的新技术也促进了各国经济的国际化，使世界经济趋于一体化，同时也使劳动力在国际间的流动和配置，形成了无国界就业的浪潮。

（4）缩短了劳动者的失业周期。新技术促进产业结构的调整也使得经济波动的周期逐渐缩短。在经济萧条时期，部分劳动者因企业要实现降低成本费用和降低产量的目标而被迫失业，即发生周期性失业。而且经济波动周期的逐渐缩短导致这种周期性失业的频率会随之加快。

（5）延长了劳动者就业的年限。科学技术在医疗事业中的应用，形成两方面压力：首先，医疗保健技术飞速发展，劳动者的平均寿命不断提高，使劳动者从事劳动的年限不断延长，这无形中阻碍了新生劳动者进人就业岗位；其次，总人口也在不断地增加，新增的人口就是未来的劳动者，因此，人口的增加也是造成失业的不可忽视的重要因素。

（二）市场经济条件下就业观念的转变

面对市场经济和相应的劳动力市场就业模式，我们都需要重新阐释就业观念，即在市场经济条件下的就业观，其内涵主要体现在以下几个方面：

1. 职业发展观念

随着我国市场经济的建立和完善，社会为每个人的发展提供了展示的机遇。学生要在学校期间就开始从职业生活的角度去规划人生、选择职业、调换职业和创造职业，以便日后有计划的通过辛勤劳动与职业变换获得自身最佳的发展成就，从而实现人身价值。

2. 新型自主就业观念

在市场经济体制下，发挥人的主动性和能动性非常重要。完全依靠父母或完全依靠“单位”是无法在社会立足的，青年要发挥主观能动性，自主择业，主动地到市场中去闯荡，最大限度地发掘自己的潜能。

3. 就业竞争观念

无论在劳动力市场上还是在工作单位内部，都存在着竞争，为创造更好的就业或晋升机会，就要求人们有较高的成就动机以及有相应的能力与素质。因此，改革开放以来，读书、学习、进修及各类技能考核等已成为人们积极主动追求的生活内容。

（4）法制观念

当今社会的就业人员都应当具有法律观念，不论就业或创业都应学习相应的法律法规，学会有效地利用法律武器来保护自己的合法权益。法律具有非常重要的作用，不仅能合理地协调劳动关系双方，解决当事人之间的矛盾和纠纷，而且还能维护当事人的合法权益。因此，市场经济的建立和完善需要有严格的法律制度作为基础和保障。

（5）创业观念

在今天创业环境日趋完善，已有部分人，特别是一些有远见的年轻人，毅然选择了自己创业之路，并且走向了成功，从而促进自身价值观、社会价值观和人生观的完善和实现。那么在市场配置资源的模式下，人们除自主择业外，还应树立自己创业、开拓事业，开拓人生的观念。在就业压力大的情况下，创业不仅有利于解决就业问题，而且能够找到适合于自身能力和意愿的职业，能够在创业过程中发挥自己的才干。

（6）道德观念

社会主义市场经济不仅在法律上约束经营者，而且也在道德观念达成共识，例如；遵守公平合理、诚实可信等信条；有良好的职业道德，有长期合作和长远发展意识；有干事业的精神，而不是做见利忘义的“奸商”等。因此，在这种环境下就业和创业的劳动者必须具有良好的道德质量，树立敬业、团结协作、互惠互利、艰苦创业等意识。

（7）职业流动观念

在计划经济时代，绝大多数人员的岗位属于有计划地调配，一般在职人员的职业流动率很低。改革开放后，一系列变革促进了劳动力和人才的相互交流，逐步形成了劳动力资源的市场配置，随着市场经济的发展和企业人事制度改革的不断深入，市场配置劳动力和人才的作用已占主导地位。尤其是在国家实行多种经济成分并存，鼓励个人开办独资企业的情况下，将会有越来越多的劳动力和人才涌向非公有制经济企业，改变以往大家走“独木桥”去国有企业、政府机关、事业单位的“大锅饭”思想，让人才真正体味到了“人挪活，树挪死”的真谛。在机会越来越多，也越来越容易流失的情况下，劳动力和人才的流动趋势将会进一步扩大，诸如“跳槽”“转岗”“辞职”等将会更加频繁。

（8）利益观念

就业者的利益观念是指就业者通过努力工作而获得高收入，通过辛勤劳动发家致富。近几年来的多项择业调查结果表明，“高收入职业”已成为就业者的首选目标之一，即就业者的利益观念是选择高工资、高回报的职业。但利益观念与“拜金主义”是完全不同的，正确的利益观念是对劳动应获取的报酬的不懈追求。21 世纪，社会主义精神文明建设的同时。人们也已对物质利益原则普遍接受，例如，社会生活中的各类“经纪人”充斥社会的各个方面，就说明了人们对利益原则的普遍认同。

三、就业观念的更新

（一）传统就业观

在传统的工业社会中，生产所消耗的主要是自然资源和劳动力的体力及相应的简单操作技能，同时，各企业一般都处于不断地扩张过程中，就业的岗位相对较多，失业率比较低。因此，在工业经济时代的就业观念如下：

1. 体力劳动

体力劳动和勤奋工作为社会所崇尚，劳动者只要有健康的身体、充沛的体力、一技之长、勤于劳动就能有工作干，并能取得相应的工资收入。

2. 企业向心力

企业文化的精髓是劳动者忠于雇主或企业，这正是劳动者不失业的基本保证。各个企业通过固有的文化教育和熏陶来不断提高企业内部的凝聚力和向心力，做到进一步保持企业的稳定与发展。这种思想尤其是在日本的企业中表现得最为充分，美国的企业也曾试图效仿，并且在 IBM 公司中付诸实施。

3. 知识单一

劳动者知识结构单一。缺少积极学习新知识、新技术、新技能和树立终身学习的意识，抱守一技之长，信奉“一招鲜，吃遍天”的信念，所以，一旦失业，就难以及时找到新的工作。

（二）新型就业观

进入知识经济时代后，知识经济成为主导，知识经济所消耗的主要是知识和劳动者的智力，其本质是以智力资源的占有与配置和知识的生产、分配、使用为重要因素的经济。在知识经济时代，知识的创新和衰退速度正逐步加快，知识在经济发展中的地位变得越来越重要。要求个人逐步地向复合型人才发展，必须及时更新知识，调整知识结构，不断地加强新技术和新技能的培养才能符合时代发展要求。

在知识经济社会环境中，传统工业经济社会时代产生的就业观念就需要进行更新和转变，体现为以下几方面：

1. 智力劳动

新知识经济环境下，具有健康的身体、充沛的体力、一技之长和勤于劳动仅仅是就业的前提，最重要的是要拥有较丰富的知识，要不断调整与完善知识结构，及时充实与更新知识，掌握新技术和新技能，要有不断创新精神。劳动者的劳动不再是简单的机械操作和体力劳动，而是输出智力。具有高知识水平和创新能力的人享有崇高的地位，会越来越受到社会的尊重。因此，在知识经济社会环境中。就业的目的是依靠智力去获取相应的收人。

工业经济时代经济发展主要是靠资金和设备，而在知识经济时代则主要是靠智慧和人才。劳动者必须树立终身学习意识，必须随社会的发展和需求变化不断培养和掌握新的技术和技能。为了能有长久的发展，就必须不断地、主动地和创造性地进行学习，学习将成为知识经济时代一项基本的社会活动和特征，不学习就不能适应知识经济社会的发展需要，就会面临失业的危险。只有将生活过得尽量丰富多彩，不断尝试新的挑战，不断尝试新的道路，不断放弃旧的成绩，始终保持一种从事全新工作的激情和新鲜感，才能抢占知识经济的制高点，才能使企业保持长盛不衰。强调创新，头脑的潜力挖掘是一个不间断的过程，也是我们每个人的进步的源动力。机会永远是为有准备的人而准备的而不是为消磨时光的人准备的。

2. 忠于自己

在知识经济社会中，资本和劳动再次结合，劳动者之间是智力的协作，自己是自己的主人，即使是偶尔受制于人，也只是暂时性的现象。所以，忠于雇主是暂时性的，忠于自己是永恒的。

3. 团结协作

在以后的经济生活中我们会遇到许多自己很难独立解决或完成的工作难题，因此，在这种情况下，为了提高工作效率，高质量地完成任务，我们就应当树立团结合作、共同发展的意识。同时，在为人处世过程中要有长远打算，不能在外人眼里留下“见利忘义”、“过河拆桥”、“卸磨杀驴”的不良印象，否则，将来的路会越走越窄，甚至会影响事业的进一步发展。因此必须培养良好的团结协作精神，高素质人才应该具备的基本要求是勤奋、诚实、能力和团结协作精神。

4. 个人素质

良好的个人素质包括完善的人格、社会质量和心理素质。世上的任何事情都不是一帆风顺的，要想获得成功必须经过奋斗和努力，克服这样和那样的困难，有时甚至要付出很大的代价。现代社会的发展，对人提出了更高的要求，不仅要求人具有较高的知识与能力，更要求人具有良好的人格、社会质量、坚定的信念和精神，而且还要有独立自主和勇于承担社会责任的道德品质，要有意志坚强，开拓进取，艰苦创业，吃苦耐劳，不怕困难，坚韧不拔的品格，要有敢于面对挫折和失败的勇气，没有吃苦的精神是不能达到胜利的彼岸的。

综上，知识爆炸的时代，经济核心竞争力就是新知识技能，我们每个人只有积极调整自己的思维方式，关注知识经济和社会发展的动态，积极更新与改变传统的就业观念，不断积累新知识和新技能，培养创新意识和创造能力，才能适应知识经济时代对劳动者需求的变化。

第三节　创新教育指导原则

【案例分享】

销售模板创意月入万元

中职二年级暑假，在学校社团指导老师的推荐下，小柯去了十堰城区一家广告公司，提前步入了实习单位。在这里，他主要制作淘宝网上的模板以及与客户在网上进行沟通。“刚开始接触公司时，由于对所从事的工作不熟悉，碰到了很多困难，老板不但没有给工资，而且还倒贴。”说到自己制作模板的经历和售前售后状况，小柯说，“这样持续了一个多月，不仅毫无进步，而且连生活费、车费都有问题。”小柯告诉大家，虽然最初制作的模板没有得到老板的认可和客户的满意，但他并没有灰心，而是一如既往的在网上搜索淘宝网提供的框架，然后根据自己的想法来编写程序和设计模板。有一次，为创新模板，他三天三夜没有合眼休息。功夫不负有心人，小柯制作淘宝网的模板终于得到了客户的满意。渐渐地，他的工资也慢慢见涨，由刚开始的倒贴涨到了每个月工资2500元加提成。随着小柯制作模板的技术越来越成熟，老板又将销售模板的工作也分配给他负责。“我清楚地记得，第一笔交易是有关化妆品的淘宝网模板，售价800元。客户对模板的样式非常满意，当时就直接下单了，这笔交易的成功对我来说具有特别重要的意义。”小柯谈起这些事情的时候，兴奋之情溢于言表。说到销售淘宝网模板，小柯几次提到了创意和服务态度。“全国有那么多销售模板的卖家，之所以我们模板销售的好，是因为我们经常借鉴官方网上好的商品样式，学习网上一些卖家写的‘秘笈’，最终结合自己的创意点子和制作模板的技能，吸引顾客。”小柯告诉大家，“除了有好的创意，服务态度也很重要。”他说，他经常通过QQ和客户交流，客户提的问题，他总是尽可能的帮客户办到，每次客户订货后，不论多晚，他总是给卖家准时发货，因此，客户很少在网上对该公司发表不好的评价。

目前小柯所在公司的淘宝网模板销售全国第一。“当看到数字每天都在翻新时，心里特别有成就感，这是对我们公司经营的最大肯定。”小柯告诉大家，“我实习第四个月后，我每月的工资就在万元以上。”据他介绍，中职三年中，他没有向家里要一分钱，现在还常常给家里寄钱，同学们都称他为小老板。今年6月，小柯就毕业了。“想过自己创业，或许会开一家属于自己的IT行业公司。”对于未来的打算，小柯表示，他会在现在的工作岗位上继续磨练几年，让自己的技能得到进一步的提高。

【案例分析】

作为一名即将开始创业的创业者首先要面临的现实问题就是要认真客观地评估自己的基本状况和条件，规划自己的创业模式。然而如何使中职生在校期间能得到全面地教育指导，则是当代职业学校需要充分考虑的事宜。面对我国劳动力资源相对过剩及结构调整的局面，毕业生在未来的职业生涯中，要紧紧围绕“学会认知、学会做事、学会共同生活和学会生存”四个方面磨炼自己，培养具有跨专业和跨岗位的能力，培养一定的创业技能，以适应社会对人才的客观需要。

一、创业者应具备的基本知识结构

创业者应具备的基本指导思想就是要做到按照市场经济规律，紧密结合个人实际，在认识社会职业结构变化和把握市场机会的前提下，选择合理的创业项目，掌握开办企业的各类手续、法规、法律知识、经营管理知识等，运用个人社会交际能力、公关能力、组织管理能力等，将创业项目变为现实。其一般常涉及以下知识要求：

（1）了解市场信息 深入了解市场信息，准确分析，明确和定位创业的基准点和范围。

（2）加强自身综合素质的培养 加强创业基本素质和能力的培养，如心理素质、文化素质、专业知识和技能、团队精神、职业道德及诚信等。

（3）做好创业前的调查 做好创业前的准备工作，如分析服务对象、竞争对手、经营环境等，并制订相关的经营计划和方案。

（4）做好企业在创业初期的三件事 一是筹措资金；二是进行企业注册登记；三是制定必要的经营管理制度等。

（5）加强企业管理 企业在经营过程中要加强人事管理、财务管理、物品的采购、销售、保存管理等。

（6）充分学习相关法规政策 要逐步了解企业在经营过程中涉及的法规和政策等，避免违纪行为，同时利用好政府给予的优惠政策。

二、创业的一般模式

创业的模式有很多，从类型上分析，创业的基本模式主要有以下几种：

（1）个人（独立）创业 这种创业模式主要是指从创业的决策、申办、资金准备到经营和管理等方面均由个人负责承担。

（2）知识（技术）入股型创业 这种创业模式需要明确知识入股人的合法地位，主要是指凭借自己的某项技术或知识成果或某项专利作为资产或资本，与他人合作创办企业的模式。

（3）合伙（合资、合股、合作）创办型创业 合伙（合资、合股、合作）创办型的资金采取入股方式筹措，与个人（独立）创业型不同的是需要确定企业法人代表，并按出资人或持股数的比例承担各种经营风险。

（4）个人承包型创业 所谓个人承包型是指由单个人承包一个企业，如国有企业、农场、民营企业、某个服务企业或某个商店等，以实现自主经营的创业模式。这与个人（独立）创业型不同的一点是承包的期限和承包的法律责任应有明确的规定，承包前出租方和承包方必须事先签订承包合同，明确承包期限、租金和双方法律责任等事宜。

（5）连锁经营型创业 这种创业模式需要明确品牌的价值或股份及连锁经营的管理模

式等。具体来说是指有偿利用他人的知名品牌进行品牌经营，以实现自主经营的创业模式。

三、获取创业知识的途径

获取创业知识主要可以通过以下五种途径：

1．利用媒体信息途径

通过媒体信息获得的创业知识具有针对性强的特点。

（1）报刊媒体　人才类、经济类媒体是首选，如比较出名的《21 世纪人才报》、《21 世纪经济报》、《创业家》、《第一财经》、《IT 经理人世界》等。

（2）网络媒体　管理类、人才类、专业创业类网站是必要选择，如比较出名的《中国营销传播网》、《中华英才网》、《中华创业网》等。

（3）创业中心、创新服务中心　如学生科技园、留学生创业园、科技信息中心、先导民营企业的网站等。

2．利用校园的课堂、图书馆和社团组织等途径

通过课堂学习能拥有一门过硬的专业知识，在创业过程中将受益无穷；在图书馆能找到创业指导方面的报刊和图书，广泛阅读能增加对创业市场的认识；积极参加社团活动能锻炼各种综合能力，这是创业者积累经验必不可少的实践过程。通过这种途径获得创业知识，无疑是最经济、最方便的。

3．利用与商界人士广泛交流来获得知识

通过这种途径可以获得最直接的创业技巧与经验，将使你在创业过程中受益匪浅。商业活动无处不在。可以找有创业经验的亲戚、同学、朋友、网友、老师交流。在他们那里，能得到最直接的创业技巧与经验。这比看书的收获更多。还可以通过 E-mail 和电话拜访成功的商界人士，或咨询与你的创业项目有密切联系的商业团体。

4．通过创业实践来获得创业知识

通过这种途径获得的知识与经验是最实用的，学以致用，印象也最深。创业实践是学习创业知识的最好途径。真正的创业实践开始于创业意识萌发之时。间接的创业实践学习主要可借助学校举办的某些课程的角色性、情景性模拟参与来完成。例如，积极参加校内外主办的各类学生创业设计大赛、创业计划书大赛、发明创造大赛、工业设计大赛等，对成功企业家的成长经历、企业经营案例开展系统分析与研究等也是间接的创业实践范畴。

直接的创业实践学习主要可通过课余、假期在外的兼职打工、求职体验、参与策划、参与市场调研、试办公司、试申请专利（知识产权局）、试办著作权登记（版权局）、试办商标申请（工商局）、业余参加某些职业知识与证书班培训等事项来完成；也可通过举办创意项目活动、参加或参观高新技术交易会展览、创建电子商务网站、谋划书刊出版事宜、尝试做自由撰稿人等多种方式来完成。

5．迂回创业的途径

通过这种途径可以积累创业资金与经验，并建立一定的人际网络关系，为以后创业奠

定良好的基础。所谓迂回就是指在条件不成熟时，先就业再创业，这是时下很多学生的选择。毕业后，由于自己各方面阅历和经验都不够，自己先到实体单位锻炼几年，待积累了一定的知识和经验后再创业也不迟。另外，先就业再创业的毕业生在跳槽后，所从事的创业项目通常也是与过去的工作内容密切联系的。并且在准备创业的过程中，可以利用与老板交流的机会获得更多的来自市场方面的创业知识与经验。要知道创业知识广泛存在于校园的学习和生活中，只要善于学习与观察，总能找到施展才华的途径。但是，要善于学习、分析、整理、归纳和总结，因为在信息泛滥的社会里，学会“去粗取精，去伪存真”也是很重要的。

四、创业的正确方法和基本技巧

1．创业的正确方法

能够在短时间内创业成功，关键在于是否找到了正确的方法。

（1）观察 观察当前社会上热门的产业、热门的行业。

（2）测量 测量产业的规模，测量行业的成熟度。

（3）发现 发现该产业或行业的空白点，发现该产业或行业顾客有需要，而尚未有人想到去满足的产品或服务。

（4）行动 一旦发现空白点，立即行动。

2．创业的基本技巧

（1）依托一个成熟的行业，行业需要足够大 因为行业大，做细分市场才能够有钱可赚；因为行业成熟度高，利用现成消费群，才可以省去开拓新市场的费用和唤醒消费者的麻烦。

（2）专注支流业务，不做主流业务 做到满足消费者在主流需求得到满足之后的衍生需求。比如手机，消费者购买手机的主要目的是为了通信，为了随时随地方便地与他人沟通。所以，强大的通信功能和畅通的通信服务是消费者在消费手机这项产品和服务时的首要和主要诉求。手机好不好看，只是消费者的衍生需求，根本不影响手机的性能，通信是否畅通，也不是由手机好不好看决定的。这两项是手机产业的主流业务，要满足消费者的这两项需求，做好这两项业务，需要巨大的投入，中小投资者根本无力承担。所以，对于中小投资者来说，选择在细分市场做支流业务，专注消费者的个性化需求才是明智之举。

（3）仅仅满足一部分人，而不是满足所有人的需求 拿手机来说，目前国内的手机消费者已达 3 亿，想要满足所有 3 亿消费者的愿望是愚蠢的，也是不可能的。所以，你只能满足他们中间一部分人，经常可能只是一小部分人的需求。但是因为市场规模够大，即使只是满足他们中间一小部分人的需求，也足够中小投资者吃饱。

（4）服务要到位 衍生需求，换句话说，就是可有可无的需求。有则更好，没有，对消费者也不会造成什么损失。因此，此类需求大多数时候是属于精神层面的需求，对从业者提供的服务往往有着超高的要求，这是需要投资者格外注意的。创业的过程中都会几经曲折，饱受消费者的“挑剔”，最后才能涉险过关。

第七章　创业意识和创业团队

创业作为一种社会实践活动，并非凭空想象出来的，而是在一定意识的支配之下进行的。创业意识是创业的先导，是人们从事创业活动的强大内驱力，激励着人以某种特殊的方式开展创业活动，向自己设计的目标前进，并力图实现目标。当今社会，随着科学技术的进步和劳动生产效率的提高，经济增长对就业的吸纳能力将会不断下降，就业缺口也会不断扩大。鼓励学生自主创业，既能解决学生自身就业难的问题，还能为社会拓展就业渠道，满足学生自我价值实现的需要。因此，当代学生应强化创业意识，主动适应社会与时代发展的现实需要。

第一节　什么是创业

【案例分享】

有个猎人外出打猎，同伴劝他提前装上子弹，他却大为恼火：“废话！打猎的地方远着呢，装一百发子弹也来得及。”走着走着，就看见一大群野鸭密密地浮在水面上。此时放枪，收获肯定不小。可惜，就在他匆匆忙忙装子弹的时候，野鸭有了警觉飞得无影无踪了。

寓言里的猎人失去了唾手可得的猎物，是因为没有做好准备。在现实生活中像寓言中的猎人这样因为没有做好准备而错失良机者，比比皆是。

【案例分析】

古人云：凡事预则立，不预则废。说的其实也是这个道理。在现实生活中，我们经常能遇到这样一些人，小有才气，却自命不凡。成天抱怨英雄无用武之地，却不屑于做简单而平凡的工作。眼高手低，好高骛远，久而久之将仅有的一点才气也消磨殆尽了，只能眼睁睁的看着机遇从眼前溜走。其实，他们并不缺少用武之地，缺少的只是把握机遇的能力而已，机遇就像漫山遍野的石头，到处都是，却只在雕刻家的眼里有用。

一、创业的内涵

创业是创业者通过发现和识别商业机会，成立活动组织，利用各种资源，提供产品和服务，以创造价值的过程。它是就业的另一种表现形式，创业者不但为自己创造就业机会，而且还主动地为他人创造就业机会。

创业有广义和狭义之分。广义的创业是指创业者的各项创业实践活动，其功能指向是成就国家、集体和群体的大业。狭义的创业是指创业者的生产经营活动，主要是开创个体和家庭的小业。

二、创业的作用与意义

创业的作用与意义包括以下几点：

1. 有利于推动社会发展，促进社会进步

在知识经济时代，创新决定着一个国家和民族的综合实力和竞争力。中职生是我国宝贵的人力资源和财富。他们思维活跃，灵感丰富，敢于标新立异，具有创新精神，是新思想、新观念、新技术、新工艺的创建者，也是许多高新技术产业和新兴行业的带头人。中职生参与创业活动是社会发展的必然要求，是推动社会进步的重要力量。

2. 有利于提高中职生素质，更好地实现人生价值

创业者无论对个人还是对社会其作用和意义都是巨大的。创业的目的是创造财富和创造价值。创业者可以干自己认为最值得干的事，按自己的理想去做事。在社会各层面供职，个人爱好和兴趣要服从整体利益和要求，往往受人驱动，工作节奏单调，不能自作主张，只能贯彻上级的意图。因此，一些能力强的人时常感到有力使不上。而创业者把兴趣和生计结合在一起，自己独立自主地做决定，按自己的意愿做事，不必听命于人，可以干自己认为最值得干的事业，因此，他们认为这样才最能实现自己的人生价值。

3. 有利于提高科技创新能力，优化产业结构

新发明、新技术以及各种新构想是创业的基础和发展条件。成功的创业可以推动科技成果向现实生产力的转化。据美国小企业管理局统计，新公司创造的新产品总数是大公司的 25%，但新公司每一美元研究与开发费用所获得的创新却是大公司的 4 倍。

4. 有利于拓宽就业渠道，减轻就业压力

创业本身就是最好的就业。当中职生们行将毕业走向社会的时候，面临就业岗位相对不足的就业形势，对一些能力比较强的中职生来说，自主创业是解决就业问题的最好途径。

创业是现代市场经济发展的巨大推动力量，能够繁荣社会经济，积累社会财富，提升人的社会价值，促进社会全面进步。经济全球化的进一步发展和社会主义市场经济的不断完善，给创业者提供了一个大显身手的舞台。我们必须大力发展创业教育，积极引导学生们去创业，促进社会主义市场经济迈上更高的台阶。

三、创业的类型

创业的类型多种多样，按不同的标准划分，大致可分为以下几种：

1. 从动机角度划分，可分为生存型创业和机会型创业

生存型创业是指由于没有其他就业选择或者对其他就业选择不满，而从事创业的经营活动。也就是说，生存型创业的创业者由于没有其他更好的工作选择，为了生存，不得不选择创业的一种形态。常见的个体户大多都是生存型创业。这类创业者由于创业初始定位所限，通常难以做大做强；但也有部分经营得当又能把握机遇成长的大中型企业的，但数量相对较少。

机会型创业则是指为了追求某种商业机会而从事的创业活动。这种类型的创业者已感知到商业机会，并通过组织资源去开发其所预想的商业机会。机会型创业往往能反映一个地方的经济活跃度以及经济发展水平，特别是在发达国家以及我国沿海发达地区，这类型创业的比重较高。

生存型创业和机会型创业相比，在创业动机、成长愿景、行业偏好、资金状况、风险等方面均有所不同。

2. 从主体角度划分，可分为中职生创业、兼职者创业、失业者创业

中职生创业是指中职生在校期间或毕业离校后发现机会、整合资源，开创或参与开创新企业，提供新产品或新服务的一种形式。由于中职生触角敏锐、思维灵活，了解新兴科技，综合素质相对较高，获得创业帮扶的机会多，所以中职生创业越来越受到国家、社会的重视。但是由于中职生思想观念不成熟、知识体系不完整、创业经验少，往往得不到家人的支持与认可。

兼职者创业是指创业者在已有的工作之外进行创业。兼职者创业的情形一般有两种是在当前的职业中发展一般或较差，为寻求新的出路，以获得兼职收入的心态进行创业；二是在当前的职业中发展很成功，想借兼职创业寻找更好的出路。

失业者创业是指失业者在失业的情况下所进行的创业。对于失业者创业，各地政府在创业资金、营业税收、筹办费用等方面给予了较多扶持，甚至在创业经验、创业项目、企业创办等方面也进行了统筹考虑。

3. 从渠道角度划分，可分为自主型创业和企业内创业

自主型创业是指劳动者依靠自己的资本、资源、信息、技术、经验及其他因素创办企业，解决就业问题。

企业内创业是指企业的管理者或员工在企业内部进行的创业活动，通过改变现有的生产技术、生产效率、结算方式等来实现创业。企业内创业相对自主型创业来说风险较低，因为创业过程的风险由个人和企业共同承担，所以这种方式也成了当今越来越多创业者的选择。

四、创业的要素

创业的要素是指影响创业活动的主要因素。通常来说，创业的核心要素包括创业者、创业机会、创业团队、创业资源，其中创业者是创业的主体。

（一）创业者

创业者是创业的主体，在创业过程中起着关键的推动和领导作用，包括创业机会的识别和把握，企业组织的创立、融资、产品创新、资源获取和有效配置及运用、市场开拓等。创业者的素质和经验直接决定着创业的成败。风险投资家选择投资项目时，首先评价的要素就是创业者及其组建的团队；其次才是技术先进性、产品独特性和市场潜力及赢利前景等因素。此外，创业者还承担较大的个人资产、声誉以及放弃其他工作机会等风险。

（二）创业机会

创业是发现市场需求，寻找市场机会，通过投资经营企业满足这种需求的活动。创业机会往往是一个新的市场需求，或者是一个需求大于供给的市场，或者是一个可以开展新产品的市场需求。这样的市场需求并非只有创业者认识到了，其他的竞争者也许会很快加入竞争的行列。因此，并不是每一个创业机会都需要付出行动去满足它。简单来说，可以

通过关注三个方面来寻找创业机会。

1．技术机会

技术机会即技术变化带来的创业机会，主要源自新的科技突破和社会的科技进步。通常，技术上的任何变化，或多种技术的组合，都可能给创业者带来某种商业机会，这具体表现在三个方面：一是新技术替代旧技术，当某一领域出现了新的科技突破，并且它们足以替代某些旧技术时，就会有创业的机会；二是实现新功能、创造新产品的新技术的出现，这无疑会给创业者带来新的商机；三是新技术带来的新问题，多数技术的出现对人类都有利和弊的两面性，即在给人类带来新的利益同时，也会给人类带来某些新的灾难。这就会迫使人们为了消除新技术的某些弊端，再去开发新的技术并使其商业化，从而带来新的创业机会。

2．市场机会

市场机会即市场变化产生的创业机会。一般来看，市场机会主要有以下四类：一是市场上出现了与经济发展有关的新需求；二是当前市场供给缺陷产生的新的商业机会；三是先进国家（或地区）产业转移带来的市场机会；四是从中外比较中寻找差距，差距中往往隐含着某种商机。

3．政策机会

政策机会即政府政策变化所赐予创业者的商业机会。随着经济的发展、科技的变革等，政府必然也要不断调整自己的产业政策、企业政策、金融政策、财税政策、消费政策等。这些政策的某些变化，就可能给创业者带来新的商业机会。目前，中职生创业的优惠政策包括四个方面：一是创业企业注册资金可分期到位；二是对创业初期企业所得税减免；三是为自主创业的毕业生提供小额贷款；四是政府所属人才中介服务机构对初创企业服务费的减免。

（三）创业团队

创业团队并不是一群人的简单组合，而是一个特殊的群体。它要求团队成员能力互补，拥有共同的愿景和价值观，通过相互信任、自觉合作、积极努力而凝聚在一起，并且团队成员愿意为共同的目标奉献自己，发挥自己最大的潜能。团队与群体是有区别的（见表7–2）。团队是这样的群体：其成员通过正面的协同效应、个体和相互的责任以及互补的技能为实现一个具体、共同的目标而形成的利益共同体；群体是指两个或两个以上相互作用、相互依赖的个体，为了实现特定的目标而组合在一起的集合体。

（四）创业资源

创业资源是指能够支持创业者创业的一切生产要素。创业资源既包括可见的有形性资源，如资金、房屋、机器设备等有形资产，也包括不可见的无形性资源，如创业愿景；既包括创业者拥有的资源，也包括创业者不拥有但可支配、可借用的资源，如社会关系等；既包括个体性资源，如人格；也包括群体性、组织性和社会性资源；既包括国内资源，也包括国外资源等。总之，凡是有助于创业者创业的东西，就是创业资源。创业资源是新企业创立和运营的必要条件。

第二节　树立创业意识

【案例分享】

每天你有多少时间是盯着手机屏幕的？不同的人有不同的答案，人们不同程度对手机有着依赖感。

武汉漫步者文化传播有限公司盯住了这一市场空缺，主推蕴含湖北地方特色的原创动漫。开发出《掌上漫画》手机杂志。公司自行研发的动漫形式介于动画和漫画之间，非常适合手机阅读，同时兼具网络和传统媒体传播优势:

项目得到了创业导师的指导。公司与移动、联通、电信三大手机移动业务营运商达成合作，并经过调查反馈，调整手机杂志的发送时间，并不断完善资讯内容，力求全面、丰富多彩地发挥动漫的知识性、故事性和艺术性，并通过电话、体验、套餐营销等与消费者互动，进行推广和宣传。

一、创业意识及创业意识的养成

所谓创业意识，是指在创业实践活动中对人起动力作用的个性倾向，包括需要、动机、兴趣、理想、信念和世界观等心理特征。创业意识不是凭空形成的，也不是靠一时冲动产生的，而是需要创业者在创业活动中不断地磨炼、积累和升华。创业意识的形成是漫长而艰辛的，对即将走上社会的中职生来说，首先要萌发强烈的创业需要与动机；其次，要有理想和信念。

（一）需要与动机

创业活动是一种综合性很强的社会实践活动，它源于人的强烈的内在需要，这种内在需要是创业活动最初的诱因和动力。创业需要是创业意识的最低层次，它取决于创业者的社会状况、社会地位和阶层等社会性条件。如果没有创业的意识，就不可能产生创业需要，也绝不可能形成更高层次的创业意识。但仅有创业需要也并不一定有创业行为，只有当创业需要上升为创业动机时，才能形成创业者竭力追求的获得最佳效果和优异成绩的心理动力。创业动机就是推动就业者从事创业实践活动所必备的积极的心理状态和动力，创业需要是产生创业动机的基础，创业动机是创业需要具备满足条件和对象时的表现形式。当创业者产生了创业动机时，投身于创业实践活动的创业行为就开始了。

（二）理想与信念

创业理想是创业意识的高级形式，是创业者对未来奋斗目标向往和追求的较为稳定和

持久的心理品质，是人生理想的组成部分。但创业理想主要是一种职业理想和事业理想，而非政治理想和道德理想。有了创业理想，创业者的创业行为就会充满朝气和活力。因此，具有了创业理想，就意味着创业者的创业意识已基本形成。

二、创业精神的确立

（一）创业精神的内涵

江泽民同志在全国人大八届一次会议上提出了64个字的创业精神，这就是“解放思想，实事求是；积极探索，勇于创新；艰苦奋斗，知难而进；学习外国，自强不息；谦虚谨慎，不骄不躁；同心同德，顾全大局；勤俭节约，清正廉洁；励精图治，无私奉献。”《人民日报》社把这种创业精神称为民族精神、时代精神。

上述创业精神，全面概括了中华儿女的民族气概和一代人的精神风采。其内涵主要有三方面：一是必须有远大的理想和坚定的信念。要坚持用科学的理论武装头脑，认真学习马列主义、毛泽东思想、邓小平理论、“三个代表”重要思想和科学发展观，树立正确的人生观和世界观，为实现中华民族的共同理想奉献自己的智慧和力量。二是必须有艰苦创业、顽强拼搏的精神。要有强烈的事业心和责任心，刻苦钻研，勤奋工作，努力掌握现代化建设所需的各种知识和过硬本领，成为本职工作的行家能手；要开阔视野，树立高标准，不怕困难和挫折，坚忍不拔，勇于创新，努力争创一流。三是必须有实事求是的科学态度和脚踏实地的良好作风。要坚持解放思想与实事求是的统一，既要敢想敢干，又要求真务实；既要满腔热情地投身于改革开放和现代化建设的伟大实践中，又要从人民群众丰富生动的劳动创造中汲取营养和力量，在艰苦的环境中磨炼意志，增长才干。

（二）创业精神的体现

创业精神，反映了对开拓创新人才全面素质的要求。对即将步入社会的中职毕业生来讲，首先要自信、自主、自立、自强。这“四自”，正是新时代中职生创业精神的具体体现：

自信——对自我充满信心，相信自己有能力和条件去开创未来的生活和事业。自信赋予人主动积极的人生态度和进取精神，不依赖父母，不指望朋友，不等待安排，不幻想天上掉馅饼，其贯穿于创业活动的始终。成功使人更加充满信心，失败和挫折则会更加激发新的拼搏与奋斗的豪情。

自主——具有独立的人格，善于进行独立的选择和采取独立的行为，不受传统和世俗偏见的束缚及舆论和环境的影响，能自己选择生活的道路，善于设计和规划自己的未来，并采取相应的行动。自主是建立在社会需要和个人需要相统一的基础之上的，有损于社会和人民利益的个人行为应遭到唾弃。

自立——凭借自己的头脑和双手，依靠自己的努力和奋斗，建立起自己生活和事业的基础。现代人应具有自立的志向，自谋职业，勤劳致富。

自强——通过创业的实践，不断增强自己各方面的能力，进一步磨炼自己的意志，建立起自己的强者形象。要敢说敢当，勇于拼搏，不计较寸尺得失，不贪图眼前利益，不依恋平淡生活，自强不息。

对每一个创业者来说，自信、自主、自立、自强的精神是进行创业实践的灵魂和支柱，是开创新生活、追求幸福明天的精神信念。有了这一创业精神，才会有创业的要求和动机，才会有创业的意识和观念，才会有创业的动力和行动。

三、创业之路的选择

创业为青年成才提供了一条最好的道路，但创业之路是不平坦的，因为人生总是处在不停地选择之中，在不同的机遇中选择，在不同的职业中选择，在前人的经验中选择，在知识的海洋中选择……因此，当创业者走上漫漫的人生征途时，又面临着道路的选择问题。

（一）利己和利他

利己和利他的关系，实际上就是个人与集体的关系。在确定自己的创业目标时，一定要注意到利己和利他的统一，创业利己，同时创业也要利他。如果一个人的创业只有利己的私欲而无利他的胸怀，甚至为了利己，不惜牺牲他人利益、集体利益和国家利益，那么，他的创业必然得不到社会的支持，也注定不能成功。党的富民政策允许和鼓励一部分人和地区先富起来，进而达到共同富裕的目的，其中“先富”和“共同富裕”就是利己和利他的统一。个人创业致富，是人的自我需要。在个人致富的同时，带领周围的人共同富裕，促进家乡经济蒸蒸日上，则是人的社会需要。人生需要的利己性，是人的自我需要，是人的正当的本能心理；而人生需要的利他性，则是一种客观需要，是一种高尚的情操和奉献精神。

（二）成功与成才

创业是一种进取性很强的活动。每个人都渴望成功，但成功往往是智力和体力充分运用、顽强和敏捷充分结合的结果。创业之路是培养强者并使之成熟的路，是锻炼强者并使之成才的路。

在改革开放和市场经济条件下，所谓“人才”，是指与一般人相比，对社会的稳定和发展贡献更大、价值更高的社会成员。人才与常人相比，区别在于是否有创造性。凡是给社会带来新的思想、新的事业、新的生活和劳动方式、新的社会效益的人，凡是具有创造性思想和行为的人，都应视为人才。因此，成功的创业者就是人才。在创业的道路上，成才与成功像是“双胞胎”，是创业过程中的两个方面、两个终点。成才者必然成功，成功者必然成才。

（三）敢于拼搏

创业者的历史使命，首先在于突破原有的各种束缚，开拓新的领域，开创新的事业，并在其中发现、探索新事物成长、发展的规律。中职生如果没有创业意识，就只能守业而居，却不能创业而兴。运用科学技术不断探索，勇于开拓，以创业的精神闯出一条祖辈们没有

走过的路，这才是创业之路。

第三节　创业团队

一、创业团队的概念

克拉金（Clarkin）和罗萨（Rosa）定义了两类创业团队：第一类创业团队是某个具备一定素质的创业者，个体创建企业，而其他的团队成员接受作为从属管理的角色；第二类创业团队由几个从事财富创造的个体组成，这些个体分别从事新企业的不同分支，并能够整合资源和相互协调。还有一种观点认为，团队是由一群认同并致力于去达成一个共同目标的人群所组成，这一群人相处愉快并快乐工作在一起，共同为达成高品质的结果而努力。这个定义强调了三个重点：共同目标、工作相处愉快和高品质的结果。盖兹贝克（Kateweinbach）和史密斯（Smith）也提到了共同目标，并提到了成员“技能互补”和“分担责任”的观点，同时还指出团队是少数人的集合，保证相互交流的障碍比较少，比较容易达成一致，也比较容易形成凝聚力、忠诚感和相互信赖感。总的来说，团队必定是以达到一个既定结果为最终极目标，共同的目标是团队区别于群体的重要特征。

创业团队可以从广义和狭义两个层面理解。狭义的创业团队是指有着共同目的、共享创业收益、共担创业风险的一群经营新成立的营利性组织的人。他们提供新的产品或服务，为社会提供新增价值。广义的创业团队不仅包含狭义创业团队，还包括与创业过程有关的各种利益相关者，如风险投资、供应商、专家咨询群体等。

二、创业团队组织要素

库柏（Cooper）和戴利（Daily）认为：创业团队的概念相比群体的概念而言，创业团队的联系更加紧密，因为创业团队共享创业的承诺。创业团队就是一个特定的组织形式，可用5p模型表示，5p模型即目标（purpose）、计划（plan）、人（people）、定位（place）、权力（power），这五个因素构成了优秀的团队。

（一）目标

在团队建设中，有人做过一项调查：问团队成员最需要领导做什么，70%以上的人回答希望团队领导指明目标或方向。而问团队领导最需要团队成员做什么，几乎80%的人回答希望团队成员朝着目标前进。从这里可以看出，目标在团队建设中的重要性，它是团队所有人都非常关心的问题。许多创业者认为：没有行动的远见只能是一个梦想，没有远见的行动只能是一场苦役，远见和行动才是世界的希望。团队目标是一个有意识地选择并能表达出来的方向，运用团队成员的才干和能力，促进组织的发展，使团队成员有一种成就感。因此，团队目标表明了团队存在的理由，能够为团队运作过程中的决策提供参照物，同时能成为判断团队是否进步的可行性标准，而且为团队成员提供一个合作和共担责任的焦点。

（二）计划

对于一家新兴企业来说，制订一套完善的计划更为重要。发展计划要远远高于解决聘用问题、设计控制系统、确定上下级关系或确定创始人的角色等事项。发展计划明确的公司能够经受组织的混乱和创业者无能所带来的考验，而完善的控制系统和组织结构无法弥补计划上的缺陷。企业发展计划的最大使命就是让企业行驶在正确的航道上。一个企业如果发展计划出现了致命失误，最终就会出现南辕北辙的结果，即便是拥有强大执行力的组织队伍，也终会一无所获。计划与企业的长远目标是否一致，计划与企业竞争是否一致，划是否突出了企业的目标市场和消费群体，计划目标是否为更多的子目标所分解。一般而言，企业发展计划会与企业的长期目标一致，能够发挥出企业的竞争优势，为企业确定出最容易获得利润的目标市场，并且被分解成阶段性目标和众多子目标。

（三）人

在知识经济时代，人是企业最重要的资产，也是企业可持续发展最核心的生产力。日本著名跨国公司“松下集团”创始人松下幸之助认为，企业经营的基础是人，“要造物先造人。”企业如果缺少人才，就没有希望可言。毫不夸张地说，在竞争激烈的市场环境中，人才决定企业命运。因此，在一个组织中，任何决策都不会比人事决策更重要。“现代管理学之父”——彼得·德鲁克认为，人事决策是最根本的管理。因此人决定了企业的绩效能力，没有一个企业能比它的员工做得更好，人所产生的成果决定了整个企业的绩效。而企业要用人，就必然要选人、招聘人。然而很多进行人事决策的创业者，并不真正懂得怎么选人，很多人都认为自己是优秀的创业者，创业者以此为前提选人时，就可能犯下严重的错误。卓有成绩的创业者必然明白：不能凭自己的直觉和感悟来雇用员工，必须建立一套考察和测试程序来选拔人才。

（四）定位

选用人才，能力固然是首先要考虑的，但更重要的是要考虑到个人的能力必须与相应的职位匹配，这就是对人才定位的原则。用人不能只看能力大小，更要看其适不适合某一职位，做到人尽其才，既不能大材小用，也不能小材大用。物尽其用、人尽其才是每个创业者都孜孜以求的。这涉及一个人才及岗位价值的最大化问题，与企业用人标准密切相关。

（五）权力

创业者面临的各项事务纷繁复杂、千头万绪，任何管理者即使是智力超群的创业者也不可能独揽一切，授权是大势所趋，是明智之举。授权的目的是让受权者有足够的权力顺利地完成授权者所托付的任务。因此，授权首先考虑要实现的目标；其次，决定下属为实

现这目标需要多大处理问题权限。只有目标的授权，才能使下属明确自己所承担的责任，盲目授权必然带来混乱。要做好按预期成果授权的工作，必须先确定目标编定计划，并且使大家了解它们，然后为实现这些目标设置职位。

三、创业团队优劣势分析

（一）优势分析

1. 创业资源丰富

创业需要创业资源来支持，知识、技术、资金和经验等资源都是影响创业的重要因素。获取创业资源的难易程度也直接影响创业绩效。没有足够的创业资源来支持，创业者就不能做出创业的高绩效行为。同时，创业也是一项高风险活动，创业团队随时面临创业风险。如果创业团队人多力量大，在新企业成立的时候就可以获得大量资金、技术和经验，其抗风险能力就大。丰富的创业资源有利于让创业团队抓住一些风险较大但收益较高的创业机会。创业团队需要具备方方面面的能力以应对创业的需要。一般认为，技术、市场、生产管理和营销方面的技能是创业团队的必备技能。创业团队需要掌握创业所需的专业技术，很多创业活动都是因为掌握了关键的新技术，能够为消费者提供新的商品和服务而创立的，所以创业团队技术方面的技能是必不可少的。创业团队要发现创业机会并对其进行机会评估、做出正确的创业决策。创业环境时刻在变化，市场信息瞬息万变，创业机会稍纵即逝，所以，有关市场的技能是必备的。创业的实现离不开生产和管理，这也是创业团队必不可少的技能之一。创业提供的商品和服务要得到消费者的认可，必要的营销和销售技能也是必不可少的。

2. 信息收集全面

做出创业决策时要收集各方面的信息。创业者之所以寻求团队合作，是因为要弥补创业与自身能力之间的差距。团队成员只有相互之间在知识、技能、经验等方面实现互补，才有可能通过相互协作发挥出“1+1>2”的协同效应。

俗话说：“三个臭皮匠，顶个诸葛亮。”团队的结构是创业的重要资源。Cooper 和 Daily（1997 年）认为，如果创业团队成员在技能、知识和能力上互补，团队将变得高效。众多研究表明：创业团队在技能上的异质能改善新企业的绩效。Bantel 和 Jackson（1989 年）认为：高层管理团队拥有更加多样化的能力构成，将做出更具有创新性、高质量的决策。Murray（1989 年）进一步对技能异质性内容进行了研究，认为技能的异质性来自成员的教育背景、专业、职能和工作背景这四个方面，并认为管理团队的异质性与公司绩效正相关。创业团队的结构会很大程度上影响到团队的绩效和创业绩效。

3. 创业团队决策可避免个人冲突

创业团队的决策行为是创业团队在创业过程中做出一系列决策的行为。平等的决策模式使每个创业团队成员的意见均被作为参考，这类决策模式有利于全面地考虑决策问题，在获得全面决策信息的基础上做出最终决策。这类决策的质量相对较高，一方面由于决策的信息丰富；另一方面因为是平等型决策模式，所有团队成员均可参与，并且他们的意见能得到尊重。所以决策结果容易被团队接受，决策的认可度会较高，可以避免个人冲突。

（二）劣势分析

1. 团队决策未必有好效果

群体平等决策是有缺点的。由于是全员参与，决策所需的时间多，决策意见不统一容易错失良机。

2. 团队成员间信任问题

互信是形成团队的基础，但互信往往要经过长期合作才能形成。事实上，自私自利是大部分人的本性，能义无反顾地将团队利益置于个人利益之上者，恐怕还是少数。但盲目地信任团队成员，也是非常不明智的。自相矛盾的局面是：不能互信，难以形成团队；盲目互信，却又要冒很大的风险。可见，建立团队成员之间的相互信任关系时，既要培养和发展团队中人与人之间的信任感，又要建立正常的监督机制，以规避用错人的风险。

3. 不同意见的矛盾产生

创业团队成员经常会过于执著于创业构思，极力维护自己的主张，同时又回避自己的缺点。这种固执己见、争夺权利、回避弱点等的行为，往往使团队难以得到问题的最佳解决方案。有的团队成员会非常在意自己的地位与利益，将自己凌驾于团队之上，尤其是初期参加创业的成员，很难接纳比自己更为优秀的新成员。

四、创业团队组建策略

不同方式组建的创业团队既可能带来优势，也可能带来障碍。根据组建方式的不同，我们可以大体将创业团队按管理方式或者成员关系进行分类。

（一）按管理方式分类

按管理方式分类，可将创业团队分为星状创业团队（ starteam）、网状创业团队（ netteam）和虚拟星状团队（ virtualstarteam）。

1. 星状创业团队

星状创业团队，也称核心主导型创业团队，一般指团队中有一个核心主导人物（ coleader），充当了领军角色，其他的团队成员在企业中更多的时候是支持者角色（supporter），核心人物是团队的领导，核心人物有了自己的创意，然后据此吸纳其他人加入。因此，在团队形成之前，核心人物已经仔细考虑过团队的构成，他依据自己的构想选择成员，成员一旦加入，就扮演起支持者的角色。

这种创业团队的好处在于组织结构非常紧密，稳定性较好；决策程序相对简单，有利于决策和管理；核心人物在团队中的影响力和号召力巨大，能够带来高效率。其不足之处在于核心人物的权力过分集中，在一定程度上加大了决策失误的风险。而且，当矛盾激化和冲突爆发时，其他成员会愤然离开，这样就会对整个团队和企业的发展产生不利影响。

2. 网状创业团队

网状创业团队，也称群体创业团队，主要由志趣相投的伙伴组成。创业团队在组成时没有明确的核心人物，大家根据各自的特色进行自发的组织角色定位。创业初期，各位成员基本上扮演的是协作者或者伙伴的角色（ partner ）。网状创业团队成员之间有一张有形或无形的关系网，他们或是亲朋好友，或是同学老乡，或是朋友的朋友，同学的同学等。在具体交往过程中，由于志趣相投、脾性相合，产生了相同的创业想法并将这一想法付诸实践。在这个团队中，个人根据自身的专才进行角色定位。

与星状创业团队相比，这类组织权力分散，但好处是团队的成员关系较密切，较容易达成共识，发挥各自的作用，有利于决策的民主化；一旦有矛盾发生，一般都能以协商的方式解决，不至于导致人才流失或缺失；成员的地位相对平等，有利于沟通和交流。其不足之处在于成员在团队的地位相似，容易形成多头领导的局面，多头领导的管理方式使得手续繁杂，商讨决策时的方式极容易造成办事效率低；一旦团队成员间的冲突升级，没有核心领军人物，使某些团队成员撤出团队，就容易导致整个团队的涣散。

3. 虚拟星状创业团队

虚拟星状创业团队是由前两种创业团队演化而来，兼有前两种创业团队的特点。在团队中，有一个核心成员，但是该核心成员地位的确立是团队成员协商的结果，因此核心人物从某种意义上来说是整个团队的代言人，而不是主导型人物，其在团队中必须充分考虑其他团队成员的意见。

（二）按成员关系分类

按成员关系分类，可将创业团队分为亲友组合型、同学组合型、志趣相投型和志同道合型。

1. 亲友组合型

好多创业最初的融资都是亲情融资，这个传统的融资方式其实也是最容易的融资方式，随之而来的是由各出资方组成的创业团队。这种团队的好处在于创业初期已经有了一定的感情和彼此的了解，可以很快地进入创业的实质进程。缺点是有了感情的掺杂，创业者在决策和管理时，也不能太理性，否则就会影响感情，所以因亲情而组建的团队，也很容易因亲情而分手、翻脸。

2. 同学组合型

最初的创业团队是为了参加创业比赛而组建的，随着时间的推移和创业项目的不断深化和推进，好多创业者最后就决定真的要付诸实践了，这时的同学团队，也就自然演变成了创业团队。这种组合团队的好处是，大家亲手打造出来的项目，很了解细节。但是，如果团队成员没有相同的价值观的话，也很难走远。

3. 志趣相投型

就是一群志趣相投的朋友，其中一人创业成功了，其他成员也就自然而然地加入进来，逐渐成了团队成员。这种组合的好处在于创业之初大家都不怎么在乎金钱，维系大家在一起的是友谊和志向。但是往往在创业成功之后，有时会因为看法、做法、想法的分歧而分道扬镳。

4. 志同道合型

这种团队是在创业过程中不断磨合而组成的坚固团队，大家是因为有着共同的愿望，并且愿意为了同一个目标而付出自己的青春，这时就是付出很多，计较较少。一般来说，那些最后可以取得成功的团队大都是这样的团队。通常，志同道合的团队带头人也善于管理人心，善于管理公司。在股份、用人和薪酬计划上设计得较为合理，执行力较强，通常制定的目标和战略都可以按期实现，慢慢地就形成一种信任的氛围，这需要创业者自身具有很好的人格魅力和很强的创业能力。

五、创业团队管理技巧及策略

（一）建立信任

信任，作为高素质团队的起点，能制约和推动团队的发展。团队能不能飞跃，首先看在团队中，成员间能不能建立起相互的信任。

1. 信任是合作的基础

对于一个团队而言，团队成员是相互信赖的，团队合作往往是建立在信任而非利益的基础上。尤其在现今的工业社会中，虽然信任与合作正朝着一体化的方向发展，但是合作是以相互信任为前提的，没有信任，就难以产生合作的基础，可以说，信任是一个团队成功的关键因素。信任即彼此独立，有效率，有吸引力，共同承担责任，相互鼓励和信任。现实中，团队的失败大多也被归纳为内部缺乏信任，团队成员对领导的不信任是团队失败的主要原因。

2. 信任也需要相互监督

信任无疑能提高组织成员的积极性、满意度，有效地提升组织创新、生存能力。然而，信任也有成本。一旦信任被利用了，高得可怕的信任成本便显示出极强的破坏力，因为没有约束的信任将伴随着风险。

（二）合理授权

管理学家彼特·史坦普说过，成功的企业领导不仅是控股高手，更是授权高手。随着团队的建设和发展，领导者要通过合理授权，让团队成员分担责任，使团队更多地参与项目的决策过程，允许个人或小组以自己更灵活的方式开展工作，其目标和意义如下：

（1）通过灵活授权，显示领导者对团队成员的信任，同时也给团队成员学习与成长的空间。这种信任是奠定团队信任的基础，也是团队精神存在于领导者与团队之间的体现。

（2）合理授权有利于充分发挥团队成员的积极性和创造性。每个人都有实现自我价值的愿望。每一项工作的成功，不仅是领导管理的成功，更是所有实现自我价值的团队成员

的成功。

（3）合理授权有利于及时决策。一方面，团队成员在自己授权范围内可根据内外部环境的变化及时做出决策；另一方面，通过灵活授权，领导者逐渐将工作重点转向关键点控制、目标控制和过程控制。

（三）团队角色构建

1. 做好角色定位

角色定位是综合角色期望和角色直觉，进而找出团队成员最佳的角色位置。角色期望是指别人认为你在某一场合有怎样的表现。角色知觉是指个体对某一场合应如何作为的认识。对团队而言，角色定位主要由组织和团队中资深的人员根据自身的知识和经验来确定。角色知识的正确性、准确性直接影响团队角色定位与角色实现，因此，组织中的团队必须提高角色知识的正确性。团队领导要尝试让角色适合队员的个性，而不是勉强队员去适应角色。

2. 优化角色组合

“一山不容二虎”说明的正是团队缺乏效应，互不妥协，形成内耗。况且，即使诸葛亮有无数锦囊妙计，又有谁去执行呢？所以，重要的团队角色要符合团队任务的结构要求。结构是多样化的，有决策与执行之分，也有体力活和脑力活之分。一旦团队结构与任务结构脱节，任务就失败了一半。

（四）团队凝聚力

团队凝聚力是团队对某成员的吸引力和成员之间的相互吸引力，也包括“向心力”和“内部团结”两层含义。当这种吸引力达到一定程度，而且团队成员资格对成员个人和对团队都具有一定价值时，团队才能被称为具有凝聚力的团队。要打造一个有凝聚力的团队，需要团队建设人员去挖掘相同点，使其从不同点分化出来，为团队建设服务。增强团队凝聚力有多种途径。

1. 发挥团队领导者的个人魅力

研究发现，在“民主”、“专制”和“放任”这三种领导方式下，以“民主”型领导方式最好，这种领导方式下的成员比其他领导方式下的成员更友爱，团队思想更活跃，情感更积极，凝聚力更强。

2. 增强团体忧患意识和团体的竞争性

将内部矛盾化解转移为外部矛盾，就可减小内部矛盾产生的机会，从而使团体内部出现“一致对外”的局面。这种情况往往能增强团体的凝聚力和自信心。

3. 确定团体长远的发展目标

确定团体长远的发展目标，可以加强成员的一致性，同时将团体成败的利害关系与团体成员产生直接联系。外国的许多企业都采取让员工直接参股的方式，来管理员工与企业间的关系，从而增强团体的内部凝聚力，提高生产效益。

4. 完善团体内部管理机制

要做到赏罚严明、公平公正，将个人奖励与团体奖励相结合，把个人目标与团体的目标相结合，这样就会增强团体观念和团体凝聚力。

5. 加强信息沟通和交流，密切团体成员之间的关系

对于一个团结的团体来说，内部成员间的交流与沟通是非常必要的，团体成员间的交流和沟通可以加强团体的一致性，密切相互间的关系，从而达到增强团体凝聚力的作用。

（五）团队学习培训

微软公司曾经提出过这样一个说法，让优秀者更优秀，让平庸者不平庸。对于企业来说，每个成员都需要发展，而且都需要找到合适自己的方式来不断发展。这种方式可以建立完善的团队培训与学习机制，提升团队成员的素质和能力，将企业发展的需要和员工自身发展和谐统一起来，激发员工发展的内驱力，从而促进企业与员工的全面可持续发展。因此，团队管理的一项重要任务，就是构建一个学习型团体。

1. 营造开放的学习环境，构建创新型学习团队

营造开放的学习环境是建立学习型组织的基本条件。一是强调“终身学习”，让组织的成员养成终身学习的习惯；二是强调“全员学习”，不仅是企业组织的操作层、决策层，甚至管理层都要全身心投入学习；三是强调“全过程学习”，即学习贯彻团队运作的整个过程；四是强调“团队学习”，不但重视个人学习和个人智力的开发，更强调组织成员的合作学习和群体智力（组织智力）的开发；五是强调“兼学别样”，团队成员不仅要掌握本岗位的工作技能，而且要学习、了解其他岗位的工作。只有这样，工作才能顾全大局、相互协作。

2. 构建新颖有效的学习模式，促进企业与员工双赢发展

建设学习型团体，已经不再局限于传统的学习教育培训模式，而是从企业、员工自己的工作特点和现实需求出发，大胆进行观念、机制和活动形式的创新，不断丰富和完善学习的形式和载体。企业一方面要充分利用场地组织现场学习、专家讲座等；另一方面应不断创新学习载体，如远程教育、博客论坛、读书会以及现场交流、实地考察、课题调研、教学互动等丰富多彩的学习形式，拓宽教育的渠道；同时，还应结合实际，大力开展各种形式的校园文化活动，使学习教育来自于文体活动之中。

3. 建立长效学习机制，为双赢发展提供保障服务

联想集团之所以能虚心学习，是因为联想集团总裁柳传智有一个有趣的鸵鸟理论：当两只鸡一样大的时候，人家一定觉得你比他小；当你是一只火鸡，人家是小鸡时，你觉得自己大得不得了，而人家才会认为咱俩一样大；只有当你是鸵鸟，小鸡才会承认你比他大。正是有了鸵鸟理论做指导，联想才能不自高自大，才会经常看到自己的短处，发现别人的长处，并努力学习，取长补短，使自己不断得到提高。因此可见，建立长效学习机制的重要性。

六、创业者领导角色和行为策略

现代组织中，领导者充当着越来越多的角色，如外交家，负责平衡外界环境，协调本组织与其他组织的关系，争取获得最佳支持和最大资源；或者说是传教士，宣传组织文化、理念和目标，解释组织的目的、奋斗的原因。

（一）创新精神管理创业团队

成功的创业者需要走出感性的个人情绪，而以职业经理的身份、事业心、理性、知识和对企业、对员工负责的态度作为成功的基本保证。职业精神包括道德感和规则意识。这里的道德感一方面指创业者讲究社会公德、职业道德、家庭美德、公平竞争的个人修养。而更重要的一方面是指对民众、对客户、对竞争对手尊重，对市场规则的尊重。西方经济学家熊彼特曾描述：企业家的工作就是创造性地破坏。恩格斯指出："原始积累的每个毛孔都充满了血腥。"一些创业者对自己、对部下、对企业相当负责，而对竞争对手、对社会和整个经济秩序的均衡有序，缺少最起码的责任感，从而造成了个人道德与职业道德的分裂。最终结果,这些人既是社会经济秩序的破坏者,也将成为被破坏经济秩序下的受害者。

（二）创新思维领导创业团队

创业者必须有高瞻远瞩的决策能力，这种能力来自于创造性思维。这就要求创业领导内心要拥有亢奋激昂地追求经济利益和成就感的内在冲动和优胜劣汰的竞争意识。创业者进行创造性思维的结果，是使产品、规格、花色和质量不断发生变化以满足市场复杂多变的需求。创业者不断培养，运用创造性思维，并通过这种思想凝结成有形的结果，能使企业产品和服务有应变力、有市场、有生命力，也使公司获得成功。

七、创业团队的社会责任感

（一）创业团队社会责任感的概念

创业社会责任感（ Corporate Social Responsibility，CSR ）是指企业在商业决策和运作所影响的个体或群体，包括员工、顾客、供应商、社区团体、母公司或附属公司、合作伙伴、投资者和股东。企业社会责任感的概念是基于商业运作必须符合可持续发展的想法，企业除了考虑自身的财政和经营状况外，也要考量其对社会和自然环境所造成的影响。

（二）创业团队社会责任感的产生

毋庸置疑，企业的首要任务是创新和生产，企业应当是社会物质财富的创造者。企业的主要目的是为社会提供物质产品（也包括精神产品），并且企业是支撑人类社会生存的基本经济单位。企业如果失去了生产和创新功能，那就失去了存在的基本价值。因此，任何企业的第一要义是搞好生产，创造出市场效益，争取为社会多纳税，承担对社会的经济责任。这样企业就完成了它的主要任务。至于说企业的其他社会责任，有人认为这是第二位的事情，也可以称为分外的事情，譬如如何保障职工的劳动权利、要不要教育职工、要不要从事清洁生产活动和保护环境，要以企业的发展程度来定。企业如果有了经济实力就可以顾及，如果没有就顾不上了。但这几年来我们看到，市场经济下的企业与社会也有着千丝万缕的联系。企业来自社会，也必将还原于社会，这是一种新形势下的社会关系，企业的生死，发展壮大或被淘汰出局，都要由社会来承担它失败的代价。更主要的是，社会是企业的生存环境，没有一个好的环境，企业难以生存。因此，企业与社会有一个共荣的关系，市场经济下的企业与社会甚至有着更密切的关系，而不是关系变得越来越疏远。

（三）创业团队社会责任感的内容

美国学者戴维斯就企业为什么以及如何承担这种责任提出了自己的看法，这种看法被称为“戴维斯模式”，其具体内容如下：

（1）企业的社会责任来源于它的社会权利，由于企业对诸如少数民族平等就业和环境保护等重大社会问题的解决有重大的影响力，因此社会就必然要求企业运用这种影响力来解决这些社会问题。

（2）企业应该是一个双向开放的系统，既要开放接受社会的信息，也要让社会公开了解它的经营。为了保证整个社会的稳定和进步，企业和社会之间必须保证连续、诚实和公开的信息沟通。

（3）企业的每项活动、产品和服务，都必须在考虑经济效益的同时，考虑社会成本和效益。也就是说，企业的经营决策不能只建立在技术可行性和经济收益之上，而要考虑决策对社会长期和短期的影响。

（4）与活动、产品和服务相联系的社会成本应该最终转移到消费者身上。社会不能指望企业完全用自己的资金、人力去从事那些只对社会有利的事情。

（5）企业作为法人，应该和其他自然人一样参与并解决一些超出自己能力范围之外的社会问题。因为整个社会条件的改善和进步，最终会给社会每一个成员（包括作为法人的企业）带来好处。

第八章　创业素养和创业能力的培养

由于中职生身心发展的特点具有一定的局限性，可能在真正的创业实践过程中，进行创业实践的比例低，创业成功的比例也不高。核心价值观指导下的中职生创业教育，需要我们付诸实践，不仅仅是校园中的创业想象过程，而是凭着创业美好想象努力实践创业理想。当代中职生创业教育的开展不仅需要来自社会以及家庭还有学校的不懈努力，更需要中职生加强自身创业能力与提高各方面素质，因为事物的发展总是内外因相互作用才有结果，而内因是根本动力。所以，需要以核心价值观为正确指导，发挥中职生自身的作用，推动我国中职生创业教育工作的开展。

第一节 创业精神和创业素养

【案例分享】

现代中职生创业头脑风暴

青岛××学校毕业生张艳刚毕业便被某大酒店聘用，担任令人羡慕的文秘工作。但她心中却萌生了要当一名现代经营者的志向，因为她坚信中职生也能创大业。于是，她很快便放弃了令人啧啧称美的职位。经过一番市场调查，又经过两年的筹备，她筹措资金20万元，开办了以自己英文名字“ALICE”命名的酒店。从此，张艳的生活发生了质的飞跃，由一名打工者变成了老板。没钱做广告，她就充分利用自己的外语优势，到外国人多的地方发名片。并且在经营中以自尊自立的中国现代女性形象赢得众多外国顾客的赞扬，开业不到一年，她便还清了全部借款，成了一名真正意义上的私营企业业主。

【案例分析】

从张艳创业成功的案例，我们可以看出：正是张艳具有独立性和自信心，立志打破传统意义上的择业观，她才努力去创造机会。在创业过程中，她通过市场分析决定自己的经营方向，确定经营理念，敢于承担压力，敢于冒风险，运用自己较高的英语水平和人际交往技巧，终于闯出一条成功之路。而这些能力，正是一个现代人要成功地从事创业活动必须具备的能力。

一、创业精神概述

创业精神是时代精神的集中体现，是时代对人们提出的要求。创业成功者的环境、条件、机遇等可能不尽相同，但他们有一个共同的特点，即强烈的创业意识和敢于冒险、敢为人先的创业精神。

1．创业精神的内涵

《中共中央关于加强精神文明建设若干重要问题的决议》指出：“在全民族树立艰苦创业精神，是实现社会主义现代化的重要思想保证。我国是发展中国家，经济文化比较落后，处在创业时期。伟大的创业实践，需要伟大的创业精神。即使经济有了大的发展，人民生活有了大的改善。仍然需要保持和发扬这种精神。”

江泽民提出的“解放思想，实事求是；积极探索，勇于创新；艰苦奋斗，知难而进；学习外国，自强不息；谦虚谨慎，不骄不躁；同心同德，顾全大局；勤俭节约，清正廉洁；励精图治，无私奉献”64字创业精神，是创业精神内涵的高度概括，也是民族精神、时代

精神的体现。

新世纪的伟大创业精神就是上述江泽民同志所倡导64字创业精神。这种创业精神体现了三层含义：

（1）要有远大的理想和坚定的信念 要坚持用科学的理论武装头脑，树立正确的人生观和世界观，决心为实现中华民族的共同理想，为祖国现代化建设奉献自己的智慧和力量。

（2）要有实事求是的科学态度和脚踏实地的工作作风 要坚持解放思想与实事求是相统一，既要敢想敢干，又要求真务实。

（3）要有艰苦创业、顽强拼搏的精神 以强烈的事业心和责任感，刻苦钻研、勤奋工作，努力掌握科学文化知识、专业知识和专业技能，要树立高标准、严要求，不怕困难、勇于创新、敢于创业、争创一流的思想。

2．创业精神的培养

一般来说，精神的形成来自于实践的总结，来自情感和意志习惯的积累。因此，要形成创业精神就要培养良好的精神意志，要进行积极地创业实践。要培养良好的精神意志，形成可贵的创业精神，就必须注重以下四个方面的培养：

（1）对自己充满自信

对创业者来说，自信就是对自己充满信心，相信自己有能力，有条件去开创自己未来的事业。自信贯穿于创业活动的始终。自信赋予人主动积极的人生态度和进取精神，不依赖父母，不过分指望朋友，不等待国家和社会的安排，不守株待兔，不幻想天上掉馅饼。创业成功能让人更加信心倍增，而失败和挫折则也能激发拼搏与奋斗的精神。“不到长城非好汉”的豪情壮志是大部分创业者的对创业的一种坚持和追求。

（2）有胆有略的自强信念

在这个时代，各行各业都是广阔的舞台，都是可以大有作为的，行行能创业，行行能致富，行行出状元。自强就是在自信的基础上，通过创业的实践，不断增长自己各方面的能力，进一步磨炼自己的意志，建立起自己的形象，敢说敢当，敢作敢为，不贪图眼前的利益，永远进取，使自己成为强者。

一个中职毕业生、硕士研究生不一定能成为一鸣惊人的强者，创出一番轰轰烈烈的大业，而在我们周围却有许许多多职业技术学校学生凭借自己勇创大业的胆略和不凡业绩，成了远近闻名、令人刮目相看的强者。他们有的白手起家，有的走南闯北搞长短途运输，成为市场经济大动脉中的新鲜血液；有的利用自己在职业技术学校学习的知识和技能，搞起了新型种植业、养殖业、加工业；有的苦心钻研，成为装饰业、建筑业的行家里手或当家人；有的成为小饭馆、美容美发店、服装店、营销店的经营者或小老板。他们以自己的实际行动，证实了自己是生活的强者、时代的主人。他们的成功说明了一个真理：人有胆略路自通，胸有抱负业无穷。

（3）自主意识成就人格魅力

自主就是具有独立的人格，具有独立性思维能力，不受传统和世俗偏见的束缚，不受舆论和环境的影响，能自己选择自己的道路，善于设计和规划自己的未来，并采取相应的行动。自主还要有远见、有敢为人先的胆略和实事求是的科学态度，能把握住自己的航向，直至达到成功的彼岸。

（4）树立人生旗帜的自立信念

21世纪的青年人应该早立、快立志向，自谋职业，勤劳致富，建立起自己的事业。自立就是凭自己的头脑和双手，凭借自己的智慧和才能，凭借自己的努力和奋斗，建立起自己生活和事业的基础。

二、创业者的综合素质

一般来说，创业是一个人各种能力的综合体现，它需要几个方面的素质进行支撑。时代呼唤创业者，环境造就创业者。但是面临飞速发展的时代和纷繁复杂的环境，创业者的素质具有时代的特色。具体地说，创业者要有知识水平和管理素质、学习和反思素质、决断素质、心理素质。

1. 建立复合型知识结构

作为新创企业的管理者，创业者既要懂得管理学的知识，又要了解相应行业的科学技术知识，既要懂市场，又要懂法律，还要了解人文和历史。在知识经济时代的创业者需要复合型的知识结构，包括两方面的内容：一是指知识的广博性；二是指知识的专业性。创业者以其知识广博，能够吸收和借鉴任何时期任何群体的经验和成果，以培养敏锐的目光和思维，在多种知识的综合上找到新的创业点，在多种机会的把握上获得优势。另外，为避免通而不专，把自己的规划流落于纸上谈兵，创业者还需要一些专才。“专”的第一项是专业知识，没有专业知识就不可能正确把握创业机遇与方案，做出正确决策；“专”的第二项是管理知识，创业者的重要职责是把握创业方向、制订创业决策和对创业团队的组织协调。管理知识既是团队管理所必需，也是战略决策的基础。

（1）经营管理知识　在市场经济条件下，市场充满了竞争和风险，创业者要使自己的创业实践活动获得成功，就必须重视经营管理。在创业的过程中，许多具有良好产品的企业由于经营管理不善而导致失败的案例有很多，所以创业者一定要高度重视对企业的管理。经营管理知识大致包括：人员的管理、经营目标的管理、经营过程的管理等。

（2）专业知识　专业知识是创业之本。专业知识对于创业者确定创业目标具有至关重要的作用。纵观近几年在高科技领域创业取得成功的创业者，无一不具有深厚的专业知识。

（3）财务管理知识　企业财务管理的基本任务和方法是做好各项财务收支的计划、组织、控制、核算、分析和考核工作，依法合理筹集资金，有效利用企业各项资产，实现企业生产经营目标，提高经济效益。财务管理知识内容包括：财务决策评价、资金筹集、流动资产、固定资产、无形资产和递延资产的管理、对外投资、成本核算、损益分析等。

（4）金融知识　创业需要资金的支持。因此，要学习金融知识，了解融资的渠道、融资的方法、融资的注意事项等，用以保证创业成功。

（5）税收知识　税收是国家为实现其职能，依照法律规定强制地、无偿地征收货币和实物的经济行政活动，是国家参与社会产品和国民收入分配和再分配的一种主要手段。同学们在创业中要学习税收知识，依法纳税。

（6）法律知识　创业者要学习工商注册登记的申请登记手续、工商登记的条件、工商登记的内容等知识，以及经济合同法、涉外经济合同法等有关经济合同的订立、主要条款等方面，合法经营，避免因合同订立的缺陷而蒙受经济损失。

2．全面提升综合素质

要创业，光有热情和一定知识还不够。创业过程是艰辛的，而且充满了风险，作为一名涉世未深的学生要征服这一切，实现成功创业，必须具有良好的综合素质。

（1）科学的经营头脑　科学的经营头脑应该包括敏锐的商业意识和良好的经济意识两个方面。

①良好的经济意识　经济意识是指人们根据经济运行趋势和经济活动的规律、特点，对自己所拥有的经济资源进行投入，以期获得更大成果，并对自己的经济行为能否创造有益效果所做出的分析、判断和决策的一种抽象思维能力。

②敏锐的商业意识　商业意识是人们在经营实践中，在获取信息的基础上，把握市场趋向的一种思维活动方式。商业意识的形成及培养，对创业者捕捉商机起着至关重要的作用，是创业者创业的必备条件之一。市场中充满了商机，关键是你是否有一双善于捕捉商机的慧眼。

（2）基本的管理素质　随着知识经济的发展，信息量和知识量以前所未有的速度增长，这使人们成为通才的梦想化为泡影。市场的日益动态化、复杂化使得管理更加需要人性化和个性化。创业者需要具备一定管理素质，管理素质是使团队进行有效工作的保障。

管理素质一般来说，既包括日常管理的素质，又包括对一些情况的分析和决策。这里仅谈日常管理的素质。日常管理素质主要包括以下能力：

①应变能力

创业的环境是动态变化的环境，创业过程中的策略和措施必须根据具体环境的变化做出调整。应变能力是对客观环境的敏感反应能力，是处事不惊、沉着应对的把握能力。创业者要善于观察形势，能够认识和把握客观环境中变与不变的东西，抓住矛盾的主要方面，把握事物的主流。创业者只有按照事物的主流，把握和调整战略方向，针对具体的变化形式提出应对措施，才能在变化的环境中趋利避害，化被动为主动，最终赢得胜利。

②交际能力

所谓交际能力主要包括表达能力和反应能力。作为管理者，对客户进行充分有效的表达能够使客户充分理解企业的产品情况和企业文化，有利于推销自己；对本团队进行充分有效的表达能够使团队成员领悟企业的目标、面临的环境以及所要采取的对策，能够使团队成员更加有效地为完成共同的目标而努力。表达能力是充分、有效地将自己的观点阐释给对方的能力。而反应能力是交际能力的另一个方面，是表达能力的补充。在交际过程中，良好的反应能力能够帮助表达者随时领会和把握表达对象的需求和其对表达内容的理解，有效调整表达的方式和内容。

③判断能力　面对复杂多变的环境，如果没有判断力就不可能形成认识。判断能力首

先是把握事物发展主流所必需的能力。判断是管理和决策的基础。另外，在创业过程中，收益和风险总是并存的，不同的决策者对风险有不同的偏好。但是不论创业者对风险是什么态度，都需要对收益和风险做出判断，没有判断的风险运作是盲目的，是注定要失败的。判断能力又是风险运作的基础。

④协调能力

良好的协调能力有利于信息的沟通，对于加强相互理解和利益共享有着切实的好处。协调能力能够化解创业团队与竞争者之间、创业团队与客户之间的矛盾，能够使创业团队获得良好的形象，能够提高可信程度，为合作打好基础。协调能力还可以融洽相关主体间的感情，增加合作的愿望和机会。协调能力体现在团队内部就是如何促使团队能够积极、高效地开展工作。总之，协调能力一方面能够使团队成员之间关系融洽、化解矛盾、相互支持；另一方面使得整个团队的工作有序、配合协调，工作效率达到最高。

⑤亲和力

一个人的亲和力一方面来自于其观点、主张和处事原则，使人们感觉到他可以信任和依赖；另一方面来自于其行事作风和气质风范，能够给人一种莫名的亲切感。亲和力是一种个人魅力，富有亲和力的创业者可以更好地团结同事和朋友，为交际、协调等带来方便。

（3）敏锐地捕捉信息的能力

在20世纪90年代初期，海南省的房地产业经历了大起大落，许多创业者在那场商战中沉浮，有的一夜暴富，也有的因此一蹶不振，背上了沉重的债务。其实那些能够获得利益的商人，大都是一只眼睛盯着市场，一只眼睛盯着政府的人。任何一个政府都有责任对市场进行调节甚至干预，政府要确定投资方向，鼓励发展某些行业，抑制某些行业发展。当投资过热，物价上涨幅度过大时，政府将采取措施使经济降温；反之，又要使经济升温。

因此，创业者在经济大潮中拼搏，必须善于捕捉政策信息，把政策信息转化为商机，并作出正确的经营决策。

创业者要关注政府行为，根据政府的有关产业政策、发展战略来确定投资方向。如当前的政策热点有：发展西部、振兴东北战略、农业产业化战略、发展高新技术、发展环保产业、教育产业化等。其次，要了解政府的政策，就必须关心政治，了解时事，并要学习一些政治经济学知识。从政策信息中捕捉商机，说起来容易，做起来很难。同学们在创业中要达到能辨别真假信息的程度，就必须积累社会经验，培养感悟能力和洞察能力。

（4）良好的心理素质许多创业者成功的经验和失败的教训证明，良好的心理素质是创业成功的关键，包括以下几点：

①自信心

自信是创业成功的基石。美国著名心理学家马斯洛认为："事实上，绝大多数人一定有可能比现实中的自己更伟大一些，只是缺乏一点自信。"在创业过程中，每一项投资都要冒失败的风险，每一笔生意都可能会遇到麻烦，还充满了大大小小的困难。在市场经济大潮中的沉浮对创业者是一个严峻的考验，一个没有充分自信心的人是难以创立伟大事业的。有志于创业的学生，一定要注意培养自信心。自信来源于对自己实力的肯定，自信来源于成功的经验。戴尔·卡耐基认为，发展自信心的方法就是做你怕做的事，从而得到一个成功经验的记录。

②坚强的意志，坚定的恒心

“古之成大事者，不惟有超世之才，亦必有坚韧不拔之志”。在创业过程中，困难、挫折甚至失败都是在所难免的。能否从挫折和失败中重新站起来，是创业者能否取得事业成功的一个重要因素。同学们如果具有坚强的意志，在整个创业过程中就能调节自己的行动和精神状态，克服困难，战胜挫折，取得事业成功。要想创立大的事业，恒心也是非常重要的。有的浅尝辄止，有的小富即安，有的主意多变，这些都是缺乏恒心和毅力的表现。学生创业要有坚强的意志和坚定的恒心，成功意味着长年累月的艰苦劳动。

③善于调控情绪，保持乐观心态

在开始创办自己的企业的时候，要面对许多困难，例如：项目的选择、市场的开发、资金的周转以及暂时的失败等。面对如此多的问题，就要求创业者善于调控自己的情绪，保持乐观的心态，能够在紧迫的环境压力下泰然自若。学会调控情绪是做好工作的一个重要条件。

④善于沟通，善于与人合作

在创业过程中，必须要和各种人打交道，要干成一番事业，必须团结众人的力量。沟通能力常常直接影响一个人的管理能力、协调能力和组织能力，沟通能力也直接影响一个人与别人合作的能力。

⑤理性思考，克服盲目冲动

市场是有情的，也是无情的。面对市场，创业者要理智，各种经营活动都必须在理性的思考之后才能采取行动，切忌盲目冲动。有一句话说得好，“小心驶得万年船。”如远大中央空调有限公司的掌门人张氏兄弟在管理上非常慎重，他们坚持不进行资本运营，因为他们清醒地意识到那不是他们的特长。他们经常保障在银行有5亿~6亿元的存款储备，而不随便投资。可见，创业者要保持事业之树常青，就一定要谨慎从事，克服盲目冲动的思维方式。

（5）鲜明的个性

市场经济是一种个性化的经济。谁能设计和生产出适应市场需求的、具有个性的产品，谁就能获得高额利润。没有个性，就没有创造性。没有个性的创业者很难创造出有前景的事业。最重要的个性品质包括：独立性、求异性、进攻性、好胜性和坚韧性等方面。

①独立性

人天生具有独立性和依赖性。人之初，依赖父母的呵护，随着年龄的增长，这种依赖程度逐渐减弱，但许多人在心理上仍存在着较强的依赖性，这是一种心理上没有“断奶”的人。但是创业者必须培养强大的独立性，摆脱依赖性，要养成独立思考的习惯，不盲目听从别人（包括权威人士）的建议，要综合考虑自己所处的环境条件，做出独立的判断。

②求异性

消费者普遍都有一种喜新厌旧的心理，所以创业者如何使自己的产品和服务具有新颖的特征，往往是创业成功的一个秘诀。求异的个性，其实就是一种创造的个性，只有具有较强创造能力的人，才能具有强烈的求异性思维。产品和服务要创新，公司的管理也要创新。同学们在学习过程中，要注意培养求异的个性，避免形成思维定式，要善于打破常规思考问题。在创业过程中，可运用“头脑风暴法”来激发员工尽量放开思路，想出新点子。

③进攻性

商场如战场。在战场上只有那些具有进攻性、勇往直前的人才能取得胜利。心理学研究表明：人的内心是很脆弱的，根据人们内心脆弱性的不同反应，可以将人分为两类：一类是鸵鸟型，一类是豹子型。所谓鸵鸟型的人，在面对危险时，第一反应就是逃避，就像鸵鸟一样，它遇到危险时，会把头藏在沙子里或其他地方，它以为只要看不见敌人，自身就安全了。所谓豹子型的人，他们在面对危险时心中也很畏惧，但他们不选择逃避，因为他们知道一味逃避，永远不能占据主动地位。创业者在创业时，要面对许多强大的竞争对手，一定不要被对方貌似强大的实力所吓倒，而要像豹子一样直面对待，分析对手的弱点，找到战胜对手的方法。进攻性的本质是勇敢和进取精神。同学们在成长过程中，应该注意培养勇敢的心理品质。

④好胜性

拿破仑说过，“不想当元帅的士兵不是好士兵”。人天生都渴望得到别人的承认与尊重。从本质上说，人都是好胜的，但是，不同的人好胜的强弱不同。好胜性是指一个人对自己有充分的信心，积极与别人竞争，并追求成功胜利的喜悦。好胜性是创业者追求成功的力量源泉。但是好胜性不等于逞强逞能、自以为是、自吹自擂，好胜性更不是以自己的成功去攻击别人、嘲笑别人。一个具有强烈好胜性的人同样应该具有宽广的胸怀，要能欣赏别人的才华和成功，而不是心生嫉妒。

⑤坚韧性

坚韧性不是天生就有的，而是在实践中磨炼出来的，同学们在学习成长过程中，要接受“挫折教育”，锤炼自己坚韧的品格。

（6）要有能够形成决断的素质

决断是把握机会的重要行为。成功的决断能够推进企业的发展，错误的决策可能导致惨重的失败，而发展的机遇又稍纵即逝。所以说，创业者的决断素质是非常重要的。实施创业的第一步就是找准方向、严密论证，进而做出战略决策。创业环境当中，政治的、经济的、文化的各种要素相互联系、错综复杂，任何方案都不是完备的和确定的，这就需要创业者具有全局性的战略眼光和决断素质。古人云：不谋全局者，不足谋一域；不谋万世者，不足谋一时。在今天这样一个新生事物层出不穷的时代，只有能够正确认识社会发展规律，敏锐分析市场发展变化，准确把握国家的政策法规，分析主次矛盾，评估效益与风险，才能够正确地评判创业机会和制定创业方案，最后作出正确的决策才是最重要的。

（7）良好的文化素质

一个人的文化素质一般集中体现在思想道德、专业知识、人文知识和思维方式上。

思想道德素质是创业者文化素质中最主要的方面，是青年人创业成功的必备条件。只

有那些能为顾客带来更多的便利、创造更多价值的商家，才能在商场上立于不败之地。创业者在决定创办商业机构时，在公司的经营运作过程中，不能只考虑如何赚钱，还要考虑自己的事业是否能给广大群众带来更多的幸福。创业者只有在实现社会价值的过程中才能实现自身价值。

专业知识对于创业者来说也是十分重要的。利用专业知识创业，有利于形成自己企业的核心竞争力，有利于在竞争中处于主动地位。

人文知识对一个人的综合素质有较大影响。所谓人文知识是指关于理想人性和如何实现理想人性的知识，即如何做人的知识。商场上有一句格言：商道即人道。有志于创业的学生在自我塑造过程中，要努力学习人文知识，学会做人。

思维方式是文化素质的最终表现方式。作为一个创业者，要勇于打破自己的思维定式，因为有时候并不是没有机会存在，而是由于我们存在思维定式，对一些宝贵的机遇视而不见，因而错过了许多时机。

（8）良好的心理素质

心理素质是意志品质方面的东西，也就是所谓的“情商”，它是人们面对不可知的环境和前途时表现出的一种信念和态度。创业心理素质是指在创业实践过程中对人的心理和行为起调节作用的个性特征。因为创业的复杂性和不确定性，心理素质在创业的过程中占有举足轻重的地位。对创业来说，良好的创业心理品质有助于一个人充分地发挥其创业能力，从而取得创业的成功。据我国创业教育理论研究的最新成果，一般认为对创业活动具有显著影响的创业心理品质主要有以下几种：

①敢为性与克制性 对于从事创业活动的人来说，假如没有第一个吃螃蟹的冒险精神，那是什么也干不成的。敢为性是指有果断的魄力，敢于行动、敢冒风险并敢于承担行为后果的心理品质。创业需要敢作敢为，但是敢作敢为并不是盲目冲动，更不是任意妄为或胡作非为。敢作敢为是建立在对主客观条件进行科学分析的基础上的，是建立在实事求是的基础上的。

克制性是能自觉地调节和控制自己的情绪和感情、约束自己的行为、克服冲动的心理品质。敢为性与克制性是又一组相反相成的心理品质，在创业活动中交互作用，相互制约，起着重要的调节作用。在创业的过程中要善于克制，防止冲动，积极有效地控制和调节情感和情绪，使自己的活动始终在正确的轨道上运行，不至于因一时的冲动而做出缺乏理智的行为。当个人利益与法律和社会公德相冲突时，应当能克制个人欲望，约束自己的行为。

②坚韧性与适应性

创业过程不可能一帆风顺，没有克服困难、战胜逆境的艰苦奋斗，就不可能有创业的成功。在这里，迎着困难和逆境而上的决心和韧劲是取得成功的关键。同时，创业过程是一个长期坚持努力奋斗的过程，立竿见影、迅速见效的事情是极少的。创业者在方向目标确定之后，就应朝着既定的目标一步一步走下去，纵有千难万险，也不轻易改变初衷、半途而废。这就是创业的坚韧性。坚韧性是指为达到某一目的，坚持不懈、不屈不挠并能够承担挫折和失败的心理品质。

适应性是指能及时适应外界环境和条件的变化，灵活地进行自我调整、自我转换的心理品质。它们相互影响，相互作用，在创业实践活动中发挥重要的调节作用。创业活动是在一定的社会环境中进行的，而社会环境总是在不断发展变化。因此，无论是何种行业的创业者，都必须以极强的信息意识和对市场走向敏锐的洞察力，瞅准行情，抓住机遇，不失时机、灵活地进行调整。练就“淡水里能游，咸水里能泡，沙漠里也能洗澡”的适应能力，在外部环境和创业条件千变万化时，灵活应对，适应环境。

坚韧性和适应性是两种相辅相成的心理品质。

③独立性与合作性

所谓独立性是指思维和行为很少受外界和他人的影响，能够独立思考、判断、选择行动的心理品质。而合作性是指能设身处地为他人着想，善于理解对方、体谅对方，善于合作共事的心理品质。它们相互作用、相互制约，在创业实践活动中发挥重要的调节作用。独立性与合作性是相反相成的两种心理品质。

独立并不等于孤独，更不是孤僻。创业活动是个体的实践活动，但更是一种社会性的活动。独立性是创业者最基本的个性品质。就是说创业者不靠别人的供养，独立思考，自主行动，依靠自己的劳动和智慧，走上自立、创业的道路。但是这种活动，是在人与人之间交往、配合和协调中发生、发展并取得成功的。

我们十分强调创业者的社会交往能力，它的潜质就在于个性的合作性。成功的创业者大多是出色的社会活动家，他们善于与各种人打交道，积极主动地与人交往、交流、合作、互助。通过交流，获取各方面的信息；通过合作，取人之长，补己之短。每一个创业者都富有自己的个性特点，他们既不依赖他人，不听命于他人的安排，又能与他人密切配合，这就是独立性与合作性在个体身上的统一。

（9）要有不断学习和反思的素质

创业者必须树立活到老学到老，终身学习的概念，不断学习、终身学习，以获得创业的成功。在知识经济时代，专业知识增长迅猛，管理知识日新月异，不学习只能被淘汰。只有具备在学习过程中掌握获取新知识、拓展新领域的能力，才能以最快的速度适应新的技术和环境。随着新知识的增加和新经验的积累，在拥有这些宝贵的财富基础上，创业者还应善于反思和总结，进行理论上的升华，将知识和经验积累转变成自己真正的水平和能力。单纯量的知识积累只是提高的第一步，但不能形成强劲的思维动力。

（10）良好的身体素质

创业是一件繁重、复杂的事情，有志于创业的同学们对此要有充分的估计。由于创业者是老板，需要统筹一切，因而总是非常忙，这可能会导致体力透支、过度疲劳。在精神方面，创业者既要应付公司内部的人际关系纠纷，又要和公司外部的各层管理者如工商、税务等打交道，还要忍受来自各方面的挖苦、抱怨、冷嘲热讽，更要承担失败的风险和各种决策的压力，创业者普遍感到精神压力很大，因此提高良好的身体素质非常重要。那么怎样才能拥有良好的身体素质？

三、常见创业者的心理、行为障碍及排除

1．心理障碍

创业中常见的心理障碍主要由人格障碍和情绪障碍。

（1）人格障碍及克服方法　人格障碍主要来自于依赖性、畏缩和自卑感。依赖性人格来自我国特有的传统观念、传统习俗和传统教育体制，依赖性是形成独立性心理品质的障碍。21世纪人们的生活方式已发生巨大变化，必须排除依赖性心理，提倡青年学生走自主创业之路。畏缩人格来自于胆小怕事，害怕尝试、惧怕失败，青年学生必须努力克服懦弱的畏缩心理，积极投入到社会变革中去，自主创业。自卑人格主要是不能正确客观地评价和对待自己，过分低估自己、怀疑自己的能力。

自卑的人容易对前途失去信心，这是创业者的巨大障碍，因此，必须正确评价自己，发现自己的优势和特长，树立自信、克服自卑，走自我创新之路。

（2）情绪障碍及克服方法　情绪障碍往往表现为郁郁寡欢的病态心理，情绪低落，终日忧愁，精神不振，体力衰退，未老先衰。忧郁是一种情绪障碍的体现，来源于性格内向、个人身世和社会经历的不幸，或在生活上、学习上、工作上遇到麻烦。这是一种可怕的情绪障碍，尤其是对于创业者，在创业中难免遇到挫折，遇到挫折就灰心丧气、悲观失望、消极等待，只能摧残自己的意志，阻抑自己的活动，削弱自己的能力，损害自己的身心健康。对于创业而言，忧郁和过度焦虑等情绪都会阻碍创业活动的顺利进行，因此，在创业过程中要努力排除情绪障碍。

要想排除情绪障碍，首先要保持性格上乐观态度，多与知心朋友交谈，听取别人的建议，多参加一些有益的社会活动；让自己心中时刻充满着光明和希望，走出个人小圈子，经常宽慰自己再大的困难总有办法解决。要经常与四周的环境保持良好接触，敢于与不熟悉的人和事打交道。这些方法有助于让人尽快从焦虑情境中解脱出来。

2．行为障碍

创业者常见的行为障碍主要表现为面对挫折时的行为障碍和急于求成的行为障碍两个方面。

（1）挫折型　挫折障碍影响创业的进程，动摇创业的决心，关系到创业的成功。挫折行为障碍来自于创业过程中某些细节上的差错或遇到意外情况导致进程放慢，甚至失败。因此，在创业过程中要尽量减少人为挫折，一旦遇到挫折必须排除。

(2) 急于求成型　急于求成往往是个人过分看重行动结果与切身利益的直接关系，而忽视行动过程以及间接要素的作用。急于求成主要表现为在创业活动中违背事物发展的客观规律而急躁行动。实际上，行动过程中的体验或经验教训，往往比行动结果更有价值。在创业活动中必须克服急于求成的行为障碍。

第二节　创新能力概要

【案例分享】

苹果计算机公司的成功创业

1975年以前，美国还没有个人计算机，乔布斯和沃兹当时还是中学生，他们是在一家车库里结识的。他们都是计算机迷，可是又买不起计算机，于是决定自己动手装。他们装了一些称为“苹果一工”的计算机板，到当地的计算机商店去兜售。可是商店老板告诉他们社会上大部分人想买整机，而不是散装件，于是乔布斯和沃兹决定设计、生产完整的微型计算机，但是他们没有资金。这时，在计算机商店老板的帮助下，一位38岁的名叫马克·库拉的风险企业家来到了他们的车库，仔细询问并实地考察了“苹果”的样机，最后问起了关于“苹果”计算机的商业计划，但乔布斯和沃兹对商业一窍不通。马克·库拉告诉他们，一份详细的计划是吸引风险资本所必需的，于是给他俩上了两星期的管理课。他们三个人日夜工作，制订了一份“苹果”计算机的研制生产计划。马克·库拉首先将自己的9.1万美元先期投入，又帮助乔布斯和沃兹从银行申请了25万美元贷款。接着，他们三个人又带着计划去马克·库拉熟识的风险投资家那里去游说，吸引了另外60万美元的资金，他们聘请了33岁的迈克尔·斯科特当经理，因为他熟悉集成电路的生产技术。马克·库拉和乔布斯任正、副董事长，沃兹任研究发展部经理，苹果微型计算机公司就这样正式开张了，并很快走上了飞速发展的道路。

可见，苹果公司的几个创始人之所以能够成功创业，完全得益于他们良好的合作与沟通。否则，他们是不可能创立并发展苹果公司的。

一、创新的概述

1．创新的概念

所谓创新，就是新知与新行的统一：新知即创新性思维，想前人所未想，想他人所不敢想的事；新行即进行创新实践活动，做前人所未做，做他人所不敢做的事。创新就是创造新事物。凡是对人类社会发展有益的，能推动人类社会进步，前所未有的事物就叫“新事物”，“新事物”包括新产品、新技术、新思想、新方法、新模式、新机制、新体制等。

通常所讲的创新是指科技创新、制度创新和意识创新。这三大创新活动分别属于生产力范畴、生产关系范畴、上层建筑范畴。它们的共同作用是推动生产力发展．实现经济繁荣和社会进步。

2. 创新的特点

一般来说，创新具有以下几个特点：

（1）普遍性和社会性

创新存在于人类活动的一切领域中，人类要生存，要发展，必须不断地改造主观世界和客观世界，改造的过程就是创新的过程，具有普遍性。创新是社会需要的创新，创新离不开社会发展的需要，它起源于社会发展的需要，它的归宿是为社会发展服务，推动社会进步，它的社会性比较明显。

（2）超前性和新颖性

创新就是超出平常的一种首创，它是超前于社会的认识，处于思想和行动的最前沿。它的超前性决定了它的新颖性。创新所包含的新构思、新形式和新内容，都是前所未有、与众不同的，即创造出新、奇、特的事物。

（3）实践性和艰巨性

实践之树常青，创新产生并依赖于实践，人们要在实践中不断地发现问题，萌发创新意识，创新成果最终也要回到实践中接受检验。创新是一种复杂的劳动，需要付出一定的代价。不经历风雨如何见彩虹，创新需要敢为天下先的勇气，在失败和成功的道路上不断前进。

二、创新能力及其培养

1. 创新能力的内涵

（1）什么是创新能力

所谓创新能力就是人们产生新认识、新思想和创造新事物的能力。创新能力涉及一个人的多种能力，如认识能力、观察能力、记忆能力、判断能力、分析能力、想象能力、实验能力、自学能力、吸收知识能力、信息能力等，是一个人综合能力的具体体现。作为一个教育工作者，在研究如何培养学生的创新能力之前，首先应对创新能力的内涵有一个基本的认识与了解，这样才保证我们在准确理解与全面认识的基础上相应做好对学生创新能力的培养与教育工作。因此，我们在培养学生创新能力时，应注意对组成创新能力的各种相关能力的全面培养，这样才能全面提高学生的创新能力。

（2）中职生创新能力不足的原因

中职生是具有创新潜能的，只要对他们采取适当的方式方法，他们的创新能力是可以大幅度提高的。目前，我国中职生特别是一般职业学校的中职生，创新能力还是较低的，如不进行创新教育，中职生的创新潜能很可能萎缩甚至消失。

2. 创新能力的培养

关于中职生创新能力的培养需要做好以下几个方面的工作：

（1）要培养创新型教师

课堂教学的主导是教师，他们教育思想的更新和教育观念的转变是至关重要的。在现代化的课堂教学中，教师要从知识的传授者变为学生学习的指导者和科技创新活动的导演，学生要由被动的接受者转为学习的主体。这就要求教师爱岗敬业，对本学科的前沿理论和与本专业相关的交叉学科的最新理论有强烈的求知欲望，并善于将最新的教育科研成果运用到教学当中。要尊重学生的个性，承认学生兴趣和性格的多样化，在此基础上，开展创造性教学活动，营造民主、宽松的创新氛围，激发学生独立思考。对学生的评价要以促进和激励学生创新能力的发展为主导。因此，职业学校要全面培养高层次创新型人才，当务之急是要培养大批具有创新意识和创新能力的教师。

（2）转变教育观念

随着知识经济的到来，社会主义市场经济的日臻完善，社会竞争日趋激烈，科学技术日新月异，社会对未来人才的素质要求必将越来越高。伴随未来社会对人才素质的需求变化，科技创新能力已经成为衡量人才标准的一个极为重要的方面。在思想认识上，我们要充分认识到，未来社会对人才素质的更高要求，使加强中职生科技及创新能力的培养成为时代教育的必然特征。职业学校作为培养高素质创造性人才的基地，时代就必然赋予其新的要求和使命，不仅要传授中职生科学文化知识，而且要全面培养中职生的科技意识和创新能力。职业学校应站在迎接新世纪知识经济的高度，着眼并着手于培养高层次的有创新能力的中职生，转变教育思想中不利于创新人才培养的价值观、质量观、人才观，牢固树立创新教育、素质教育、终身教育、开放教育和个性教育的新型教育观念。

（3）改革教育方式

要把过去以“授业”为主的教学方式转变为启发受教育者对知识的主动追求。积极实行启发式和讨论式教学，激发学生独立思考的能力和创新的意识，切实提高教学质量。让学生感受、理解知识产生和发展的过程，培养学生的科学精神和创新思维习惯。这是做好学生创新能力的培养工作，必须采取的切实有效措施，要把培养增强学生的创新意识放在首位。积极创造条件，让学生积极参与教学过程，以使学生从被动学习转变为主动学习。要充分调动学生学习的自觉性，使其思维活跃、敏捷，善于动脑筋，能够解决各种问题。在教学方式上，根据可接受原则，选择适合中职生的教材，着重培养学生获取、运用、创造知识的意识和能力。教师应该发掘每一个学生的潜力，培养学生的创新意识，激发学生的创造积极性。课堂教学主渠道作用的发挥，还有赖于课程的改革。职业学校要根据创新人才的需要和学生创新思维与技能提高的需求，开设一系列专门课程。无论是创造技法、智力与创新能力的训练，还是科学研究方法论，都会对学生科学精神和创新意识的培养起到重要的作用。

（4）改变学习方式

由于知识和技术发展的速度越来越快，知识更新的周期在不断缩短。因此，除了学校教育之外，人们的学习将越来越多地渗透到个人的工作和社会活动之中，从而使学习贯穿于整个人生过程和整个社会活动之中，即“生活即学习”。学会学习是个体获得自由发展的手段，职业教育应重视奠定人的终身学习所必需的知识和能力的基础。学校必须引导学生掌握正确、科学的学习方法，尤其是适应他们自身特点的自学方法及自己获取知识的能力。要学会用已知的知识获取未知的知识，要逐步学会用所学的知识创造性地解决实际问题，并养成创新的习惯。

（5）尊重学生的首创精神

学生在参加活动的过程中，由于知识和能力的局限性，难免出现幼稚之举甚至可笑之处，这是完全正常的。在培养学生创新能力的过程中，应充分尊重学生的首创精神。因此，必须营造宽松的学术研讨氛围，尊重并鼓励学生的创新意识和创新精神，使学生在良好的学术氛围中，互相学习、大胆交流、共同提高。

（6）构建合理的课程体系

创新能力来源于深厚的基础知识和良好的素质，仅仅掌握单一的专业知识很难做到创新。在培养目标的选择定位上，应充分结合学生所学的专业特点，才能为学生科技及创新能力的培养工作奠定良好的基础。因此，加强学生基础教育的内涵更新和外延拓展及构建合理的课程体系非常重要。

（7）集中优势、突出重点

学生创新能力的培养工作，不是突击任务，不可能一蹴而就。它作为一个系统工程，必须做到长远规划与短期安排相结合，在找准主攻方向的基础上，集中优势，突出重点。为使学生创新能力培养工作不断深化、日显成效，必须坚持长远规划与短期安排相结合。

第二节　创业能力培养

【案例分享】

教师大胆鼓励学生质疑

“杰拉德·卡斯帕尔教授，你错了！”美国斯坦福大学荣誉校长杰拉德，卡斯帕尔在给本科一年级学生上课时。学生们经常这样提醒他，但这正是他最高兴的地方。“学生们的天真让我意识到我的理解并不全面，然后再把讲义重写一遍，创新就要靠这种质疑的勇气。”他说。在当今的信息社会，知识更新的速度大大加快，要在海量的信息中获取有用的知识，教师必须培养学生具有良好的判断能力和批判精神。教师应鼓励学生在学习和继承人类已经创造出的优秀文明成果的基础上，勇于突破成规，勇于对现有知识质疑，挑战旧的学术体系，在发现和创新知识方面敢于独辟蹊径。要打破“听话的孩子就是好披子”的观念，倡导勤思、善问的良好学风。教师，要保持一颗平常心对待学生的质疑。不要怕被学生问倒，而去扼杀学生质疑的优秀品质。著名特级教师宁鸿彬老师他对学生提出“三个欢迎”和“三个允许”的开放政策：欢迎质疑、争辩和发表意见，允许出错、改正和保留意见。这些民主的教学思想，都为学生创新精神的培养创造了积极的条件。

一、创业能力概述

1. 创业能力的含义

创业能力在创业的基本要素中具有重要的地位，它是创业基本要素的核心，创业能力的强弱直接影响着创业实践活动的成败。创业能力是一种能够顺利实现创业目标的知识和技能。创业能力是在创业实践中体现出来的影响创业实践活动效率，促使创业实践活动顺利进行的主体心理条件；创业能力比其他能力更具有综合性和创造性；创业能力表现为复杂而协调的行为动作。

2. 创业能力的特征

由于创业是一项特殊的社会实践活动。该活动赋予创业能力不同于一般能力的特征，它主要体现在以下几个方面：

（1）具有较强的创造性　在创业实践活动的整个过程中，每时每刻都离不开创造性思维和求异、求变、求新的探索能力。创业能力是一种具有突出的创造性特征的能力。创业能力的创造性特征是表现在创业实践活动的全过程中的，即从实践中提出问题到在实践过程中解决问题。

（2）以智力为核心　智力作为创业能力的核心，是指智力在所有的活动中普遍起作用，没有智力活动的作用，创业能力纵向结构的各个层次不可能形成和发挥作用，各层次之间

的灵活转换和逐级递增结合和组合，无法指向共同的方向和中心，无法整合一致、高度协调地解决实践中所提出的问题。创业能力是一种以智力为核心，以知识、技能和经验为基础的具有较强综合性的能力结构。创业能力结构的核心是智力，包括观察力、注意力、记忆力、想象力、思维力、创造力等多种能力。

（3）具有较强的实践性　创业能力的形成与发展始终与创业实践和社会实践紧密相连，创业能力是在实践中培养出来的。创业能力只有在社会实践活动这个大舞台上，接受创业实践活动所提供的艰巨而富有挑战性的任务，才能启动和激活个体的创业能力，从无到有、从小到大、从不成熟到比较成熟。

（4）受个性的制约较强　能力是个性结构的有机组成部分。因此，能力的形成过程和发挥作用的过程必然受个性心理倾向特征的影响和制约。创业能力也不例外，创业能力是在个性制约下形成并发挥作用，是与个性心理倾向和个性心理特征紧密结合在一起的。妨碍创业能力发展的个性方面有：个性封闭、狭窄、不喜欢交往与交流；喜欢服从、模仿、权威观念重，办事犹豫不决等。在创业能力形成和发挥作用的过程中，是否具有开创型的个性至关重要。许多创业实践事例证实，在创业能力形成和发挥作用的过程中，最重要的个性特征就是看一个人有无开创型的个性素质，即对创新开拓活动的向往而产生的不可遏制的激情，是一种跃跃欲试，甚至非干不可的创造冲动式的心理状态，它是创业能力形成的第一步。

二、创业能力的内容

创业能力一般由经营管理能力、专业技术能力、综合性能力三部分构成，从对无数创业成功者的能力分析中可以看到，经营管理能力、专业技术能力、综合性能力在创业实践活动中直接发挥三种不同层次的效率。

1．经营管理能力

经营管理能力是创业能力中的运筹性能力，直接提供效率和效益，具体表现在：经营、管理、用人、理财四个方面。在创业能力中，经营管理能力是一种较高层次的能力，它从三个方面直接影响创业实践活动。一是它涉及创业实践活动中人的选择、使用、组合和优化，涉及群体控制的各个方面；群体目标、群体内聚力、群体规范和价值等。所以，经营管理就是人才的发现和使用的艺术。二是它涉及创业实践活动的每一个环节：规划、决策、实施、管理、评价、反馈、影响到创业实践活动的全过程。所以，有人认为经营管理就是控制和调节的艺术。三是它涉及创业实践活动中资金的分配、使用、流动、增值等环节的过程，从而影响实践活动的规模和效益。所以，经营就是资金的运筹艺术。

（1）经营能力　经营能力，尤其是对即将毕业踏入社会准备创业的职校生而言，是必需的重要能力。成功的创业者，不仅要有果敢的开拓创业精神，还必须精通经营之道。一般要具有以下两个方面的能力：

①要有敏锐地把握商机能力　在我们的生活中，机会无处不在，对创业者来说，可谓是“商机无限”。可好的开头，是成功的一半。把握商机，可以说是成功的经营者所具备

的一种基本能力。当你决定开始独立创业时，创业者所面临最现实、最紧迫的问题就是从事哪一种行业。创业者在创业初期，创业者应该具备独具慧眼的能力，要慎之又慎，反复论证，选择好自己的创业目标，争取在开始创业之际，就能选择一个有良好发展前景的行业。

全球著名的一位香肠连锁店的开创者，原先在一个学校里看大门，后来校长把他辞退了。当他提着自己的铺盖卷儿，怀揣着几元钱离开学校时，他照例打算到附近的一家香肠店买点香肠做晚餐，然而，店门却封了，那个开香肠店的老太太搬走了。他有点儿失望，继而转念一想："我何不在这儿开一家香肠店呢？"接下来，他的香肠店就开张营业了，由于经营有道，现在，他的香肠店在世界范围内都设有连锁店，可以说人人皆知。

②要掌握一定的经营、销售诀窍 大凡善于经营的人，都有其各自的经营诀窍。现代经营，有的创业者可能会用大把的钱做广告。这不失为一种经营策略，它可以把商家的产品直观、形象地展现给消费者，提高商品的知名度。科学的经营技巧，是在熟悉社会消费心理的前提下产生的。

上面我们讲到的那家香肠店在以后的经营中，为了顾客的方便，雇用了一批专门负责送货上门的工人，顾客不出门便可以吃到香肠，感到非常满意。以后，该店经营者考虑到顾客的心理，决定把香肠袋装化，即把香肠分成大小不等的几根，独立地包装起来，也就是我们今天看到的样子。正因为如此，香肠才风靡全球。

日本西铁城钟表商，为了在澳大利亚打开市场，提高手表的知名度和销售率，采用直升机空投方式，把手表从空中扔下来，落到指定的广场上，谁捡到就归谁，这一招引起了巨大的轰动，因为手表从高空落下居然安然无恙，足见手表的性能之良好。西铁城从此名声大振，很快就打开了销售市场，销售商达到了预期的目的。这是采用"轰动效应"的经营技巧。对于商家来说，这看起来像是一桩折"本"的买卖，其实不然，只要你的产品质量好，消费者在用完试用品后自然会买你的产品。而且，免费送试用品给消费者，实际上也起到了"广而告之"的作用。

（2）管理能力

创业实践活动需要创业者有效的管理能力。管理能力是指企业领导人根据企业的内在活动规律，综合运用企业中的人力资源及其他资源，从而有效地实现企业目标过程的综合能力。管理能力主要包括财务管理和人才管理两个方面。

①财物管理

创业者要具备一定的财物管理能力，这一重要性自是不言而喻的。许多企业由于盲目生产，不重视成本核算和财物管理，最后只能倒闭关门，这也从反面证明了财物管理能力的重要性。俗话说："吃不穷，穿不穷，算计不到必受穷。"创业者要从事生产经营，获得利润，就必须善于理财。在商品经济条件下，创业者必须心中时刻装有一把算盘，每做一事，都要掂量一下是否有利于企业发展，有没有效益。

②人才管理 创业者或企业领导者应该时刻牢记，人才是一个公司的根本。创业时期要注意集聚人才，招揽人才。另外，如何用好人才实际上也是一种管理能力，创业者要在创业这个复杂的社会活动中获取成就，就必须有善于用人的才能。日本著名企业家松下幸

之助的名言：“企业最好的资产是人”，诺基亚公司“以人为本”的广告词，都充分体现了人的重要性。但开始创业的人，财大气粗者并不多，物质条件相对差一些，这时要想留住人才，就必须重视“感情投资”。人是重感情的，当一个人能够体会到管理者是真心地关怀和重视自己，他一定会真诚地为企业付出自己的聪明才智。比如有的职工过生日，领导者可以送他生日礼物或者为其开一个生日宴会；有的职工结婚，领导者要前去贺喜；有的职工生病住院或家庭困难，领导者也可以前去慰问等。

2. 专业技术能力

一个具有丰富经验和较高水平的经营管理者，如果不熟悉、不了解某一专业或职业的特殊性，就无法施展和发挥其经营管理或综合性能力，而只有把握住某一专业或职业的特点，才能对症下药，因事制宜，采取适当的经营管理方法。在创业能力中，专业技术能力（包括技能、技巧）是最为基本的能力，是人们从事某一特定社会职业所必须具备的能力和本领。专业技术能力包括专业知识和专业技能两个方面：

（1）专业知识

掌握专业知识是培养专业技术能力的基础。专业知识是指从事某一专业工作所必须具备的知识，一般具有较为系统的内容体系和知识范围。学生为了更好地学好专业知识，广大的中职生还要学习一定的文化基础知识，可以说文化基础知识是专业知识的基础。例如，电机维修专业的职校生要有相当丰富的物理学，尤其是电学方面的知识储备；缝纫专业的学生必须有一定的数学、人体生理学知识基础。对广大职校学生来说，在学好文化基础课的同时，更重要的还是要学好自己的专业知识。实践证明，学生在职业学校中所学的知识越多，专业技术能力越强，创业实践活动的成功率就越高。

专业知识成就创业成功。尹玉君，1986年考入青岛平度四职高林果专业班，1989年毕业。在学校，他曾经是个调皮的学生。后来，在老师的教导下，他决心学好自己的专业知识，为以后的成才奠定基础。老师讲课时，他认真听讲，做笔记，遇到不懂的东西，虚心地向教师和同学请教，有时为了一个问题，还和同学争论得脸红脖子粗。他的这种精神，使他具备了扎实的专业知识功底，为他以后的成才奠定了坚实的基础。1989年毕业时，马戈庄镇果林站要招收林果技术员，而且还要进行文化课考试，他凭着扎实的文化功底，以平均每门96分的成绩考取了第一名并被录取。从此，开始了他的人生历程。他先是利用自己的专业知识做实验、搞研究，研究培植出了一种新苹果品种“北斗苹果”。这种苹果一上市，价格便达到每斤1.5元以上，其他的苹果则只卖0.5元钱。由于他工作突出，被授予“青年科技标兵”、“星火带头人”等称号，还获得了去日本学习的机会。在日本，他刻苦努力，凭借着自己的能力和韧劲儿赢得了日本老板的赏识。学习期满后，他谢绝了日本老板要他定居日本的好意，回到了国内。如今，他在大华农副产品有限公司任主管，准备创办梨园。

从尹玉君的经历，我们可以看出：一定要有扎实丰富的科学文化知识和专业知识。他现在正在攻读日语，这样，再到日本去学习时，就解决了日语沟通交流的障碍。同时，自己也多学了一门专业，在今后的生活中也多了一条出路。当你留心一下，你会发觉，每一位事业成功者都拥有很特别、很高超的“专门知识”。李嘉诚是地产专家、邵逸夫对电影了如指掌，包玉刚是航运百科全书。我们职校生正当学习知识的黄金年龄，更要抓住机会，努力学好专业知识，为以后成才打下基础。

（2）专业技能知识 一般来说，专业技能包括智力技能和操作技能两个方面：

①智力技能

智力技能的形成，对于解决生产中的难题，进行技术上的更新和创造以及开创性品质的养成，发挥着很大作用。智力技能是在大脑内部借助于内部语言，以缩简的方式对事物的映象进行加工改造而成，它以抽象思维为主要特征。

②操作技能

操作技能需要进行系统训练，才能达到一定的熟练程度，形成初步的技术经验。操作技能是由一系列外部动作构成，是经过反复训练形成和巩固起来的一种合乎法则的随意行动方式。掌握操作技能要通过认识动作样板、了解动作程序、掌握动作关键，从而理解整个动作，进而反复练习，使之有机联系、相互协调，最后形成连锁反应的技巧动作。达到准确性、协调性、速度和技巧的统一。

与普通中学的学生相比，职校生的初期创业往往是以自己的一技之长为社会服务的，要想让社会承认自己的劳动价值，就要以精湛熟练的专业技能为基础。职校生在具备了相应的专业知识后走出校门，但要想具备成熟的专业技能，成就一番事业还需要有一个实践过程。创业伊始，可能会遇到这样那样的不顺与羁绊，创业并不像想象中那么顺利，学校中学到的专业知识和一定的专业技能需要在实践中锤炼。这时，千万不要灰心，耐心等待，不断提高自己的专业技能，只有这样，才能走向成功。在各级各类职业学校里，广大职校生要在教师的指导下，通过学习和训练，形成一定的操作技巧和心智活动的技巧。

3. 社会综合能力

综合能力是一种特殊能力，是创业者在创业实践中学会学习、学会做人、学会生存、学会发展、学会创造的综合性能力的概括。在创业能力中，综合能力是一种最高层次的能力，具有很强的综合特征，它由多种特殊能力与经营管理能力综合而成。这些特殊能力主要有：搜集信息、处理加工信息、运用信息的能力；发现机会、把握机会、利用机会和创造机会的能力；适应变化、利用变化、驾驭变化的能力；交往、公关、社会活动的能力等。

当客观条件具备时，一些创业者常常会脱颖而出，成为领导时代新潮流的成功者。王洪之所以有今天的发展，与她把握机遇的能力是分不开的。实践证明，仅有专业技术能力的人，可以完成某一职业岗位的职责，成为一名称职的从业者，也可以成为创业者的合作伙伴，但很难成为一个开创新事业的创业者。而同时具有综合能力的人，可以成为成功的创业者，成为从业人员群体的雇主和上司。

三、怎样培养创业能力

结合市场经济对新时期人才的要求，我国职业教育“确立以能力为本位的教育思想”，以“发展智力、培养能力”为核心的教学改革思路。这一举措为广大职校生通过几年的学习，有效提高自己的创业能力提供了基本保证，但在实际操作中，要注意从以下几个方面着手：

1．要积极培养创业的自觉性

创业能力的形成，有赖于创业者的自觉性，有赖于创业意识的觉醒和推动。“凡事预则立”，只有当创业能力的培养成为发自内心的自我需要时，人们才会主动地开展培养这方面能力的活动，才有可能最大限度地发挥潜力，使创业者自觉克服困难，排除各种干扰，对创业充满热情。只有具备了一定的创业意识，才能进行创业实践，开发出创业能力。

2．要注意培养关键能力

所谓关键能力主要是指除了专业能力以外的方法能力和社会能力，包括个人的意志品质、心理承受能力、合作能力等。人们认为，在现代社会要取得创业的成功必须具备3种能力素质：即专业能力、方法能力和社会能力。而良好的意志品质、坚强的心理承受能力和热情友好的合作能力是形成创业能力的重要手段。

3．要努力提高相关知识和技能

创业能力依赖于知识、技能和熟练，即创业能力是在获得知识、技能和熟练的过程中发展起来的。创业能力是一种特殊能力，其形成和发展是与创业实践活动紧密相连的，是一种能够顺利实现创业目标的特殊性、综合性和创造性能力。知识、技能本身并不是能力，但是能力形成的基础。因此，应当强调能力与知识、技能、熟练紧密而不可分割。

4．要积极参与创业实践

创业能力形成的基础——知识、经验和技能，不仅是指书本知识、间接经验和熟练的专门技能，更重要的是指有关的社会知识、经验以及与社会发生关系、处理社会问题的技能技巧。创业能力具有很强的社会实践性，它不可能通过单纯的思维活动或智力活动的训练来形成，也不可能通过单纯的专业活动或职业活动的训练来发展。可以说，创业能力鲜明的社会实践性特点决定了创业能力只能在社会实践和创业实践中形成和发展。

第九章　创业机会和创业风险

创业机会的最初状态是对市场需求或是未充分利用的资源和能力的发掘，需要精明的创业者有敏锐地洞察力。对商业机会结合创业实践的深刻思考就会形成原始的商业创意或是初步的商业概念。然后就是拟定创业计划，一份完整的创业计划不仅包括详细的和相互有差别的商业概念，还包括一个财务模型，用来估计所创造的价值以及这些价值如何在股东之间进行分配。于是，创业机会发展到最复杂的形式，正式的现金流、活动日程安排和资源的需求都被添加到模型中来。最后就是在拟定的创业计划的基础上进行正式的新创企业活动。从商业机会的发掘、开发，再到新创企业建立的全过程。

第一节　创业机会

【案例分享】

复习资料中的商机

在淘宝网上，有一家名为“××联盟”的网店，专门售卖各类考研复习资料，并提供在线专业课辅导。目前该店已是“皇冠信誉”，得到99.97%的好评率，总浏览量达40多万，店主是某学校的在读中专生陈××。几年前，陈××考上中专后，发现有不少学生都在考证，借用复习资料。他意识到“考试一族”身上蕴含着商机。于是，他拉来了几名会计专业的同学，一起开办网店，主要销售团队成员们用过的考研笔记和考研复习资料等。陈××说：“我找的合作伙伴都是成绩好和笔记完善的会计生。”经过近3年的苦心经营，陈××的网店已成为考研行业网店销售第一名，年销售额达到150万，团队成员也超过了100人。在该网店上，消费者可以看到很多团队成员的原创“秘笈”，都销售火爆，低的百元以内，高的可达4500元。

陈××说：“下一步是希望将××市的学校联合起来，做更大的考研联盟，将这一行专业化，使更多考生受益。”对于未来，他信心满满。成功，并不是什么遥不可及的梦想，把小事做到极致，就有胜利的可能。

【案例分析】

古人云：“凡事预则立，不预则废。”说的其实也是这个道理。在现实生活中，我们经常能遇到这样一些人，小有才气，却自命不凡。成天抱怨英雄无用武之地，却不屑于做简单而平凡的工作。眼高手低，好高骛远，久而久之，将仅有的一点才气也消磨殆尽了，只能眼睁睁的看着机遇从眼前溜走。其实，他们并不缺少用武之地，缺少的只是把握机遇的能力而已，机遇就像漫山遍野的石头，到处都是，却只在雕刻家的眼里有用。

一、创意与机会

（一）创意与机会的概念

创意是指产生创意，作为名词是指具有创业指向。创意是具有一定创造性的想法或概念，其是否具有商业价值存在不确定性。创意是一种普遍的智能，艺术家可以用创意来表现艺术，科学家可以用创意来表现创造力，而创业者可以用创意来创建产业。

创意经济（Creative Economy）又称创意工业、创造性产业、创新经济等，是指那些从个人的创造力、技能和天分中获取发展动力的企业，以及那些通过对知识产权的开发可创造潜在财富和就业机会的活动。创意经济并不是与农业、制造业和服务业并存的又一门类，而是对所有产业的转型。创意经济被称为建立在头脑态度上的经济，这种智力对所有经济领域都会产生影响。创意经济转变了网络、技术和消费者需求，而且它的发展在客观上改善了人们的生活方式，提高了人们的生活品质。目前，创意经济已经被视为一种全球现象。具有价值潜力的创意具有以下基本特征：

1. 新颖性

新颖性可以是新的技术和新的解决方案，可以是差异化的解决办法，也可以是更好的措施。新颖性还意味着一定程度的领先性。不少创业者在选择创业机会时关注国家政策优先支持的领域，或者寻找领先性的项目。不具有新颖性的想法不仅将来不会吸引投资者和消费者，对创业者本人都不会有激励作用，新颖性还可以加大模仿的难度。

2. 真实性

有价值的创意不能是空想，要具有实用价值。创意首先要可实现，简单的判断标准是能够开发出可以把握机会的产品或服务，而且市场上存在对产品或服务的真实需求，或可以找到让潜在消费者接受的产品或服务的方法。

3. 价值性

价值特征是创意的根本，好的创意要能给消费者带来真正的价值，要经得起市场检验。机会是未明确的市场需求或未使用的资源或能力。机会总是存在的，当一类机会消失了，另一类机会又会产生。未充分利用的资源意味着有机会，当一种需求得到满足，另一种需求又会产生。对机会的识别源自创意的产生。善于捕捉机会者能给创业带来更大的成功。

（二）创意与机会的关系

创意是创业机会的一部分，创业机会还包括经验、人才、人脉、资金、管理等诸多方面。不同的行业或情况，每个方面所起的作用是不一样的。例如，在房地产行业，资金周转是最重要的；而在广告业，创意是最重要的，同质化的产品，谁的广告创意好谁就更能吸引人的眼球，就能增加消费者对该产品的印象，其产品卖得相对就好。从战略调整的市场环境角度分析，认为创意与机会是两种相对应的市场环境，对机会来说意味着是一种创意环境，决策者可以从中获利，可以拥有较好的控制权；而危险则意味着负的市场环境，可能给决策者带来损失，并且难以控制。好的创意必须有好的机会，创意者制订创业战略，寻找创业机会，就是促进新创企业良性成长的过程。在创业战略的制定过程中，需要对创业机会深入分析，不同的创业机会需要不同的创意战略来支持，才能获得较好的成功。因此创意好比春雨，机会好比农田，好的创意只有寻找好的机会，才能发挥它的作用。

有些创业者受到外部激励而决定创业，接着搜索并识别机会，然后创建新企业；而另些创业者却受到内部激励作用，先识别现实问题或未满足的需求，从而通过创业来填补它。不管创业者以哪种方式创建新企业，机会都很难识别。机会识别一半是艺术，一半是科学。我们应该并且能够学习的就是机会识别的科学规律。

二、创业机会与商业机会

（一）创业机会与商业机会的概念

创业机会是可以为购买者或使用者创造或增加价值的产品或服务，具有吸引力、持久性和适时性；创业机会可以引入新产品、新服务、新原材料和新组织方式，并能以高于成本价出售；创业机会是一种新的“目的—手段”关系。凡是有利于促进企业生产，有利于企业产品开发和市场开拓，能促进企业经济利益的提高，有利于企业摆脱困境等方面的信息、条件、事件等，都可以称为商业机会。商业机会通常体现为市场上尚未满足和尚未完全满足的有购买力的消费需要，也称为市场机会。

大多数创业者都是把握了商业机会从而成功创业。例如，蒙牛的牛根生看到了乳业市场的商机、好利来的罗红看到了蛋糕市场的商机，在现实生活中，这样的例子不胜枚举。但是，仅有少数创业者能够把握创业机会从而成功创业，一旦创业成功，不仅会改变人们的生活和休闲方式，甚至能创造出新的产业。随着人们对创业机会价值潜力的探索，会逐渐衍生出一系列的商业机会，从而滋生出更多的创业活动，例如互联网创业的例子。

（二）创业机会与商业机会的关系

创业机会是创造机会，商业机会是寻找机会；创业机会是商业机会，但是商业机会不一定是创业机会。当然，创新性强的创业机会容易形成竞争优势，有利于创业活动的成功。创业机会与商业机会之间并不存在严格的界限。优秀创业者的一个基本素质，就是善于从他人的问题中发现机会，主动把握机会。

三、创业机会与商业机会的特征与类型

（一）创业机会的特征

《21 世纪创业》的作者杰夫里·第莫斯教授提出，好的创业机会有以下四个特征：

（1）它很能吸引顾客。

（2）它能在你的商业环境中行得通。

（3）它必须在“机会之窗”敞开期间被实施（机会之窗是指创意推广到市场上去所花的时间，若竞争者已有了同样的思想，并已把产品推向市场，那么机会之窗也就关闭了）。

（4）必须有资源（人、财、物、信息、时间）和技能才能创立业务。

（二）创业机会的类型

创业者对创业机会的发现与把握得不同，创业活动也不同，创业结果也存在着差异，根据不同的标准，对创业机会可以有不同的分类。

1. 根据创业机会的来源分类

根据创业机会的来源可以将创业机会分为问题型机会、趋势型机会和组合型机会。

（1）问题型机会

指的是由现实中存在的未被解决的问题所产生的一类机会。问题型机会在人们的日常生活中和企业实践中大量存在。比如，顾客的抱怨、大量的退货、无法买到称心如意的商品、服务质量差等，在这些问题的解决中，会存在着价值或大或小的创业机会，需要用心发掘。联邦快递的创业者史密斯因为在工作中感觉采购的物品经常不能在要求的时间内到达，产生了创办联邦快递公司的想法。

（2）趋势型机会

就是在变化中看到未来的发展方向，预测将来的潜力和机会。这种机会一般容易产生在重要领域改革或时代变迁的时期。在这种环境下，各种新的变革不断出现，但往往不被多数人所认可和接受，一般处于萌发阶段。一旦能够及早地发现并把握，就有可能成为未来趋势的先行者和领导者。趋势型机会一般出现在经济变革、政治变革、人口变化、社会制度变革、文化习俗变革等多个方面，一旦被人们所认可，它产生的影响将是持久的，带来的利益也将是巨大的。

（3）组合型机会

就是将现有的两项以上的技术、产品、服务等因素组合起来，以实现新的用途和价值而获得的创业机会。这种机会类型好比"嫁接"，对已经存在的多种因素重新组合，往往能实现与过去功能人不相同或者效果倍增的局面。比如，芭比娃娃就是将婴幼儿喜欢的娃娃与少男少女的形象结合起来，形成了一个新组合，满足了脱离儿童期但还未成年的人群的需求，最终获得了创业上的巨大成功。

2. 根据"目的—手段"关系的明确程度分类

根据"目的—手段"关系的明确程度，可以将创业机会划分为识别型（目的—手段关系明确）、发现型（目的—手段关系有一方不明确）和创造型（目的—手段均不明确）三种类型（见表 9–1）。

手段 \ 目的	明确	不明确
明确	识别型机会	发现型机会
不明确	发现型机会	创造型机会

表 9-1 根据目的—手段关系明确程度的机会分类

（1）识别型机会

是指市场中的目的手段关系十分明显时，创业者可通过目的手段关系的连接来辨识机会。例如，当供求之间出现矛盾或冲突时，不能有效地满足需求，或者根本无法实现这一要求时辨别出新的机会，常见的问题型机会大都属于这一类型。

（2）发现型机会

指目的或手段任意一方的状况未知，等待创业者去发掘机会。例如，一项技术被开发出来，但尚未有具体的商业化产品出现，因此需要通过不断尝试来挖掘出市场机会，如激光技术在出现后数十年才真正为人们所用。

（3）创造型机会

指的是目的和手段皆不明朗，因此创业者要比他人更具先见之明，才能创造出有价值的市场机会。在目的和手段都不明朗的情况下，创业者想要建立起连接关系难度非常高。但这种机会通常可以创造出新的目的手段关系，将为创业者带来巨大的利润。

在商业实践中，识别型、发现型和创造型三种类型创业机会可能同时存在。一般来说，识别型机会多半处于供需尚未均衡的市场，创新程度较低，这类机会并不需要太繁杂的辨别过程,反而强调拥有较多的资源,就可以较快进入市场获利。把握创造型机会就非常困难，它依赖于新的目的一手段关系，而创业者往往拥有的专业技术、信息、资源规模都相当有限，更需要创业者的创造性资源整合与敏锐的洞察力，同时还必须承担巨大的风险。而发现型机会则最为常见，也是目前大多数创业研究的对象。

3. 根据创业机会的导向分类

根据创业机会导向可以把创业机会分为市场导向型创业机会、技术导向型创业机会、竞争导向型创业机会和政策导向型创业机会。

（1）市场导向型创业机会

市场导向型创业机会主要来源于市场环境及结构的变化，如经济发展的不同阶段产生的市场需求，带来众多创业机会；发达国家或地区产业转移带来的市场机会；市场供给结构变化带来创业机会的诞生；市场垄断的打破带来的机遇等等。

（2）技术导向型创业机会

技术导向型创业机会是指因技术进步或技术革新为创业者带来的创业机会。现代技术的飞速发展，任何技术上的变化都可能给创业者带来机会。如计算机的出现，人们借此进行信息的自动化管理、网络技术下的交易模式一电子商务。新技术的出现带来一系列的机会主要表现在新技术代替旧技术、实现新功能创造新产品的新技术出现、新技术带来的新问题。

（3）竞争导向型创业机会

竞争导向型创业机会是指由于为了比竞争者做得更好而为创业者带来的机会。它比其他创业机会来得更直接，创业者觉得在产品或服务价格、功能或特色等方面能够做得更好，可以抓住机会进行创业。竞争导向型机会是创业者自身驱动的结果。

（4）政策导向型创业机会

政策导向型创业机会是由于政府制定的法律、法规、政策等带来的创业机会。此类型创业机会在我国尤为突出。随着社会、经济及技术等方面的变革与发展，政府必然不断调整政策来适应新技术的发展,这就给创业者提高了创业机会。如在信息系统网络化、国际化、公众化的背景下，计算机信息系统及其网络安全已成为各国普遍关注的问题，我国政府出台了一系列支持和促进国产信息安全技术及产品发展的政策，在此背景下，从事信息安全技术及其产品开发的创业者，无疑会得到政府政策的支持。

四、创业机会的来源

变化是创业机会的重要来源，没有变化，就没有创业机会。在现实中，许多人充满了创业意识，富有创业幻想，但能否在众多的创业想法中发现真正的创业机会，并有能力抓住它，最终成为一个成功的创业者，却受到许多因素的影响。在比较众多学术观点的基础上，我们认为美国凯斯西储大学谢恩教授的观点比较有代表性。谢恩教授提出了，产生创业机会的四种变革，分别是技术变革、政治和制度变革、社会和人口结构变革以及产业结构变革。

（1）技术变革可以使人们去做以前不可能做到的事情，或者更有效地去做以前只能用不太有效的方法去做的事情。新技术的出现也改变了企业之间竞争的模式，使得创办新企业的机会大大增加。例如，网络电话协议技术使得传统的资本密集型的电话业务，转化成为一种只需要少量资金就可行的业务，为那些资本缺乏的新企业提供了新的机会。

（2）政治和制度变革，革除过去的禁区和障碍，或者将价值从经济因素的一部分转移到另一部分，或者创造了更大的新价值。比如，环境保护和治理政策出台，会将那些污染严重、对环境破坏大的企业的资源，转移到推进生态文明建设的创业机会上来；专利技术的严格执行，通过专利费用的形式将价值转移到拥有专利的大公司，使得那些缺乏核心技术的产品，从品牌企业沦为加工厂或破产倒闭。

（3）社会和人口变革，就是通过改变人们的偏好和创造以前并不存在的需求来创造机会。比如，西方国家的情人节、母亲节等诸多节日，正在逐渐影响着中国人的生活，因而创造或将要创造许多新的创业机会和价值增值。

（4）产业结构变革，指因其他企业或者为主体顾客提供产品或服务的企业消亡，或者企业吞并、互相合并等原因而引起的变化，进而改变行业中的竞争状态。产业结构变革影响创业机会。

五、影响创业机会识别的关键因素

创业机会的识别是创业过程的开始，是整个创业活动中非常重要的一个阶段。机会识别，具体说来，就是要了解某个机会的方方面面，发现其吸引人和不吸引人的地方，判断创业者利用某个特定机会的商业前景是什么。对于是什么因素导致一些人更善于识别出有价值的创业机会，不少学者进行过研究，下面是取得共识的四类主要因素：

（一）历史经验

在特定产业中的历史经验有助于创业者识别机会。在某个产业工作，个体可能识别出未被满足的市场。某个人一旦投身于某产业创业，将比那些从产业外观察的人，更容易看到产业内的新机会。

（二）认知因素

机会识别可能是一项先天技能或一种认知过程。有些人认为，创业者有“第六感”，使他们能看到别人错过的机会。多数创业者以这种观点看待自己，认为他们比别人更“警

觉”。警觉很大程度上是一种习得性的技能，拥有某个领域更多知识的人，倾向于比其他人对该领域内的机会更警觉。例如，一位计算机工程师，就比一位律师对计算机产业内的机会和需求更警觉。

（三）社会关系网络

个人社会关系网络的深度和广度影响着机会识别。建立了大量社会与专家联系网络的人，比那些拥有少量网络的人容易得到更多机会和创意。一项针对 65 家初创企业的调查发现：半数创建者报告说，他们通过社会联系得到了他们的商业创意。一项类似的研究，考察了独立创业者（独自识别出商业创意的创业者）与网络型创业者（通过社会联系识别创意的创业者）之间的差。研究人员发现,网络型创业者比单独创业者识别出多得多的机会，但他们不太可能把自己描述为特别警觉或有创造性的人。

（四）创造性

创造性有助于产生新奇或有用的创意。从某种程度上讲，机会识别是一个创造过程，是不断反复的创造性思维过程。在听到更多趣闻轶事的基础上，你会很容易看到创造性包含在许多产品、服务和业务的形成过程中。

六、识别创业机会的一般过程

创业机会的识别是创业者与外部环境（机会来源）互动的过程。在这个过程中，创业者利用各种渠道和各种方式掌握并获取到有关环境变化的信息，从而发现在现实世界中在产品、服务、原材料和组织方式等方面存在的差距或缺陷，找出改进或创造目的手段关系的可能性，最终识别出可能带来新产品、新服务、新原料和新组织方式的创业机会。

七、识别创业机会的行为技巧

可以使用多种技术和方法帮助识别创业机会，这里主要归纳了较为常用的几种识别创业机会的行为技巧。在其中，一些来自启发，或者依靠经验获得；另一些则很复杂，也许需要市场研究专家的支持。知道捕捉市场机会的途径和有效的方法，对于识别机会的整个过程会有帮助。

（一）着眼于问题把握创业机会

机会并不是无须代价就能获得的，许多成功企业都是从解决遇到的问题来把握机会的。问题的存在就是现实与理想的差距。顾客需求在没有满足之前就是问题，而设法满足这一需求，就抓住了创业机会。

（二）利用变化把握创业机会

变化中常常蕴藏着无限商机，许多创业机会产生于不断变化的市场环境。环境变化将带来产业结构的调整、消费结构的升级、思想观念的转变、政府政策的变化、居民收入水平的提高。人民通过这些变化，就会发现新的创业机会。在国营事业民营化的过程中，创业者可以在交通、电信、能源等产业中发掘创业机会。私人轿车拥有量的不断增加，将产生汽车销售、修理、配件、清洁、装潢、二手车交易和陪驾等诸多创业机会。任何变化都能激发新的创业机会，需要创业者凭着自己敏锐的嗅觉去发现和创造。许多很好的商业机会并不是突然出现的，而是对“先知先觉者”的一种回报。聪明的创业者往往选择在最佳时机进入市场，当市场需求爆发时，他已经做好准备等待接单

（三）跟踪技术创新把握创业机会

产业发展的历史告诉我们：几乎每一个新兴产业的形成和发展，都是技术创新的结果。产业的变更或产品的替代，既满足了顾客的需求，同时也带来了前所未有的创业机会。例如，计算机诞生后，软件开发、电脑维修、图文制作、信息服务和网上开店等创业机会随之而来。任何产品的市场都有其生命周期，产品会不断趋于饱和达到成熟直至走向衰退，最终被新产品所替代，创业者如果能够跟踪产业发展和产品替代的步伐，通过技术创新则能够不断寻求新的发展机会。

（四）在市场夹缝中把握创业机会

创业机会存在于为顾客创造价值的产品或服务中，而顾客的需求是有差异的。创业者要善于找出顾客的特殊需要，盯住顾客的个性需要并认真研究其需求特征，这样就可能发现和把握创业机会。时下，创业者热衷于开发所谓的高科技领域等热门课题，但创业机会并不只属于“高科技领域”，在金融、保健、饮食、流通这些所谓的“低科技领域”也有机会。随着打火机的普及，火柴慢慢退出了人们的视线，而创业者沈子凯却在这个逐渐被人淡忘的老物件里找到了新商机，他创造的“纯真年代”艺术火柴红遍大江南北。还有为数不少的创业者追求向行业内的最佳企业看齐，试图通过模仿快速取得成功，结果使得产品和服务没有差异，众多企业为争夺现有的客户和资源展开激烈竞争，企业面临困境。所以，创业者要克服从众心理和传统习惯思维的束缚，寻找市场空白点或市场缝隙，从行业或市场在矛盾发展中形成的空白地带把握机会。

（五）在政策变化中把握创业机会

我国市场受政策的影响很大，新政策的出台往往引发新的商机，如果创业者善于研究和利用国家政策，就能抓住非常关键的创业机会。2006 年，国家出台了新的汽车产业政策，鼓励个人、集体和外资投资建设停车场。停车场日益增多的同时，对停车场建设中的智能门禁考勤系统、停车场系统、通道管理系统等的需求也随之增多，专门供应停车场所需的软硬件设备就成为一个重要商机。事实上，从政策中寻找商机并不仅仅表现在政策条文所规定的表面，随着社会分工的不断细化和专业化，政策变化所提供的商机还可以延伸，创业者可以从产业链上下游的延伸中寻找商机。

（六）弥补对手缺陷把握创业机会

很多创业机会是缘于竞争对手的失误而“意外获得”的，如果能及时抓住竞争对手发展中的漏洞而积极创业，或者能比竞争对手更快、更可靠、更便宜地提供产品或服务，那么你就把握住了创业机会。为此，创业者应追踪、分析和评价竞争对手的产品和服务，找出现有产品存在的缺陷，有针对性地提出改进方法，形成创意，并开发具有潜力的新产品或新功能，就能够出其不意，成功创业。

第二节　创业机会的评估

【案例分享】

自主创业成就个人价值

自主是建立在社会需要和个人需要相统一的基础之上的，有损于社会和国家人民利益的个人行为应当坚决摒弃。在这一问题上，哈尔滨待业青年小王的做法会给我们一些有益的启发：在有关部门的鼓励和支持下，小王学习了服装剪裁技术，办起了个体服装店。她服务周到，收费合理，做工精细，赢得了顾客的信任和赞誉。她生活得到了改善，还被选为市劳动模范、区政协委员、区个体户联合会委员。后来，她妈妈退休了，让她顶替，她谢绝了，她觉得现在的工作更适合她，更能施展她的才华，她为此感到很充实。小王的做法告诉我们：在当前就业竞争压力日趋增大的时候，创业是实现自我理想的最可靠、最切实的途径，也是有志青年自主人生的第一需要。

一、创业机会的评估准则

（一）产业和市场

1. 市场结构

美国学者迈克尔·波特曾提出了一种结构化的行业环境分析方法，指出有五种基本力量决定了一个市场或细分市场长期的、内在的吸引力，较好地反映了新创企业的行业竞争因素。针对企业机会的市场结构，可以进行以下几项分析：

（1）进入障碍

潜在竞争者进入细分市场，就会给行业增加新的生产能力，并且从中争取一定的重要资源和市场份额，形成新的竞争力量，降低市场吸引力。如果潜在竞争者进入行业的障碍较大，比如规模经济的要求，或者购买者的转换成本太高，或者政府政策的限制等，潜在竞争者进入市场就比较困难。

（2）供应商

如果企业的供应商能够提价或降低产品和服务的质量，或减少供应数量，那么该企业所在的细分市场就没有吸引力，因此，与供应商建立良好关系和开拓多种供货渠道才是防御上策。

（3）用户

如果某个细分市场中用户的讨价还价能力很强或正在加强，他们便会设法压低价格，对产品或服务提出更高要求，并且使竞争者互相斗争，导致销售商的利润受到损失，所以要提供用户无法拒绝的优质产品和服务。

（4）替代性竞争产品的威胁，如果替代性产品数量过多，质量好，或者用户的转换成本低，用户对价格的敏感性强，那么替代性产品生产者对本行业的压力就大，行业吸引力就会降低。

（5）市场内部竞争的激烈程度，如果某个细分市场已经有了众多强大的竞争者，行业增长缓慢，或该市场处于稳定或衰退期，撤出市场的壁垒过高，转换成本高，产品差异性不大，竞争者投资很大，则创业企业要参与竞争就必须付出高昂的代价。

2．市场规模

市场规模大小与成长速度也是影响新创企业成败的重要因素。一般而言，市场规模大，进入障碍相对较低，市场竞争激烈程度也会略微下降。如果要进入的是一个成熟的市场，那么纵然市场规模很大，由于已经不再增长，利润空间必然很小，因此新创企业就不值得再投入。反之，一个正在成长的市场，通常也会是一个充满商机的市场，所谓水涨船高，只要进入的时机正确，必然会有发展的空间。一般来说，一个总销售额超过 1 亿美元的市场是有吸引力的，并且竞争对手并不构成威胁，这样就可以避免高度竞争下的低毛利风险。

3．市场渗透力

市场渗透力也就是增长率，对于一个具有巨大市场潜力的创业机会，市场渗透力（市场机会实现的过程）评估将会是一个非常重要的影响因素。聪明的创业者知道选择在最佳时机进入市场，也就是市场需求正要大幅度增长之际，最好准备等着接单。一个年增长率达到 30%~50% 的市场为新的市场进入者创造新的位置。

4．市场占有率

在创业机会中预期可取的市场占有率，可以显示新创企业未来的市场竞争力。一般而言，成为市场的领导者，最少需要拥有 20% 以上的市场占有率。如果低于 5% 的市场占有率，则这个新创企业的市场竞争力不高，尤其是在高科技产业，新创企业必须拥有成为市场前几名的能力，才比较具有投资价值。

5．产品的成本结构

对于风险投资来说，如果创业计划显示市场中某类产品销售企业成本都很高，那么销售成本较低的公司就可能面临有吸引力的市场机会。产品的成本结构，也可以反映新创企业的前景是否广阔。例如，从原料与人工成本所占比重的高低、变动成本与固定成本的比重以及经济规模产量的大小，可以判断新创企业创造价值的幅度以及未来可能的获利空间。

（二）资本和获利能力

如果说市场机会评估只是创业机会评估工作的一个方面，并且很多因素难以量化，那么效益评估就是更为全面的价值评估。效益评估是对未来企业的收益情况进行量化的评估，不论对创业者还是投资者来说都是非常有益的参考依据。

1. 毛利

单位产品的毛利是指单位销售价格减去所有直接的、可变的单位成本。对于创业机会来说，高额和持久地获取毛利的潜力是非常重要的。毛利率高的创业机会，相对风险较低，比较容易取得损益平衡。反之，毛利率低的创业机会，风险则较高，遇到决策失误或市场产生较大变化的时候，企业很容易就遭受损失。例如软件业的毛利率通常都很高，所以只要能找到足够的业务量，从事软件创业在财务上遭受严重损失的风险相对会比较低。

2. 税后利润

高而持久的毛利通常转化为持久的税后利润。一般而言，具有吸引力的创业机会，至少需要能够创造 15% 以上税后利润。如果创业预期的税后利润是在 5% 以下，那么就不是个好的投资机会。

3. 损益平衡所需的时间

损益平衡所需的时间也就是取得盈亏相抵和正现金流的时间，合理的损益平衡时间应该能在两年以内达到，如果 3 年都达不到，恐怕就不是一个值得投入的创业机会，不过有的创业机会确实需要经过比较长的耕耘时间，通过这些前期投入，保证后期的持续获利。比如保险行业，前期仅注册资金就需要数亿元，而一般投资回报周期为 7~8 年，这样的行业一般来说不适用于第一次创业者。在这种情况下，可以将前期投入视为一种投资，才能容忍较长的损益平衡时间。

4. 投资回报

考虑到创业可能面临的各项风险，合理的投资回报率应该在 25% 以上。一般而言，15% 以下的投资回报率，是不值得考虑的创业机会。

5. 资本需求量

资金需求量较低的创业机会，投资者一般会比较感兴趣。事实上，许多案例显示，资本额过高其实并不利于创业成功，有时还会带来稀释投资回报率的负面效果。通常，知识越密集的创业机会，对资金的需求量越低，投资回报反而越高。因此在创业开始的时候，不要募集太多资金，最好通过盈余积累的方式来创造资金。而比较低的资本额，将有利于提高每股盈余，并且还可以进一步提高未来上市的价格。

6. 策略性价值

能否创造新创企业在市场上的策略性价值，也是一项重要的评价指标。一般而言，策略性价值与产业网络规模、利益机制、竞争程度密切相关，而创业机会对于产业价值链所能创造的价值效果，也与它所采取的经营策略与经营模式密切相关。

7. 退出机制

所有投资的目的最终都在于更大的回收。从某种意义上看，投入就是为了退出。因此，退出机制与策略就成为一项评估创业机会的重要指标。企业的价值一般也要由具有客观评价能力的交易市场来决定，而这种交易机制的完善程度也会影响新企业退出机制的弹性。由于退出的难度普遍高于进入，所以一个具有吸引力的创业机会，应该要为所有投资者考虑退出机制以及退出的策略规划。

（三）竞争优势

1. 可变成本和固定成本

成本优势是竞争优势的主要来源之一。成本可分为可变成本和固定成本，从另一个角度，又可分为生产成本、营销成本和销售成本等。较低的成本给企业带来较大的竞争优势，从而使得相应的投资机会较有吸引力。一个新创企业如果不能取得和维持一个低成本生产者的地位，它的预期寿命就会大大缩短。

2. 控制程度

如果能够对价格、成本和销售渠道等实施较强的或强有力的控制，这样的机会就比较有吸引力。例如，一个对其产品的原材料来源或者销售渠道拥有独占性控制的企业，即使在其他领域比较薄弱，它也仍能够取得较大的市场优势。占有市场份额的 40%、50% 甚至 60% 的生产企业通常对供应商、客户和价格的制定都拥有足够的控制力，从而能够对进入该领域的新创企业形成重大的障碍，在这样的市场上创办一家企业将很难成功。

3. 进入障碍

如果不能把其他竞争者阻挡在市场之外，新创企业的欢乐就可能迅速消失。这样的例子可以在硬盘驱动器制造业中发现。在 20 世纪 80 年代早期到中期的美国，该行业未能建立起进入该市场的障碍，到 1983 年年底，就有约 90 家硬盘驱动器公司成立，激烈的价格竞争导致该行业出现剧烈震荡。因此，如果一家企业不能阻止其他公司进入该市场，或者它面临着现有的进入该市场的障碍，它就很难有吸引力。

（四）管理团队

企业管理队伍的强大对于机会的吸引力是非常重要的。这支队伍一般应该具有互补性的专业技能，以及在同样的技术、市场和服务领域有赚钱和赔钱的经验。如果没有一个称职的管理团队或者根本就没有管理团队，这种机会就没有吸引力了。

二、市场机会的分析方法

创业是一个系统工程，它要求创业者在上述准则下全面识别和评估创业机会，其中对市场机会的分析与评估对初创者尤为重要。创业机会评估与选择的目的就是找出有可能进入某个细分市场的机会，但是，这并不表示所有这些可能的市场机会都是创业企业应该进入的机会，创业企业还必须对进入机会进行评估与选择，即检验市场机会要素是否与创业

企业能力和资源相匹配，是否真的值得创业企业把其作为目标市场。

（一）市场进入机会的吸引力

创业机会评估与选择的目的就是找出对创业企业最有价值的市场机会，所以需要评估市场机会的吸引力。市场营销机会对创业企业的吸引力即是创业企业利用该机会可能创造的最大效益，所以，评估市场机会吸引力也就是评估市场需求规模和机会的发展潜力等。

1. 市场需求规模评估

市场需求规模的评估主要是分析市场机会和当前市场需求总容量的大小，即分析市场机会产生的目标市场是否拥有足够的消费者，形成的市场规模有多大，创业企业进入此目标市场后可能达到的最大市场份额有多大。一种产品或一种服务，如果没有足够的市场容量，对创业企业来讲肯定是不构成市场机会的。在预测市场需求时，主要考虑两个变量：

（1）愿意并有能力购买的潜在消费者数量。

（2）愿意并有能力购买的潜在消费者的购买次数。

市场规模等于这两个变量的乘积。通过市场容量的预测，如果确定市场容量足够大创业企业进入后能使自身获取较高盈利，对创业企业来说是个机会，反之则只能放弃。

2. 机会的发展潜力评估

了解市场机会需求的发展趋势及增长速度情况，主要看是否有比较大的潜在增长空间。如果潜在增长空间比较小，即使当前市场规模比较大，有时也要放弃，因为它不能支持创业企业的持续成长。如果创业企业此次面临的机会所提供的市场规模很小，利润也不很高，但是其市场潜在规模或企业的市场份额有迅速增大的趋势，则该市场机会仍对创业企业具有相当大的吸引力。

（二）市场机会的可行性

只有吸引力的市场机会并不一定是企业实际的发展良机，具有较大吸引力的市场机会必须具有强大的进入可行性才是对创业企业具有高价值的市场机会，创业企业必须通过一定方法评估获取成功利用市场机会的可能性。

1. 关键成功条件评估

关键成功条件评估就是分析开发利用某市场机会而要求企业创办的必要成功条件，这些关键条件包括创业企业的经营目标、经营战略、市场定位、营销策略、经营规模、资源状况等内容，企业的经营目标又可具体划分为经营宗旨、发展目标、长期规划等，创业企业只有具备这些关键条件，才具有成功开发利用市场机会的可能性。如果创业企业不具备市场机会需要的这些成功条件，则只有放弃这种机会。一般来说，关键的成功条件包括企业的多个方面，具体到不同行业和不同产品又有所不同。

2.SWOT 分析法

SWOT 分析法是创业企业进行市场进入机会评估的重要方法之一。通过评价企业的优势（Strengths）和劣势（Weaknesses）、竞争市场上的机会（Opportunities）和威胁（

Threats），对创业机会进行全面深入的评估和选择分析。从整体上看，SWOT 可以分为两部分：第一部分为 SW，主要用来分析内部条件；第二部分为 OT，主要用来分析外部条件。利用这种方法可以从中找出对自己有利的、值得去选择的创业机会因素，以及对自己不利的、要避开的东西，发现存在的问题，找出解决方法，并明确做出是否创业的抉择。根据这个分析，可以将问题按轻重缓急分类，明确哪些是当前急需解决的问题，哪些是可以稍微拖后一点儿的事情，哪些属于战略目标上的障碍，哪些属于战术上的问题，并将这些研究对象列举出来，依照矩阵排列，然后用系统分析的思想，把各种因素互相匹配起来加以分析，从中得出一系列相应的结论，而结论通常带有一定的决策性，有利于创业者做出较正确的决策和规划。

进行 SWOT 分析时，主要有以下几个方面的内容：

（1）分析环境因素　运用各种调查研究方法，分析出企业所处的各种环境因素，即外部环境因素和内部环境因素。外部环境因素包括机会因素和威胁因素，它们是外部环境对企业的发展直接有影响的有利和不利因素，属于客观因素；内部环境因素包括优势因素和弱点因素，它们是企业在其发展中自身存在的积极和消极因素，属于主观因素。在调查分析这些因素时，不仅要考虑到历史与现状，更要考虑未来发展问题。

①优势，是组织机构的内部因素，具体包括有利的竞争态势、充足的财政来源、良好的企业形象、技术力量、规模经济、产品质量、市场份额、成本优势、广告攻势等。

②劣势，是组织机构的内部因素，具体包括设备老化、管理混乱、缺少关键技术、研究开发落后、资金短缺、经营不善、产品积压、竞争力差等。

③机会，是组织机构的外部因素，具体包括新产品、新市场、新需求、外国市场壁垒解除、竞争对手失误等。

④威胁，是组织机构的外部因素，具体包括新的竞争对手、替代产品增多、市场紧缩、行业政策变化、经济衰退、客户偏好改变、突发事件等。

（2）构造 SWOT 矩阵　将调查得出的各种因素根据轻重缓急或影响程度等排序，构造 SWOT 矩阵。在此过程中，将那些对公司发展有直接的、重要的、大量的、迫切的、久远的影响因素优先排列出来，而将那些间接的、次要的、少许的、不急的、短暂的影响因素排列在后面。

（3）制订行动计划　在完成环境因素分析和 SWOT 矩阵的构造后，便可以制订出相应的行动计划。制订计划的基本思路是：发挥优势因素，克服劣势因素，利用机会因素，化解威胁因素，考虑过去，立足当前，着眼未来。运用系统分析的综合分析方法，将排列与考虑的各种环境因素相互匹配起来加以组合，得出一系列公司未来发展的可选择对策。

第三节　创业风险

【案例分享】

卡耐基的故事

戴尔·卡耐基的事业刚刚起步时，在密苏里州举办了一个成年人教育班，并且陆续在各大城市开设了分部。他在广告宣传上花了很多钱，同时房租、日常办公等开支也很大，尽管收入不少，但由于财务管理上的欠缺，他的收入刚够支出，一连数月的辛苦劳动竟然没有任何回报。卡耐基因此很是苦恼，不断地抱怨自己。在这段时间里，他整天闷闷不乐，精神恍惚，无法将刚开始的事业继续下去。最后，卡耐基决定去找中学时的生理老师乔治。

"不要为打翻的牛奶而哭泣！"乔治老师对卡耐基说。

老师的一句话如同醍醐灌顶，卡耐基的苦恼顿时消失了，精神也随之振作起来。

【案例分析】

真的牛奶被打翻了，流光了，怎么办？是看着被打翻的牛奶哭泣，还是去做点别的。记住，牛奶被打翻已成现实，不可能重新装回瓶中，我们唯一能做的就是找出教训，然后忘掉这些不愉快。

一、创业风险的构成与分类

（一）创业风险的含义

风险的基本含义是损失的不确定性。发生损失的可能性越大，风险越大。它可以用不同结果出现的概率来描述。结果可能是好的，也可能是坏的，坏结果出现的概率越大，风险就越大。当创业机会面临某种损失的可能性时，这种可能性及引起损失的状态便被称为机会风险。例如，创业机会常常面临政策不利变化带来的损失、技术转换失败带来的损失、团队成员分歧带来的损失等，这些都表明创业机会中有种种风险存在。

（二）机会风险的构成

构成机会风险的主要要素包括风险因素、风险事件和风险损失三个方面。

1. 风险因素

风险因素是指能够引起或增加风险事件发生的机会或影响损失的严重程度的因素，是风险件发生的潜在条件，一般又称为风险条件。创业风险因素从形态上可以分为物的因素和人的因素两个方面。物的因素属于有形的情况或状态，如：技术的不确定性，经济条件恶化等；人的因素指道德、心理的情况和状态，如：道德风险和心理风险因素等。

2. 风险事件

风险事件是风险因素综合作用的结果，是产生风险损失的原因，也是风险损失产生的媒介物。创业风险事件是指创业风险的可能性变成现实，以致引起损失后果的事件。如技术的不确定性确实引起了产品研发的失败，经济条件的恶化最终导致了销售的下降等。

3. 风险损失

风险损失是指非故意的、非预期的、非计划的利益减少，这种减少可以用货币来衡量。风险损失包括直接损失和间接损失。创业风险损失是指由于风险事件的出现给创业者或创业企业带来的能够用货币计量的经济损失。如由于产品研发失败引起的无法及时将产品投放市场而损失的经济利益，销售下降导致的收入减少等。风险因素引起风险事件，风险事件导致风险损失，三者之间密切相关，共同构成了风险存在与否的基本条件。

（三）机会风险的分类

1. 按风险来源的主客观性分类

按风险来源的主客观性划分，机会风险可分为主观风险和客观风险。主观创业风险是指在创业阶段，由于创业者的身体与心理素质等主观方面的因素导致创业失败的可能性；客观创业风险，是指在创业阶段，由于客观因素导致创业失败的可能性，如市场的变动、政策的变化、竞争对手的出现、创业资金缺乏等。

2. 按风险影响的范围分类

按风险影响程度的范围划分，机会风险可分为系统风险与非系统风险。系统风险是源于创业者或创业企业之外的，由创业环境变化带来的风险，如商品市场风险、资本市场风险等，创业者或创业企业无法对其进行控制或施加影响；非系统风险是源于创业者或创业企业本身的商业活动和财务活动而引发的风险，如团队风险、技术风险和财务风险等，可以通过一定的手段进行预防和分散。

3. 按风险的可控程度分类

按照风险的可控程度划分，机会风险分为可控风险和不可控风险。可控风险是指在一定程度上可以控制或部分控制的风险，如财务风险、团队风险等；不可控风险是指创业者或创业企业无法左右或控制的风险，如系统风险等。

4. 按创业的过程分类

按照风险在创业过程中出现的环节划分，机会风险可分为机会的识别与评估风险、团队组建风险、确定并获取创业资源风险、准备与撰写创业计划风险和创业企业管理风险。机会的识别与评估风险是指在机会识别和评估过程中，由于信息缺失、推理偏误、处理不当等各种主客观因素影响，使得创业面临方向选择和决策失误的风险；团队组建风险是指在团队组建过程中，由于团队成员选择不当或缺少合适的团队成员导致的风险；确定并获取创业资源风险是指由于存在资源缺口，无法获得所需资源，或获得资源成本较高给创业活动带来的风险；准备与撰写创业计划风险是指创业计划的准备与撰写过程中各种不确定

因素的存在，或受制定订者自身能力的限制导致的创业风险；创业企业管理风险是指由于管理方式、企业文化的选取与创建，发展战略的制定、组织、技术、营销等各方面管理中存在的风险。

5. 按风险内容的表现形式分类

按照创业风险内容的表现形式划分，可将机会风险分为机会选择风险、环境风险、人力资源风险、技术风险、市场风险、管理风险和财务风险等。

（1）机会选择风险是指创业者由于选择创业而放弃自己原先所从事的职业，所丧失的潜在晋升或发展机会的风险。

（2）环境风险是指由于创业活动所处的社会、政治、经济、法律环境等变化或由于意外灾害导致创业者或企业蒙受损失的可能性。如战争、国际关系变化或有关国家政权更迭、政策改变，宏观经济环境发生大幅度波动或调整，法律法规的修改，或者创业相关事项得不到政府许可，合作者违反契约等给创业活动带来的风险。

（3）人力资源风险是指由于人的因素对创业活动的开展产生不良影响或偏离经营目标的潜在可能性。创业者自身的素质和能力有限，创业团队成员的知识和技能水平不匹配，管理过程中用人不当，关键员工离职等因素是人力资源风险的主要诱因。

（4）技术风险是指由于技术方面的因素及其变化的不确定性而导致创业失败的可能性。

技术成功的不确定性，技术前景、技术寿命的不确定性，技术效果的不确定性，技术成果转化的不确定性等，都会带来技术风险。

（5）市场风险是指由于市场情况的不确定性导致创业者或创业企业损失的可能性。市场风险包括产品市场风险和资本市场风险两大类。市场供给和需求的变化、市场接受时间的不确定、市场价格变化、市场战略失误等原因会给创业活动带来一定的市场风险。

（6）管理风险是指管理运作过程中因信息不对称、管理不善、判断失误等影响管理的水平形成的风险。管理风险可能由管理者素质低下、缺乏诚信、权利分配不合理、不规范的家族式管理或决策失误等引起。

（7）财务风险是指创业者或创业企业在理财活动中存在的风险。对创业所需资金估计不足、难以及时筹措创业资金、创业企业财务结构不合理、融资不当、现金流管理不力等可能会使创业企业丧失偿债能力，导致预期收益下降，形成一定的财务风险。

（四）机会风险的管理

机会风险管理的基本程序一般包括风险识别、风险评估和风险应对三个阶段。

1. 风险识别

风险识别是创业人员对创业过程中可能发生的风险进行感知和预测的过程。首先，风险识别应根据风险分类，全面观察创业过程，从风险产生的原因入手，将引起风险的因素分解成简单的、容易识别的基本单元，找出影响预期目标实现的各种风险。创业者可以采用绘制创业流程图、制作风险清单、建立风险档案、头脑风暴、市场需求调查、分解分析等方法进行风险识别。

2. 风险评估

风险评估包括风险估计和风险评价。风险估计是通过对所有不确定性和风险要素的充分、系统而有条理的考虑，确定创业过程中各种风险发生的可能性以及发生之后的损失程度。风险估计主要是对风险事件发生的可能性大小、可能的结果范围和危害程度、预期发生的时间、风险因素所产生的风险事件发生概率四个方面进行估计。创业者在进行风险估计时应充分考虑风险因素及其影响，对潜在损失和最大损失做出估计。

风险评价是针对风险估计的结果，应用各种风险评价技术来判定风险影响大小、危害程度高低的过程。风险评价可以采用定量的方法，如敏感性分析、决策性分析、影像图分析等；也可以采用定性分析的方法，如专家调查法、层次分析法等。创业者应针对不同的风险选用不同的方法进行评价，并可分析评价的结果，做好风险预警工作。

3. 风险应对

风险应对是创业者在风险评估的基础上，选择最佳的风险管理技术，采取及时有效的方法进行防范和控制，用最经济合理的方法来综合处理风险，以实现最大安全保障的一种科学管理方法。

（1）风险应对方法

常用的风险应对方法有风险避免、风险自留、风险预防、风险抑制和风险转嫁等。

①风险避免是指设法回避损失发生的可能性，从根本上消除特定的风险单位或中途放弃某些既有的风险单位。这种方法是一种消极的风险管理方法，通常当某种特定风险所致损失的频率或者损失的幅度相当高时，或者采用其他方法管理风险不符合成本效益原则时才会采用。

②风险自留是创业者自我承担风险损失的一种方法。风险自留常常在风险所致的损失概率和幅度较低、损失短期内可以预测以及最大损失不影响创业活动的正常进行时采用。

③风险预防是指在风险损失发生前为消除或减少可能引发损失的各种因素而采取的处理风险的具体措施，其目的在于通过消除或减少风险因素而达到降低损失发生概率的目的。风险预防通常在损失的频率高且损失的幅度低时使用。

④风险抑制是指在损失发生时或在损失发生后为缩小损失幅度而采取的各种应对措施。损失抑制常常在损失幅度高且风险又无法避免或转嫁的情况下采用，如损失发生后的自救和损失处理等。

⑤风险转嫁是指创业者为避免承担风险损失，有意识地将损失或与损失有关的财务后果转嫁给他人去承担的一种风险管理方法。具体来说，创业者可采用保险转嫁、转让转嫁和合同转嫁等方式。

（2）风险应对策略

创业者或创业企业需要针对风险评估的结果和具体的评估环境选择合适的风险应对方法，采用科学的风险应对策略。如对于损失金额小的风险采取风险自留的方式，对于那些出现概率大、损失金额高的风险采用风险转嫁的方式等。

二、创业风险的防范途径

（一）系统风险防范的有效途径

系统风险是某种全局性的共同因素引起的，创业者或新创企业本身控制不了或无法施加影响，并难以采取有效方法消除的风险。因此，系统风险也称为“不可分散风险”。

一般来说，环境风险、市场风险等属于系统风险。对于系统风险，创业者或创业企业应设法规避，从以下三方面做好风险的防范：

1. 谨慎分析

创业者应对其所处的创业环境进行深入了解、谨慎分析。目前，我国实施更加积极的就业政策，贯彻鼓励创业的方针，在自主创业税费减免、小额担保贷款、创业地落户以及场地、项目、技术、培训等方面，为中职生创业提供优惠和鼓励政策，创造了更为宽松的环境。创业者首先应对创业环境进行正确的认识和了解，采用“层次分析法”等方法对创业环境进行合理评估，通过层层细化、逐级分析，来熟悉创业的宏观环境、行业环境、地区环境等，以求准确深入地解释创业过程中可能遇到的系统风险。

2. 正确预测

创业风险中，有些是可以预测的，有些是不可预测的。创业者应尽可能运用所学知识和所掌握的资源，采用科学的方法来对那些能够预测的风险进行深入分析，通过和团队成员探讨、请教外部专家等方法来预测创业环境的可能变化，以及变化会对创业企业带来的影响，尽量对创业的系统风险做到心中有数，制定相应的应对策略。

3. 合理应对

由于系统风险的不可分散性，创业者只能根据以上两个步骤对系统风险的分析和预测来制定合理的应对措施，巧妙规避并尽可能降低系统风险发生对创业者自身或创业企业的不利影响。如预测到市场利率上升则尽量筹集长期资金；预测到未来经济低迷则尽可能持有较多现金等。

（二）非系统风硷防范的可能途径

非系统风险是由特定创业者或创业企业自身因素引起的，只对该创业者或创业企业产生影响。因此，创业者和新创企业可以在某种程度上对其进行控制，并通过一定的手段予以预防和分散。

1. 机会选择风险的防范

机会选择风险是一种潜在风险，是由于选择创业失去其他发展机会而可能丧失的最大收益。因此，创业者在创业准备之初就应该对创业的风险和收益进行全面权衡，将创业目标和目前的职业收益进行比较，结合当下的创业环境、自己的生涯规划进行权衡分析。如果认为创业时机已经成熟，刚好有一个绝佳的商业机会可以转化为创业项目，而且该项目又可以和自己的生涯规划相吻合,那么就要狠下决心,立即着手创业。否则就不要急于创业，而是先就业或者继续从事目前的工作，边工作边认真观察，学习所在公司各层领导的工作方法和技巧，并用心学习所在公司开拓市场的技巧，以及公司高层管理者管理公司的技巧等；同时学会利用自己的工作机会建立良好的关系网络，待时机成熟再开始创业。

2．人力资源风险的防范

人力资源是创业活动中最重要的资源，由此产生的风险对创业企业来说往往也是致命的风险，所以一定要予以充分关注。首先，创业者应不断充实自己，持续提高个人素质使自己的知识和能力与创业活动相匹配；其次，通过沟通、协调、激励、奖惩、评价、目标设定等多种手段管理团队，并在创业团队发展的不同阶段确定相应的管理内容，科学合理地对成员进行绩效评价；最后，招聘那些具有良好职业道德和团队合作意识、拥有与岗位相匹配技能的员工，通过在合同中明确权利义务关系和适当授权，以及通畅的人力资源管理系统，使关键员工的工作管理与非工作管理相结合。

3．技术风险的防范

技术创新能够给拥有者带来丰厚的回报，但掌控不好也可能会使创业者颗粒无收。因此，创业者一定要通过加强自身能力建设或建立创新联盟等方式减少技术风险发生的可行性。第一，应加强对技术创新方案的可行性论证，减少技术开发与技术选择的盲目性，并通过建立灵敏的技术信息预警系统，及时预防技术风险；第二，可通过组建技术联合开发体或建立创新联盟等方式来分散技术创新的风险；第三，提高创业企业技术系统的活力，降低技术风险发生的可能性；第四，高度重视专利申请、技术标准申请等保护性措施的采用，通过法律手段减少损失出现的可能性。

4．管理风险防范

通过提高管理者的素质，改变管理和决策方式可以有效应对创业企业的管理风险。具体来说，可以采取以下主要措施：第一，应努力提高核心创业成员的素质，树立其诚信意识和市场经济观念，并以此为基础搞好领导层的自身建设，建立能够适应企业不同发展阶段的组织机构；第二，实行民主决策与集权管理的统一，将企业的执行权合理分配，避免不规范的家族式管理影响创业企业发展；第三，明确决策目标，完善决策机制，减少决策失误。

5．财务风险防范

筹资困难和资本结构不合理是很多创业企业明显的财务特征和主要财务风险的来源。有效规避财务风险要求做到以下几点：第一，创业者要对创业所需资金进行合理估计，避免筹资不足影响创业企业的健康成长和后续发展；第二，要学会建立和经营创业者自身和创业企业的信用，提高获得资金的概率；第三，创业者或团队一定要学会在企业的长远发展和眼前利益之间进行权衡，设置合理的财务结构，从恰当的渠道获得资金；第四，管好创业企业的现金流，避免现金断流带来的财务拮据甚至破产清算的局面。

第四节　商业模式和资源整合

【案例分享】

给餐饮行业做配套，小项目大空间

武汉人爱好美食，餐馆多，创业项目的选择常常可以从饮食方面着手，升科科技有限公司的老板就是这样认为的。他觉得，大家都开餐馆，不如我就做餐馆生意吧。公司原本从事企业信息化服务，专注于企业网站定制、企业管理软件开发、嵌入式软硬件产品研发等。瞄准餐饮行业后，公司又开发出无线电子菜谱、餐饮管理软件等相关信息化产品的新项目。别人都来开餐馆，开了之后的管理问题，就由升科科技有限公司来帮助处理。

【案例分析】

创业导师从产品策划、市场开拓、企业管理等方面为该项目提供了指导服务。目前，公司研发的电子菜谱代替了传统纸质菜谱，实现了能自助点餐、自由设置台位和服务员号码、无线打印点票据的功能，还具备扩展广告位的功能，市场前景可观。

一、商业模式

（一）商业模式的定义及本质

商业模式的概念是20世纪90年代后期才开始流行起来的。创业者在有了适合自己投资创业的机会，明确了自己的创业目标之后，要考虑的就是采取什么样的盈利与发展模式，即商业模式，也叫盈利模式。商业模式是指一个完整的产品、服务和信息流体系，包括每一个参与者及其所起的作用，以及每一个参与者的潜在利益和相应的收益来源和方式。通俗来讲，商业模式即一个企业或公司通过什么途径或方式来赚钱。商业模式的概念有很多版本，目前较为规范的是：为实现客户价值最大化，把能使企业运行的内外各要素整合起来，形成一个具有独特核心竞争力的完整的高效率的运行系统，并通过最优实现形式满足客户需求、实现客户价值，同时使系统达到持续赢利目标的整体解决方案。

（二）常见的几种商业模式

有多少企业就有多少赚钱的方法，但只有最优秀的（而不一定是最大的）企业才谈得上模式。它就像一块陶土、一个半成品，你可以根据自己的情况加以改造。《科学投资》通过大量研究，提炼出了创业企业最常见的八种模式，可供创业者学习与借鉴。

1. 鲫鱼模式

找到与大行业或者大企业的共同利益，主动结盟，将强大竞争对手转化为依存伙伴，借船出海，借梯登高，以达到争取利润的第一目标并使企业快速壮大，就是“鲫鱼模式”。鲫鱼头顶的前背鳍已转化为由横叶叠成的卵形吸盘，借以牢固地吸附在鲨鱼身上。鲫鱼的生存方式，就是依附于鲨鱼，鲨鱼到哪儿它就跟到哪儿。当鲨鱼猎食时，它就跟着吃些残羹剩饭，同时因为它还会为鲨鱼驱除身体上的寄生虫，所以鲨鱼不但不反感它，反而十分感激它。

“鲫鱼模式”产生的背景是，大企业有通畅的产品流通渠道，有广大的客户群体，就像一条庞大凶猛的鲨鱼；而创业企业无论在资金、技术还是在人才等方面，都存在着诸多先天不足。如果创业企业能找到与大企业的利益结合点，与大企业结成联盟，就可以有效弥补自身的短处，自然也就可以分享大企业的利润大餐。

“鲫鱼战术”对创业企业来说，可借鉴程度较高，是一种有效的盈利模式。其方法可以多种多样，如配套与贴牌生产。全球经济一体化时代，社会分工越来越细，一件商品的生产和营销往往被细分为众多的环节，由此给配套生产者提供了大量机会。大的、复杂的整机——汽车、摩托车、家用电器固然有众多的配套厂家，就连小型的商品，如桌椅、香烟、白酒、望远镜等，也有许多是分工合作生产的。这些配套厂家就像众星捧月般地恭维着下游厂家。不要小瞧配套这一角色，它的起点虽然低，利润虽然薄，但投资也少，恰恰适合资金不足、缺乏经验的创业者。只要你和下游厂家搞好关系，勤恳工作，保证质量，那么就可以借助这个平台，在不太长的时间内度过创业过渡期和危险期。这种模式在加工业集中的长三角、珠三角一带十分流行，在广东东莞、江苏昆山，类似小企业随处可见。实践证明，这是初创小企业走向成功的一条捷径，风险小，而成功概率高。

2. 专业化模式

专业化的意思就是专精一门，也就是俗话说的“一招鲜，吃遍天”。专业化为什么可以成为创业的盈利模式？一个最简单的解释是，因为精，所以深，深就提高了门槛，别人不容易进来竞争。而专业化的生产，其组织形式比复合式生产要简单得多，管理也相对容易。在市场营销方式上，一日市场打开，后期几乎不需要有更多的投入。成本降低的另一面，就是利润的大幅度增加。而在通常情况下，专业化生产一般最后都会形成独占性生产，至多是几个行业寡头同台竞争，行业间比较容易协调，从业者较易形成默契，相互保护的形成有利于保持较高的行业平均利润。

3. 利润乘数模式

借助已经广为市场认同的形象或概念进行包装生产，可以产生良好的效益，这种方式，类似于做乘法，叫作利润乘数模式。利润乘数模式是一种强有力的盈利模式，关键是创业者如何对所选择的形象或概念的商业价值进行正确的判断。创业者首先需要寻找的是这样一种东西，它的商业价值是个正数，而且大于 1；否则，这种东西就对创业毫无意义，反而还会有害。当马化腾利用 1CQ 的启发开发出 QQ 时，谁都没有想到它会发展成什么规模。但是几年后，QQ 以迅猛的速度得到发展，几乎覆盖了所有中国网民。而且 QQ 的卡通形象是一只憨态可掬的小企鹅，也渐渐被数以亿计的网民所熟知和喜爱。此时，以经营礼品进

出口业务起家的广州东利行公司，看准了 QQ 小企鹅形象在商业领域展的前景，在 2000 年 12 月与 QQ 的所有者腾讯公司签署了为期 7 年的 QQ 形象有偿使用协议。一只企鹅的形象能够带来多大的利润空间，这对一直经营礼品进出口的东利行来说再清楚不过。所以从一开始，他们就已经有了一个清晰的盈利设想。这个盈利设想的思路来源于运用卡通形象获得最大利润的迪士尼公司，他们需要做的只是将模式移植过来，这样可以更好地保证他们的成功。美国迪士尼公司是这一模式的缔造者和忠实实践者，它将同一形象以不同方式包装起来，米老鼠、米妮、小美人鱼等卡通形象出现在电影、电视、书刊、服装、背包、手表午餐盒上，以及主题公园和专卖店，每一种形式都为迪士尼带来了丰厚的利润。

4. 独创产品模式

独创产品是指具有非同一般的生产工艺、配方、原料、核心技术，又有长期市场需求的产品。鉴于该模式的独占性原则，掌握它的企业将获得相当高的利润，如家传秘方、进入难度很大的新产品等。独创产品模式，是很多创业企业在创业之初可以大力借助的模式，“独创”的魅力就是其能带来高额的利润。但是独创产品模式并不是进入利润区的万能钥匙，它也有很多局限性：

（1）因为独创,即意味着“前无古人”,所以往往需要很大的研发费用和很长的研发时间；

（2）因为独创，即意味着市场认知度不高，也意味着打开市场、获取市场认同需要花更多的钱；

（3）尽管你事前可能做过很细致的调查，但一个独创产品在真正进入市场之前，是很难预测市场是否最终会接纳它。常常发生的情况是：你花了很多钱，花费了很大的力气生产出的产品，结果却得不到市场认同。这样，你所有的投入就都打了水漂。所以说，依靠独创产品打市场具有很大的风险性；

（4）由于对产品缺乏细致的了解和认知，国家有关部门很难对某一种独创产品提供完善的保护，生产者将面临诸多带有恶意的市场竞争，这种竞争经常会使始创业者先陷入困境。

为了保护和延长独创性产品的生命周期，延长利润的产出周期，创业者可以采取以下办法：

①提高专利意识，积极寻求国家有关部门的保护。

②增强保密意识，使竞争者无隙可乘。

③进行周期性的产品更新，提高技术门槛，使后来者难以进入。

④使企业和产品更加人性化，增强消费者的忠诚度。

⑤有饭大家吃，在产能或投入不足的情况下，积极进行授权生产或技术转让，让产品迅速铺满市场,不给后来者机会。这一点一般不被经营者注意,但却是一种十分有效的办法。

5. 策略跟进模式

策略跟进即强者跟随，与“跟风”的盲目性、哪里热闹往哪里钻不同。策略跟进需要经营者对自己做出正确评估，并分析清楚自己的优势、劣势之后，对未来走向做出判断。

在马拉松比赛中，经常可以看到运动员会形成“第一方阵”和“第二方阵”。一个有趣的现象是：最后取得冠军的往往是开始位居“第二方阵”的运动员。因为“第二方阵”的运动员在大部分赛程中都处于“跟跑”的位置，所以可以清楚地看见“第一方阵”运动员的一举一动，并根据其变化很好地把握赛程，调整自己的节奏。另一方面，作为“第二方阵”的成员，他们所承受的心理压力也相对较小，又因为一直处于引弓待射、蓄而不发的状态，积蓄的体能有利于在最后冲刺阶段爆发。所以，“第二方阵”中的运动员获得冠军并非偶然。在创业成长的道路上，瞄准一个目标，紧跟其后，时刻关注对方的一举一动，学习对方的长处，寻找其弱点，等待时机成熟一举超越是这一模式的本质。

从利润角度讲，跟跑者向来比跑在前面的要省力，因此利润也相对较高。在商业活动中，每一个商业行为都有成本的代价，拣取胜利果实等于将成本最小化，从而也就等于获得了最大化的利润。“跟进”哲学是一种应变哲学，绝不是懦夫哲学；甘当“第二方阵”的目的在于在次位上充分谋求利益，避免自身劣势，充分发挥优势。

6. 配电盘模式

配电盘模式就是吸引供应商和消费者两方面的关注目光，通过为供应商和消费者两方面提供沟通渠道或交易平台从中获取不断升值的利润。这个模式对于操作者来说要求很高，而且前期的投入成本很大，风险也很高。但这种模式对创业企业来说还是值得借鉴的模式，因为它有很大的市场空间和强烈的市场需求。绝大多数初创企业在市场开拓上都会存在困难，一些创业者有好的产品却找不到合适的消费者；而一些消费者有消费需求又找不到合适的产品。通过配电盘模式可以将供需双方连接在一起，让初创企业直接面对他们的客户，做成生意的可能性大大提高。以北京为例，目前设立了很多专题性购物街区，如东直门的餐饮一条街、三里屯酒吧一条街、马连道茶叶一条街，以及各种专业批发市场，如天意小商品批发市场等。实际上这些专题街区、市场的建立，就等于是为创业者提供了一个配电盘。由于专题购买使得这些街道人气鼎盛，生意火爆。选择这样的市场，自然会大大缩短创业者开拓市场的周期。

据统计，运用配电盘模式，在单位时间内可能做成的生意数量会达到传统运作模式的2~3倍。创业者在创业初期可以寻找一个适合自己的“配电盘”加入进去。对普通创业者来说，这是对配电盘模式最为有效的运用，借助配电盘已有的市场与规模效应，可以降低创业的成长风险，加速成长过程。

7. 产品金字塔模式

为了满足不同客户对产品风格、颜色等方面的不同偏好，以及利用个人收入上的差异化因素，从而达到客户群和市场拥有量的最大化，一些企业不断推出高、中、低各个档次的产品，从而形成产品金字塔。在塔的底部，是低价位、大批量的产品，靠薄利多销赚取利润；在塔的顶部，是高价位、小批量的产品，靠精益求精获取超额利润，这就是产品金字塔模式。

这个模式的运用有一个前提条件，就是必须在一个成系统的产品或者领域中运用，而且必须要与客户的市场定位紧密联系，并且高、中、低档商品的客户群之间都必须拥有定的联系因素。构建金字塔的关键是不能仅仅将不同价位的产品简单罗列。一个真正的金字塔是一个系统，其中较低价位的产品的生产和销售，将为你赢得市场和消费者的注意力，而高价位的产品是在此基础上对利润的获取。对于拥有完整产品线的企业来说，你的竞争对手根本不必指望可以依靠比你更低的价格抢走你的市场份额。

8. 战略领先模式

起步领先不代表永远领先，不能确保企业永远盈利，因为马上就会有后来者参与激烈的竞争。所以适时改变竞争策略，由一个静态到一个动态的飞跃，可以确保企业从起步时的飞跃领先，到战略上的始终领跑，使企业利润源源不断。

（三）商业模式的构成要素

1. 商业模式的八大构成要素

客户价值最大化"、"整合"、"高效率"、"系统"、"持续盈利"、"实现形式"、"核心竞争力"、"整体解决"这 8 个关键词也就构成了成功商业模式的 8 个要素，缺一不可。其中"整合"、"高效率"、"系统"是基础或先决条件，"核心竞争力"是手段，"客户价值最大化"是主观追求目标，"持续盈利"是客观结果。

现在已经不是企业靠单一产品或者技术就能打天下的时代，也不是靠一两个小点子或者一次投机就能决出胜负的时代。要想使企业取得生存空间并能持续地盈利，必须依靠系统的安排、整体的力量，即商业模式的设计。未来企业的竞争，将是商业模式的竞争。商业模式的竞争将是企业最高形态的竞争。

2. 成功商业模式的特征

任何一个商业模式都是一个由客户价值、企业资源和能力、盈利方式构成的三维立体模式。由哈佛大学教授约翰逊（Mark Johnson）、克里斯坦森（Clayton Christensen）和 SAP 公司的 CEO 孔翰宁（Henning Hagerman）共同撰写的《商业模式创新白皮书》把这三个要素概括如下：

（1）客户价值主张指在一个既定价格上，企业向其客户或消费者提供服务或产品时所需要完成的任务。

（2）资源和生产过程，即支持客户价值主张和盈利模式的具体经营模式。

（3）盈利方式，即企业为股东实现经济价值的过程。

长期从事商业模式研究和咨询的埃森哲公司认为，成功的商业模式具有如下三个特征：

第一，成功的商业模式要能提供独特价值。有时候这个独特的价值可能是新的思想；而更多的时候，它往往是产品和服务独特性的组合。这种组合要么可以向客户提供额外的价值；要么使得客户能用更低的价格获得同样的利益，或者用同样的价格获得更多的利益。

第二，商业模式是难以模仿的。企业通过确立自己的与众不同，如对客户的悉心照顾、无与伦比的实施能力等，来提高行业的进入门槛，从而保证利润来源不受侵犯。比如，直销模式（仅凭“直销”一点，还不能称其为一个商业模式），人人都知道其如何运作，也都知道戴尔公司是直销的标杆，但很难复制戴尔的模式，原因在于“直销”的背后，是一整套完整的、极难复制的资源和生产流程。

第三，成功的商业模式是脚踏实地的。企业要做到量入为出、收支平衡。这个看似不言而喻的道理，要想年复一年、日复一日地做到，却并不容易。现实当中的很多企业，不管是传统企业还是新型企业，对于自己的钱从何处赚来，为什么客户看中自己企业的产品和服务，乃至有多少客户实际上不能为企业带来利润、反而在侵蚀企业的收入等关键问题，都不甚了解。

二、资源整合

资源与创业者的关系就如同颜料和画笔与艺术家的关系。获取不到创业所需的资源，创业机会对创业者就毫无意义。机会识别的实质是创业者判断是否能够获取足够的资源来支持可能的创业活动。创业机会的存在本质上是部分创业者能够发现特定资源的价值，而其他人不能做到这一点。就整个创业过程来说，创业机会的提出来自于创业者依靠自身的资源财富对机会的价值确认。例如，同样的产品或者盈利模式，一些人会付诸行动去创收，其他人却往往放任机会流失。对于后者来说，往往是缺乏必要的创业资源，因此，从这一角度看，创业就是把创业机会的识别与创业资源的获取结合起来。

（一）创业资源的概念

常言道“巧妇难为无米之炊”。同样，没有资源，创业者也只能望（商）机兴叹。资源就是任何一个主体，在向社会提供产品或服务的过程中，所拥有或者所能够支配的、能够实现自己目标的各种要素以及要素组合。简单地说，创业资源就是创业者所需具备的一些创业条件。

（二）创业资源的类型

1. 直接资源和间接资源

财务资源、经营管理资源、人才资源和市场资源是直接参与企业战略规划的资源要素，可以把它们定义为直接资源。政策资源、信息资源、科技资源这三类资源要素对于创业企业成长的影响更多的是提供便利和支持，而非直接参与创业战略的制订和执行。因此，对于创业战略的规划是一种间接作用，可以把它们定义为间接资源。

创业的成功与否与创业资源息息相关，创业开始之初，创业者需要考虑的问题如下：

（1）财务资源是否有足够的启动资金？是否有资金支持创业最初几个月的亏损？

（2）经营管理资源凭什么找到客户？凭什么应对变化？凭什么确保企业运营所需能够及时足量地得到？凭什么让创业企业内部能有效地按照最初设想运转起来？

（3）人才资源是否有合适的专业人才来完成所有的任务？

（4）市场资源包括营销网络与客户资源、行业经验资源、人脉关系，凭什么进入这个

行业？这个行业的特点是什么？盈利模式是什么？是否有起码的商业人脉？市场和客户在哪里？销售的途径有哪些？

（5）政策资源可否有一个“助推器”或“孵化器”推进我们的创业？如某些准入政策、鼓励政策、扶持政策或者优惠等。

（6）信息资源依靠什么来进行决策？从哪里获得决策所需的信息？从哪里获得有关创业资源的信息？

（7）科技资源创业企业凭什么在市场上竞争？为社会提供什么样的产品和服务？学生创业造就了惠普公司、英特尔公司等今天的高科技企业，造就了硅谷神话，为美国创造了巨大的社会财富，首先依靠就是核心的科学技术。

2．Barney 分类法

Barney 按创业时期的资源重要性进行以下的细分：组织资源、人力资源、物质资源。由于是新创企业，组织资源无疑是三类中较为薄弱的部分；而人力资源为创业时期最为关键的因素，创业者及其团队的洞察力、知识、能力、经验及社会关系影响到整个创业过程的开始与成功；同时，在企业新创时期，专门的知识技能往往掌握在创业者等少数人手中，因而此时的技术资源在事实上和人力资源紧密结合，并且上述两种资源可能成为企业竞争优势的重要来源。在物资资源中，创业时期的资源最初主要为财务资源和少量的厂房、设备等。从而，细分后的创业资源经过重新归纳，主要为以下几种：

①人力和技术资源，包括创业者及其团队的能力、经验、社会关系及其掌握的关键技术等；

②财务资源，即以货币形式存在的资源；

③生产经营性资源，即在企业新创过程中所需的厂房、设施、原材料等。

3．核心资源与非核心资源

根据资源基础论，创业资源可分为核心资源与非核心资源。识别核心资源，立足核心资源，发挥非核心资源的辐射作用，实现创业资源的最优组合，这就是创业资源运用机制的基本思路。根据创业资源的分类，具体可做如下解释：

核心资源主要包括技术、管理和人力资源。这几类资源涉及创业企业有别于其他企业的核心竞争力，是创业机会识别、机会筛选和机会运用几大阶段的主线。必须以这几类要素资源为基点，扩展创业企业发展外延。人力资源对于企业来说，主要是一种知识财富，是企业创新的源泉。高素质人才的获取和开发是现代企业可持续发展的关键。管理资源又可理解为创业者资源，创业者自身素质对创业企业的成长有至关重要的作用。创业者的个性，对机遇的识别和把握，对其他资源的整合能力，都直接影响创业成败。科技资源是一种积极的机会资源。对于新创企业来说，主动引进和寻找有商业价值的科技成果，是企业的立身之本和市场竞争之源。

非核心资源主要包括资金、场地和环境资源。如何有效地吸收资金资源，并保持稳定的资金周转率，实现预期盈利目标，是创业成功与否的瓶颈课题。场地资源指的是高科技企业用于研发、生产、经营的场所。良好的场地资源能够为企业大幅度降低运营成本，提供便利的生产经营环境，短期内积累更多的顾客或质优价廉的供应商。而环境资源作为一种外围资源，影响着创业企业的发展。

4．自有资源和外部资源

以上所有的资源，或者属于自有资源，或者属于外部资源。自有资源是来自内部机会积累，是创业者自身所拥有的可用于创业的资源，如创业者自身拥有的可用于创业的自有资金、自己拥有的技术、自己所获得的创业机会信息、自建的营销网络、控制的物质资源或管理才能等。甚至在有的时候，创业者所发现的创业机会就是其所拥有的唯一创业资源。外部资源可以包括例如朋友、亲戚、商务伙伴或其他投资者、投资人资金，或者包括借到的人、空间、设备或其他原材料（有时是由客户或供应商免费或廉价提供的），或是通过提供未来服务、机会等换取到的，有些还可能是社会团体或政府资助的管理帮助计划。外部资源更多的来自于外部机会发现，而外部机会发现在创业初期起着决定性作用。

5．起码资源和差异性资源

此外，还有两个概念可以帮助我们思考创业资源的准备问题，即起码资源和差异性资源。一般来说我们不可能拥有前述谈到的所有资源，但进入创业阶段必须要符合两个条件：一是要有进入一个行业的起码资源，另一方面是具备差异性资源。如果任何条件均不具备，创业成功的可能性很小。对于准备创业的人来说，首先必须用书面方式列出：进入这个行业的起码资源有哪些？已经具备了哪些资源？尚未具备的资源如何获取？进入这个行业的差异性资源是什么？

第十章 创业计划书和小型企业的创办

常言道："人无远虑，必有近忧。"整理、撰写创业计划书的过程，是日后企业的建立和运作的长远规划，也是将自己的项目推销给企业和市场的过程。通过本章的学习，学生应掌握企业划书的概念和制订原则，学会如何创办小型企业，为创业打好基础。

第一节　创业计划书的概要

一、创业计划的重要意义

中职生在确立了创业目标，准备走向创业之路时，首先要寻找创业资金与合作伙伴，而一份好的创业计划书能帮助学生找到合适的战略合作者或者风险投资人。投资人对一个企业或项目投资的最主要信息来源是创业计划书。作为投资方，会经常接收到很多创业计划书，计划书的质量和专业性也就成为了企业需求投资的重点。毕业生为了创业，在申请风险投资之初，应该将创业计划书的制作列为头等大事。创业计划书就是安排和筹划未来将要采取一系列的行动，这些行动的目的就是为了实现创业的目标。其主要的意义体现如下：

1. 创业者能力和决心的展示

一份好的创业计划也是一份创业的可行性报告。计划的制订是建立在创业者对企业的了解和调查研究的基础上的，也是建立在对自身创业条件和能力分析的基础上。同学们打算用自己的才智去创立一个新的企业，这本身就展示了创业者的能力和决心。

2. 创业工作的核心指南

创业计划反映了创业者的经营思想和经营策略，反映了创业者对企业的心智投入。创业过程中先做什么、后做什么，若是按计划要求进行的，可以保证创业工作有序进行。

3. 帮助提高创业成功率

创业计划应该包括创业目标和实现目标的措施等，创业的过程实际上是实施计划的过程。制订创业计划可以进一步明确创业目标，落实创业措施，减少失误，增加创业的成功率。、

二、创业计划书的编写原则

要使投资者或潜在的投资者对一个新的创业项目充满信心，并不在于创业计划书写得如何复杂，而在于计划书是否能够提供准确的分析、周密的实施方案和步骤、可行的管理办法和技术、理念及管理上的创新点。一般情况下，一个没有创新的、重复别人的经营项目是不会得到投资者关注的。因此，编制创业计划书要遵循以下原则：

1. 立意创新，具吸引力

一个新颖的创业项目立题非常重要，尤其是以学生为创业主体的创业者，掌握和了解最新技术的发展动态代表着知识青年的时尚追求。学生创业要注意知识资本的使用，这是树立新颖、独树一帜的创业项目的源泉，一个新颖独特的项目往往会更容易引起投资者的

注意。比如，第二届“挑战杯”中国中职生创业计划竞赛的金奖项目是《蓝晶绿色锂电池创业计划书》；第三届“挑战杯”的金奖项目是《新型殡葬服务创业计划书》；第四届“挑战杯”的金奖项目是《同源人居环境有限公司创业计划书》等。这些选题新颖、充满创意的创业计划为赢得创业大赛的奖牌奠定了良好的基础，而一个成功的创业计划往往与新颖的立题密切相关。

2．目标明确，重点突出

创业计划书一般是以某个创业公司为创业主体而撰写的，其主要目的是为潜在的投资者描述一个完整的企业蓝图，使他们对新的风险和企业有所认识，对新创业公司的项目充满信心。

在创业计划书中，应有创业公司明确的经营目标，包括远期和近期的，如市场份额、生产和经营规模、投资回报率等财务和非财务指标。企业目标的确定要求创业者对企业类型及竞争环境要有相当充分的了解，目标应该具体、明确，应该是可度量的，而且是可控制的。其重点突出表现在两个层面上：一是指整个创业计划有鲜明的特点，比如产品或服务、市场竞争优势、创业团队的组成和独特的管理方法等，能给投资者留下深刻的印象；二是指创业计划书中的主要构成部分要有明确的重点，计划书的编写具有分明的层次。

3．简明扼要，条理清晰

创业计划书的编制要条理清晰、简明扼要，累赘、大篇幅的创业计划书是不可取的。要达到计划书编制的简明扼要，其最好的方法是将计划书分成几个层次，每个层次中都要有明确描述概括性信息的主题，一些详细的计算过程或分析步骤可以放在计划书的附录中。这样可以使读者能够尽快地掌握创业计划书的基本要点，了解支持创业主题成立的要素。

4．营运评估，具可行性

通常投资者都是以投资回报或者潜在回报来评价创业计划书的。因此，计划书中的财务决策数据要经过慎重考虑和精心准备。对于特定环境下的不确定性导致的营运预算结果，要进行专门的讨论。在营运评估中，不仅要进行财务数据的预测，还要进行非财务数据的预测。

5．战略性和战术性决策分析相结合

对于任何一个创业项目，通常都有创业项目相关背景的详细介绍，也有目标市场和今后应用前景的分析。由于创业计划实质上是创业实践活动的路线圈。因此，在创业计划编制时要求针对不同时间段进行不同职能的决策分析和实施计划，尤其在市场营销、投资与财务管理、人力资源等方面，既要有战略性的决策分析，又要有战术性的决策分析。

在创业计划书的编制过程中，这些战略、战术决策的分析，可以避免使计划书成为一个“内部文件”。从不同的角度对创业计划书进行远期和近期、内部和外部、潜在与现实、整体与局部的策划分析，会使读者和投资者感觉到创业计划实施成功的可能性增大，也使创业者能够全面、充分地思考那些阻碍创业成功的问题。

除此之外，同学们要关注政府和行业近期和未来可能的政策导向与发展战略，关心国家和地区的产业结构、经济发展趋势，并将自己的创业计划融入到这些大环境中，使创业计划获得成功。

三、创业计划书的构成

1．创业计划书的基本要素

创业计划书的编制形式有多种，以下几方面要素是要具备的：

（1）人员机构

人员指组织和经营创业企业的人，也称创业团队。一份创业计划书应有创业企业管理层每位人员的职责描述，这些管理人员应具备某一方面（技术或管理上）的专长，创业团队最好由互补型人员组成，并要求团队成员具备良好的协作精神和对创业公司保持高度忠诚。在创业计划书附录中，最好有创业团队主要成员的基本情况介绍，包括工作经历、受教育程度、具备的专业特长、在职业和个人素质方面曾取得的成就等。

（2）环境条件

环境是指不可避免发生的周围各种情况的变化且创业者又无法左右的因素，比如，法律法规、利率变化、人口发展趋势、通货膨胀以及其他因素等。每份创业计划书中都应包括对创业企业所处环境情况的介绍，对不利环境所采取的措施以及对有利环境的积极作用的详细说明。

（3）机遇应对

在进行投资项目评估时，投资人最关心的就是创业企业的产品、技术和服务能够在多大程度上解决现实生活中的问题，市场份额为多少，能创造多少利润，成功的可能性有多大，企业的竞争对手是谁，企业控制了什么资源，企业的优势和劣势是什么等。计划书中要对以下问题进行回答：准备新开的创业公司的竞争对手是谁，你们可以控制的资源有哪些，你们的优势和劣势是什么，你们对竞争对手采取怎样的应付手段等。每一个机遇都存在成功或失败的可能性，创业计划书中要实事求是地阐明各种机遇的可能情况，并提出相应的应对措施。

（4）风险与回报分析

风险与回报分析指创业者对任何可能变化因素的评估，创业团队面对可变因素所采取的措施，以及对收益进行定量和定性的分析。那些高科技、高成长的创业项目在很大程度上会获得风险投资家的投资。学生创业项目中有许多是以科研成果转化为主题的，所以对可能发生的技术风险、知识产权风险、财务风险和管理风险等都要进行较详细的分析。对创业项目的投资回报率、项目的投资回收期和风险投资的退出机制分析是创业计划书必不可少的部分，这往往是投资者和潜在投资者在关注风险之前首先关注的问题。

2．创业计划的具体内容

创业计划的内容要包括：创业项目名称、创业项目可行性论证（包括：市场需求、发展前景、资金条件、技术条件、其他相关要素等）、创业实施方案等。其中，创业实施方

案是实施创业行为的关键，在制订时要特别下工夫。

（1）创业实施方案 从时间角度来说，创业实施方案可分为：

①筹备工作 主要指创业之初的注册登记、筹措资金等准备工作。

②近期目标 指初始营业阶段短期内达到的目标，时间一般为一个贸易年，或者更短的时间。

③长期目标 指创业行为在经过一个相当长的时间后要达到的目标，如三年计划、五年计划等。

（2）创业的时期 对于创业的每个时期，依据行为性质可分为以下几方面：

①市场开拓计划 指一定阶段内开拓产品销售或服务市场的行为安排。

②生产经营计划 主要指一定阶段企业的正常生产经营行为的具体安排。

③企业宣传计划 即企业通过何种行为扩大企业知名度，塑造企业形象的安排。

④财务管理计划 包括营运支出的估计、预期的业绩和收入、现金周转分析等。

第二节 创业计划的制定

创业计划书通常没有固定不变的格式，但它一定要包括创业者的创业目的、对创业企业和环境的描述、创业团队的组成、创业项目的风险和回报分析等重要内容。创业计划书可以为潜在的投资者描绘一个完整创业企业的蓝图，并帮助创业者进一步深化对创业企业经营的思考。

一、制订创业计划书

创业计划的制订一定要具有主导性、科学性、创造性和整体性。

1. 制订步骤

计划的制订一般遵循下列步骤：

（1）机会估量

（2）确定目标

（3）确定前提条件

（4）拟定供选择的各种方案

（5）评价和选择方案

（6）制订派生计划

2. 内容要点

创业计划还应包括四个要点：

（1）市场开拓计划 应包括创业构想、市场目标、竞争条件以及市场开拓策略的一般说明。

（2）财务计划 应包括营运专业的估计、预期的业绩和收入、现金周转分析。

（3）人事计划 应提供创业所涉及的人员资料，如前景和学历等等，以显示创业是否具有成功的基础。

（4）附件 诸如公约和租约等文件。

二、可行性评估

创业计划书并不是一经制订成型就不再变化，而是要根据实际情况进行评估，创业计划的可行性评估要注意以下几个方面：

（1）确保计划评估的准确性和及时性 请有经验的专业人士阅读你所作的计划，并对其提出各自的建议，是计划评估的重要方式之一。

（2）计划的评估也应贯彻在计划的每个细节中 由于计划具有内在的逻辑性和关联性，所以只有对计划的实施逐步分析评估，才能保证整个计划的可行性。

（3）对计划的评估应该是经常性的 市场风云变幻莫测，无论是长期计划还是短期计划，只有在经过可行性评估之后，才对实践具有指导作用。

三、创业计划书的写作方法

创业计划书通常没有固定的格式，它包括创业者的创业目的、对创业企业和环境的描述、创业团队的组成、创业项目的风险和回报分析等重要内容。创业计划书可以为潜在的投资者描绘一个完整创业企业的蓝图，并帮助创业者进一步深化对创业企业经营的思考。

创业计划书与投资建议书是有区别的，后者篇幅较短并且较少涉及细节问题；而前者可能长达几十页，甚至几百页，涵盖的内容包括多方面，可以这样说，投资建议书是创业计划书的节略本。计划必须反映企业的实际情况，必须详尽地表述管理者的经营思想和经营策略。完整的书面创业计划应该是篇幅较长，能给人留下深刻印象的文件。因为创业计划的格式与内容主要包括以下几个方面：

1. 标题页

含有一个合适封面的创业计划，往往会给人留下良好的第一印象，显示出创业者对计划的重视。

2. 目录

计划的目的是征求公司所有者的建议，并寻求资金支持。为了使得计划明了，把计划含有的若干部分，以目录的形式体现，易于检索，并标上相应页码。如果计划需要保密，可在目录的末尾显著位置写明保密声明。保密声明这样行文比较合适："本计划为保密材料。没有作者的书面同意，本计划或者计划所包含的信息，不得转给他人。"

3. 创意纲要

这部分是对计划书的高度概括，通常是在创业计划书完成后编写此部分，这部分内容的主要作用是引起投资者或者读者的兴趣。

这一部分要明确提出你的想法，说明你的想法是一个好的想法，会为客户创造价值，这是一个值得去实施的想法。这一部分不需要展开，只要建立一个结构框架，1–2 页篇幅就可以了。

4. 执行摘要

执行摘要的作用是向读者提供公司的概览。摘要应力求简明扼要，篇幅最好不要超过 1 页，主要说明以下一些内容

（1）企业的表述 说明企业的类型（零售业、批发业、服务性、生产性），介绍企业提供什么样的产品或服务，企业的远景目标；所涉及的主要方面，写出直接参与企业的所有者、主管人或者经理的全名；公司的目的；要做的事情同现存的有哪些不同，为什么会成功；项目所需资金以及预计从何处获取。

（2）公司基本资料或背景描述 这一部分要介绍公司的主营产业、产品和服务、公司的竞争优势以及成立地点时间、所处阶段等基本情况。要清楚描述本企业的独特性或者与众不同的特征，说明创业企业未来的潜力和发展能力。

5. 业务概览

业务概览的主要目的是说明有关该项目想法的缘由，以便读者判断这个想法的新颖程度；描述所确定的短期、中期和长期目标以及准备实现这些目标的期限；说明将要采取何种所有制结构，是私营公司还是合作公司等形式；介绍企业主要管理人员以及他们的背景材料，这样会使读者对企业的成功更有信心；说明在研究企业的过程中发现的那些最关键的因素，因为这些因素是在权衡了企业的长处与短处以及所面临的机遇和挑战之后得出来的。在概览的最后一部分提出影响企业经营发展的关键因素，把这些因素写进计划，就会向人显示管理者对公司的事务进行了深入的考虑，不但找到了公司事务中有哪些因素是最关键的，而且还制订了处理这些因素的策略。

6. 你的想法

这是计划中最重要的一部分。你的产品和服务是什么？站在客户的角度来看，这个产品是不是有价值？此外，你是不是这个技术领域里唯一的掌握者，或是这个技术领域里较早推出这种技术的人，并获得了一种专利。这部分，你不必非常具体地提出你的产品。但需要指出怎样生产这些产品，如何提供这些服务，需要什么样的雇员，需要他们有什么样的背景。你可以用对比的方法来说明，比如说你的想法是要在网上售书，你就可以说要成为像亚马逊这样的公司，因为大家对这样的公司很熟悉，一下就能明白你的意思。

7. 经营计划

这一部分主要是介绍企业如何经营。不同行业对经营计划有不同的要求：

（1）零售业 可以说明所选择的供货商、进货控制政策，同时交待对供货商和客户的信贷条件，还可说明为了实现最佳的销售额对销售商店的布局所做的考虑。

（2）服务业 要考虑如何安排各项工作的时间以及出现比预定的业务量更多的情况时，将采取的措施。

（3）生产业 可以确定工厂的位置以及生产过程的每个细节。

不管公司属于何种行业，都必须说明需要多少人和多少资金来实现哪些日常业务。例如，需要的员工人数，对他们的资格和经历的要求，他们将从事的工作，所需的会计师等。

8. 销售计划

在销售计划里除了要向读者说明公司存在的原因、将来可能出现的竞争外，还需要提供如下几方面的信息：确定目标市场，希望参与企业并与企业订立长期合同的客户的详细情况，促销及广告战略——表明本企业将在什么时候采取什么样的措施；有关现有市场的范围、人数、销售额以及市场性质、形势的详细情况；对市场的调查与分析结果；对竞争对手情况的分析，包括有哪些竞争对手，竞争对手经营了多长时间，其市场占有率和产品内容；说明具备哪些竞争优势——为什么你和你的公司是最好的及如何利用这些优势；有关获得销售方式的详细情况；将提供哪些产品和服务；公司业务的周期性和季节性——这将揭示各种趋势和季节因素对公司业务的影响；公司的选址、费用情况以及选址的原因，这一条对零售业公司尤为重要；举例说明价格政策；未来的市场走势及机遇等。

9. 财务计划

财务计划内容一般包括：所需固定资金、固定资产的详细情况；所需流动资金及计算资金数额的方法；向公司投入的经费；其他资金来源；资金周转预测；盈亏预测。

创业者应在创业计划中对以上内容做出评价，指出积极的方面，列出资金需求的证据，通过资金周转的情况分析证明自己有能力满足未来借款的偿还要求。此外，还应对企业的经营做收支平衡分析，这样可以证明你已经考虑到了可能发生的最坏情况，能做出满足短期资金需求的计划。同本行业的平均水平进行比较，也可提高数据的可信度。在什么时候以何种方式对公司的财务情况进行监测和评价，所应付出的税金也应在财务计划里做出说明。

10. 法律要求

将国家、地方的有关法规要求以及对许可证、注册和特别资格要求的相关文件的复印件附在计划后面。

11. 企业创办者的计划

企业创办者的计划内容应包括以下几个方面：

（1）经营公司的好处与风险。

（2）对自身的长处与短处进行比较、评价。

（3）个人信息管理。包括如何管理自己（包括如何管理自己的时间和如何对付外来压力）；个人目标；培训计划；可将你所参加的社会团体和专业协会的名称列出来，还可提供本人和合伙人的财务情况报告。

（4）公司业务描述。这一部分介绍公司的宗旨和目标、公司的发展规划和策略。

（5）公司收入。介绍公司的收入来源，预测收入的增长。

（6）竞争情况及市场营销。这部分要明确目标市场、市场定位和市场份额，充分论证

自身优于竞争对手，使投资者相信你有能力实现销售计划、有能力应对竞争。在这一部分一定要提到你的竞争者，他们在做什么，他们的主要客户是谁，他们是否在盈利，还要包括市场和行业的分析。你的想法在市场上能否奏效，这个市场的发展有多快，这是一个集中的市场，还是一个分散的市场，你的目标市场是谁等。你如何将这些产品和服务递交到客户手中呢？例如，如果你面对的客户是消费者，那么你就要注重广告这方面；如果你面对的客户是企业你就要注重销售人员这方面。在这里，最重要的是如何制定价格。对于新创公司来讲，公司是否盈利很大程度上取决于你的价格。如某个商业计划的目标是为经销商建立电子商务平台，使顾客直接向厂商订货，这种方式节省了 1% 的花费。而他们订的服务价格是接交易总额取其中 1% 为收入，如果你取其中 0.5% 的话．是无法盈利的。

（7）管理体系。对公司的重要人物进行介绍，包括他们的职务、工作经验、受教育程度等：风险投资公司对你投资与否，很大一部分取决于管理人员的素质。同时还要对公司的人员构成情况作一个介绍。比如公司的全职员工、兼职员工人数，哪些职务空缺，公司人员结构等。实际上，许多非常成功的网络公司在起家时通常是 3 个人创立的，其中一个人是技术方面的，一个是负责融资的，第三个人是通晓市场营销事务的，这样 3 个不同背景的人组成的公司比较容易成功。

（8）投资与财务分析。这部分作出切合实际的资金需求和使用预测，编制预计财务报表，对投资报酬率、投资回收期等关键财务数据进行预算。这些指标是对将要付诸实施的创业计划的最好支撑，如果有风险投资的话，要说明风险投资的退出方式。

（9）资本结构。公司目前及未来资金筹集和使用情况、公司融资方式、融资前后的资本结构表。

（10）机会及风险。这部分要说明当外部环境变化时，创业企业所在的行业的调整和同业间的竞争可能会出现产品削价、生产和服务成本提高、生产计划或销售计划不能完成、研发费用提高等风险。

（11）风险投资的退出。这部分要说明风险投资退出方案，包括对退出时间、所有权的转移方式、企业战略的延续性和高级领导层的变化作出说明。

（12）附录。计划里除了以上主要内容外，还有支持上述信息的资料，如管理层简历、销售手册、产品图纸等。或其他的可作为附录列在后面，如：有关经历、技能、简历以及资格证书的复印件；意向书；保险报价；国家、地区有关本行业的政策法规；有关供货商的协议和条件；有关银行或其他渠道出具的贷款证明的信件；调查问卷的复印件以及调查结果。

信息的准确性和计划内容的简洁性是制订企业计划时需考虑的两个重要因素，企业计划的行文应当语言平实，避免由于使用了过多的专业术语而使读者看不懂。在制订计划时，专业杂志、文献、图书和有关机构新闻的发布都将为你提供本行业的最新情况，使你所做的计划准确、可信。

四、创业计划书编写注意事项

创业计划书的编写水平是获取风险投资或者创业投资成败与否的关键，如果你在创业计划书中所描述的企业给人的感觉只是勉强维持，或者说你对新创企业的论证依据不够充分的话，那么你的创业计划很难获得成功。通常编写创业计划书可参考上述格式或者根据具体情况进行适当的调整，以下事项提醒创业计划书的编制者注意：

1．逻辑性强，适当包装

创业计划书中的目录、执行摘要、正文、图表和附录等部分要有连贯性和逻辑性，前后内容要相互呼应，不能相互矛盾。计划书的装订要进行适当的包装，体现庄重、大方的风格。

2．关键数据真实可测，避免夸大

计划书应说明创业企业的趋势，指出创业企业未来将实现的数量指标。例如，投资回收期、投资报酬率和风险的预测和计量，而且这些预测数据的提供要有根据，令人信服，防止夸大其词，对重大风险应有足够的估计。

3．提供创业团队取胜可信证明

创业团队关键人物的技能和团队人员之间的互补功能对创业企业取胜至关重要。通常，投资家在审查创业计划书时，非常重视创业团队的人员构成。创业计划书中应提供团队关键人物的能力证明资料，比如专利发明、获奖证明、工作技能和主要工作经历等。

4．目标明确，避免过度多样化

为了说明创业企业产品或者服务的销路，计划书中要明确强调目标市场，充分说明商业机会，避免试图创造多样化的市场或者多种投资，因为一个企业开办初期应首先集中力量开拓明确的目标市场。

5．充足的项目可行性论证

项目可行性论证理由要充足，要对项目的长处与短处做客观公正的分析。这就要求创业者在进行前面的诸项考察时一定根据实际情况，对创业项目的优势和劣势做出全面详细的调查，取得真实可靠的第一手资料。

6．考虑方案的长远可操性

制订具体实施方案时，要以时间为轴线，对每项工作做出具体明确的安排。什么时间做什么事，达到什么要求，要尽可能写清楚，努力提高计划的可操作性。制订规划要高瞻远瞩，不要只顾眼前利益，要把企业引向广阔的发展道路。

7．简短明了

创业计划书除了要求对创业计划的目的、过程和结果进行表面描述外，还要求简短，尽量避免长篇幅的赘述。由于创业计划书的读者大都是投资家、金融资产管理者和政府、企业的关键人物，他们都不愿意看到一篇主题不突出、篇幅冗长的创业计划书。

8. 使用合适的人称拟写

创业计划书可以由创业团队自己编，也可以委托咨询公司编制。由于创业者熟悉自己的任务和职责，又非常了解自己的产品和服务的特征，在充分考虑投资环境和外部市场等重要因素的情况下，自己编写出来的创业计划书更具有可操作性。如果委托他人制订创业计划书，计划书的编制者要详细了解创业企业的内外部环境，并且要得到创业者的支持。由创业团队亲自参与编写的,这时的计划书中使用的称谓通常是“我”、“我们”等第一人称。如果计划书是委托咨询公司起草，而且该计划书不是以竞赛形式递交，最好以第三人称角度措辞，而使用“他”、“他们”等人称。无论使用何种称谓，都要避免使计划书带有个人化色彩，努力做到内容客观、公正。

第三节 创办小型企业

打算创办一个企业时，要考虑多方面因素，有很多程序和手续，如确定企业名称、选定办公地址，包括厂址和店址的选、签订房屋租赁合同、申请商标注册。因此，必须依法办理这些程序，考虑各种各样与经营有关的各种相关因素，为创办成功的企业打下牢固的基础。基本程序如下：

一、确定企业的名称

创办企业应当依法选择自己的名称，企业名称的确定是为了将不同的企业以及企业与其他经济组织区别开来，同时也使社会通过企业名称了解企业所在地域、所从事的行业、经营特点、经营形式、企业规模等。企业名称是指依法在工商行政管理机关登记注册的经济组织的名称。

1. 企业名称的构成要素

根据《企业名称登记管理规定》，企业名称应当由行政区划名称、字号、行业或者经营特点、组织形式四项基本要素构成。

（1）行政区划名称

企业名称中的行政区划名称，是指县以上行政区划的名称，不包括乡、镇和其他地域名称。企业名称所冠行政区划名称应该是企业所在地县以上行政区划名称，而不是非企业所在地行政区划名称。在不会造成误认的情况下，企业名称冠以行政区划名称时可以省略“省”、“市”、“县”等字。各类“经济技术开发区”、“保税区”、“新技术开发区”、”工业同区”等名称不能作为行政区划名称使用。但是，在企业名称已冠有县以上行政区划名称的前提下，可以在行政区划名称后缀以经有关部门批准的“经济技术开发区”等名称。除符合特殊规定可不冠以行政区划名称外，企业名称都应当冠以所在地行政区划名称，即行政区划名称应置于企业名称前面，如行政区划名称在整个名称的中间，则不视为行政区划名称，此类名称也应按照不冠以行政区划名称的企业名称进行登记管理，须经国家工商行政管理局核准。

（2）字号

字号应由两个以上的汉字组成。字号是一个企业区别于其他企业的重要标志。企业有正当理由可以使用本地或异地地名作字号，但不得使用县以上行政区划名称作字号。外商投资企业的中文名称中不得使用外文字母、汉语拼音，国内企业也不得以外文字母、字词作字号。企业字号一般不得使用行业字词。

（3）行业或者经营特点

企业应根据自己的经营范围或经营方式确定名称中的行业或者经营特点字词。企业确定名称中的行业或经营特点字词，可以依照国家行业分类标准划分的类别使用一个具体的行业名称，也可以使用概括性字词。该字词应具体反映企业生产、经营、服务的范围、方式或特点，不能单独使用“发展‘开发”等字词；使用“实业”字样的，应有下属三个以上的生产、科技型企业。企业经营业务跨国民经济行业分类大类的，可以选择一个大类名称或使用概括性字词在名称中表述企业所从事的行业，也可以在名称中不反映企业所从事的行业。

（4）组织形式

组织形式是企业根据自己的组织结构或责任形式，在企业名称中标明是名称的一部分。目前我国企业使用的组织形式大体有两类：一般企业类的“厂”、“店”、“馆所”、“社”；公司类的“有限责任公司”和“股份有限公司”等。

一般来说，具备法人条件的企业，如需在其名称中的组织形式前使用“总”字，必须下设三个以上与该企业名称中组织形式相同的直属分支机构。但是依照《公司法》设立的有限责任公司、股份有限公司，无论是否设有分公司，均不得使“总”字在名称中出现。

2．企业名称的规范

企业法人必须使用独立的企业名称，不得在名称中包含另一个法人名称。企业名称应当使用符合国家规范的汉字，民族自治地区的企业名称可以同时使用地区通用的民族文字。企业名称不得含有有损国家利益和社会公共利益、违背社会公共道德、不符合民族和宗教习俗的内容。企业名称不得含有违反公平竞争原则、可能对公众造成误认、可能损害他人利益的企业名称。不得含有法律或行政法规禁止的内容。即企业名称不仅应符合《企业名称登记管理规定》的要求，也应符合其他法律和行政法规的有关规定。企业申请登记注册的企业名称不得与其他企业变更名称未满 3 年的原名称相同，也不得与注销登记或被吊销营业执照未满 3 年的企业的名称相同。企业名称中一般不得使用“中国”、“中华”或者冠以“全国”、“国家”、“国际”字样。

二、办公地址的选定

创业需要一定的场所，进行生产得有工厂，搞零售得有店面，工厂和店面的选择都要考虑经济效益。为了获得丰厚的效益，厂址和店址的选择就要考虑诸多因素了。

1．选择厂址

影响厂址选择的因素较多，而且不同的创业目的往往具有一些特殊的要求。一般来说选择厂址可以在一个地区选择多个地点，然后从这一地区可供建厂的几个地点中，收集厂址方案所需的资料，通过详细的比较分析，确定具体的厂址。在厂址选择时，应考虑以下几个因素：

（1）交通运输的便利　交通运输费用是产品成本中的一项重要开支。为此，年运输量大的工厂应选择在靠近铁路、水运和有管道运输的地方。具体要求如下：当工厂的交通运输，以铁路运输为主时，必须了解铁路对货物流向的要求，通过能力、运输能力是否有余量。只有这些条件能满足工厂要求时，铁路运输方案才能成立；当以水运为主时，应了解运输河道的通航季节，上下游水深及可通航船舶吨位，河道有无疏浚工程量。如需水路、铁路和公路联运时，还应考虑转运的设施。

（2）占地面积和地形条件　在选厂址时，其占地面积需要满足生产建设的需要，包括项目厂房、各种建筑物布局的需要和生产工艺流程的需要，厂址四周应有适当的扩展余地。能源、原材料消耗量较大的投资项目，还应考虑是否有足够面积的原材料和燃料的堆放、储藏空间。

（3）厂区周边环境条件　考虑厂区周边环境条件主要有两个目的，一是考虑职工生活服务设施；二是生产经营目的。职工生活服务设施，如住房、商业网点、学校、公共交通、医疗、银行保险机构等，也是厂址选择需要考虑的重要因素。

（4）相关地质条件　关于地质条件的考虑，主要是评价其是否适合建厂房。为企业选择厂区时，主要有几个方面的考虑：一是地层是否稳定，如厂址附近是否有活动断层。当选厂遇到断层时，应请地震部门确定是否为活动断层或偶发震断层。如系活动断层．就不宜选作厂址。二是地基的承载力程度。地质条件如能满足作为天然地基的要求，那是比较理想的，因为这样可以大大减少建厂工作量，并缩短工期。因此，厂址最好选择在这类地基上。这类地基一般都有较高的承载力和较低而均匀的沉降量。当受到其他条件的限制，厂址的地质情况不适合于做天然地基时，应该考虑采用人工地基或打桩。当采用人工地基仍不能满足正常生产要求时，就需要考虑放弃这个厂址。此外，还应考虑厂区土壤结构能承担工厂的全部载重。厂址如位于饱和松沙层上时，必须采用相应的加固措施，以防止沙土液化的发生。软黏土、淤泥、淤泥质黏土、膨胀性土，以及堆积的黄土、自重湿陷性黄土或较厚温陷性黄土，一般都不宜作为厂址。必须在这种土层上建厂时，应进行地基改良工程。

（5）是否有利于环境保护建设工厂或其他工程项目，必然会对周围的环境产生影响。

因此，在可行性研究和厂址选择的过程中，必须进行环境影响评价。要有利于项目所在地区的环境保护，严禁在自然保护区和风景名胜区建厂，对排放的废水、废气、废渣等要有切实可行的治理方案。

（6）建厂的投资费用测算建厂投资费用包括占地、移民、现有建筑物的拆迁、赔偿等所需的费用。一般来说，要尽可能避免大规模的拆迁、筑路，以节约投资。

2. 选择店址

（1）交通条件的便利程度

（2）车站的性质

（3）停车场的停车能力

（4）货物运输力度

（5）与车站、码头的距离和方向

（6）客流存在的内在规律

（7）建筑环境

（8）停车场

（9）能见度和顾客进出的方便性

（10）地形特点

（11）分析城市规划和效益评估

三、签订房屋租赁合同

当经营场所确定后，应到所在辖区内的登记注册机关登记注册。登记时，如果是租房的还应提交与房屋产权所有人签订的一年以上租期的租赁协议书或合同，以及能证明出租人拥有房屋产权的有效证件；用房属自己的，应提交房屋产权证或能证明产权归属的有效文件。

租房的过程包括租赁双方看房、确定租价、物业交验、签订租赁合同等几个过程。在签订租赁合同时需要注意以下问题：

（1）租赁的房屋面积大小是否属实。

（2）注明租房款项的具体缴纳办法和起止曰期。

（3）注明房屋租房全以外的其他一切费用由哪一方交或共同以什么比例分摊。

（4）在出租方的各种物品交接清单上签字

（5）注明押金数量的大小。

（6）说明天灾及不可抗拒的因素造成的损害及合同终止等情况不须由承租方负责

【案例分享】

房屋租赁合同范本

出租方:

承租方:

根据《中华人民共和国合同法》及有关规定，为明确出租方与承租方的权利义务关系，经双方协商一致，签订本合同。

第一条房屋坐落、间数、面积、房屋质量

第二条租赁期限

租赁期共年零月，出租方从年月日起将出租房屋交付承租方使用至　　年　　月日收回 .

承租人有下列情形之一的，出租人可以终止合同、收回房屋：

1. 承租人擅自将房屋转租、转让或转借的；

2. 承租人利用承租房屋进行非法活动，损害公共利益的；

3. 承租人拖欠租金累计达 3 个月的。

租赁合同如因期满而终止时，如承租人到期确实无法找到房屋，出租人应当酌情延长租赁期限。

如承租方逾期不搬迁，出租方有权向人民法院起诉和申请执行，出租方因此所受损失由承租方负责赔偿。合同期满后，如出租方仍继续出租房屋的，承租方享有优先权。

第三条　租金和租金的交纳期限

租金的标准和交纳期限，按国家——的规定执行（如国家没有统一规定的，此条由出租方和承租方协商确定，但不得任意抬高）。

第四条　租赁期间房屋修缮

修缮房屋是出租人的义务。出租人对房屋及其设备应每隔——月（或年）认真检查、修缮一次，以保障承租人居住安全和正常使用。出租人维修房屋时，承租人应积极协助，不得阻挠施工。出租人如确实无力修缮，可同承租人协商合修，届时承租人付出的修缮费用即用以充抵租金或由出租人分期偿还。

第五条　出租方与承租方的变更

1. 如果出租方将房产所有权转移给第三方时，合同对新的房产所有者继续有效。

2. 出租人出卖房屋，须在 3 个月前通知承租人。在同等条件下，承租人有优先购买。

3. 承租人需要与第三人互换住房时，应事先征得出租人同意；出租人应当支持承租人的合理要求。

第六条　违约责任

1. 出租方未按前述合同条款的规定向承租人交付舍乎要求的房屋的，负责赔偿——元。

2. 出租方未按时交付出租房屋供承租人使用的，负责偿付违约金元。

3. 出租方未按时（或未按要求）修缮出租房屋的，负责偿付违约金元；如因此造成承租方人员人身受到伤害或财物受毁的，负责赔偿损失。

4. 承租方逾期交付租金的，除仍应及时如数补交外，应支付违约金元。

5. 承租方违反合同，擅自将承租房屋转给他人使用的，应支付违约金一元；如因此造成承租房屋毁坏的，还应负责赔偿。

第七条　免责条件

房屋如因不可抗力的原因导致毁损和造成承租方损失的，双方互不承担责任。

第八条　争议的解决方式

本合同在履行中如发生争议，双方应协商解决；协商不成时，任何一方均可向工商局经济合同仲裁委员会申请调解或仲裁，也可以向人民法院起诉。

第九条　其他约定事项

第十条　本合同未尽事宜，一律按《中华人民共和国合同法》的有关规定，经合同双方共同协商，作出补充规定，补充规定与本合同具有同等效力。

冬合同正本一式 2 份，出租方、承租方各执 1 份；合同副本份，送——单位备案。

出租方（盖章）　　承租方（盖章）：

地址：　　地址：

法定代表人（签名）：　　法定代表人（签名）：

委托代理人（签名）；　　委托代理人（签名）：

开户银行：账号：电话：邮政编码：　　签约地点：

签约时间：年　月　　有效期限至年　月　日

五、办齐各种必备手续

小企业的开办与经营需要得到社会各个职能部门的认可与批准，办理各种手续，如验资、营业执照、银行开户、税务登记、安全、环保、卫生许可证等。只有把这些手续全部办完，才能成为一个合法的企业。

1．工商管理部门申请营业执照

向企业所在区的工商行政管理部门提出企业名称预选，核准申请书。经工商部门查阅核准后，给予认可后，方可申请营业执照。申请营业执照时，须向工商部门提供下列情况：名称、地址、负责人、资金数额、经济性质、经营范围（主营、兼）经营方式、经营期限（见原件复印件）和个人有效证件、照片、验资报告等。

2．银行开户

经营者将所拥有的资金存进自己选定的银行，并开设银行账户。

3．技术监督局办理法人代码证书

根据现代化管理的需要和保护企业法人的权力不受侵犯，经营者还须到当地技术监督部门办理《法人代码证书》。

4．税务局办理税务登记

依法纳税是每一个企业应尽的义务。所以，当经营者一拿到营业执照时，应携带营业执照（副本）复印件、居民身份证复印件、经营场所房屋产权复印件或房屋租赁合同复印件到当地的地方税务局办理《税务登记证》。

5．其他手续

上述手续是开办一家企业必不可少的，除此之外，企业经营者还要去电力、供水、燃料等部门办理相应的手续。如果雇用外来人员，要去公安局办理临时户口，对 16 ~ 49 岁以下的育龄妇女，还要去企业所在街道办办理计划生育证。附设歌舞厅和卡拉 OK 等设备的要办理文化经营许可证。

6．申请开办登记表

办理完全部手续后，标志着开设一个企业所需的各职能部门的批准已完成，即可到所在区的工商行政管理办理《营业执照》，准备开业。

六、筹集启动资金

资金是创业之始的一个重要条件，从某种意义上来说，它有可能是决定因素。一般说来，创业之始的资金来源有，家庭收入、亲朋好友借贷、银行贷款、集资、争取财团支持等。为争取到这些资金，我们不妨从以下方面入手：

先争取最亲近的人的支持。一般说采。由于血缘关系，这方面的资金比较容易争取到。但有时也有例外，也正是因为血缘关系，对方对你的将来考虑的可能要多一些，从而出现顾虑太多而不支持你的情况，这就要求你拿出足够的证据，证明你的创业选择是对的，是有前途的。

争取银行贷款。由于是创业之初，我们在银行的信用为零，这就要求我们在贷款之前．必须先说服有关方面为你出面作保。

争取财团支持，除上述两条途径外，争取财团支持也是聚集资金的一条良好途径。一方面大财团资金雄厚，你的小小的创业资金需求．对于他们不过是九牛一毛，借一毛钱创一业、富一方，这是一件很有意义的事情：另一方面有大财团的支持，你可以充分利用大财团的社会效应，有利于你的创业行为。但要说服大财团也不是件容易的事。首先，你必须表现出足够的勇气和魄力。从某种意义上来说，这是你打动财团老板的关键要素。因为经验可以在创业教程中慢慢积累，勇气和魄力却不是短时间内就能养成的。其次，你必须拿出充足的论据，证明你创业计划的可行性，这就要求你做好前面所说的调查和规划制订工作。

参考文献

[1] 张继栋 . 放飞的故事 [M]. 北京：高等教育出版，2017.

[2] 王凌峰 . 大学生高效学习和时间管理 [M]. 北京：中国时代经济出版社，2015.

[3] 杨民助 . 企业需要什么样的人才 [M]. 西安：西安交通大学出版社，2016

[4] 王凌峰 . 大学生典型心理问题与调适 [M]. 北京：中国时代经济出版社，2015.

[5] 胡振坤，张宏磊 . 求职择业的心理准备及心理调适 [M]. 武汉：湖北教育出版社，2016.

[6] 陈国强 . 面试礼仪与口才 [M]. 北京：中国经济出版社，2018.

[7] 胡振坤 . 张宏磊 . 大学生就业指导 [M]. 武汉：湖北教育出版社，2017.

[8] 汪泳波，杨丽敏 . 高职生职业发展与就业指导 [M]. 长沙：湖南大学出版社 , 2018.

[9] 吴亚平 . 大学生职业生涯规划与就业指导 [M]. 上海：复旦大学出版社，2017.

[10] 马恩，谢伟 . 大学生就业指导与发展活动教程 [M]. 北京：清华大学出版社，2018.